# 外客誘致の経済分析

— 日本のインバウンド観光と地域開発 —

平井 貴幸

五絃舎

# まえがき

　近年「観光」に関する議論が世界的に活発化している一つの背景として，観光という経済活動が生み出す効果が途上国のみならず先進国においても大きいものと認識されてきたことが挙げられよう．とりわけ，発展途上国・地域の経済開発戦略を考察する上で，観光という産業は重要であるとの認識である．とくに外国人観光客誘致という側面，すなわちインバウンド観光は，他の産業振興と比較してそれほど多くの資本を必要とせず，外貨収入を確保することが可能であり，また雇用機会の創出などの優れた効果を国民経済に与えると考えられるためである．また，観光業の振興は，重工業などの開発と比べても環境に優しいものであるという利点は大きい．

　発展途上諸国の経済開発戦略については様々な論議がなされているが，近年の傾向として，農業や鉱工業などに加えて，第3次産業を重視する傾向がある．例えば，アジア太平洋経済協力（APEC）では，通信（Telecommunications），交通（Transportation），観光（Tourism）のトリプルTについての開発協力が謳われており，そのような中で，アジア・ハイウェイの建設による交通網の拡充，携帯電話の国際共通仕様の拡大など，交通や通信に関しては議論が具体的で成果も眼に見えるものとなっている．しかし，観光に関しては，観光ビザ発給の効率化，あるいはビザなし観光の実施などの実績があるとはいえ，その他としては「観光年」や「テーマパーク」の設定などというイベント中心の議論に留まっているように感じられる．これには，観光という経済活動が多くの産業部門を包含して展開されるために，その把握が非常に難しいという問題が関係しており，一般に「観光産業」という言葉が使われているが，それは一部門一産品という概念に基づいて展開された「産業」ではない．もちろん，これに関しては，いわゆるサテライト・アカウントによる対応が考えられるし，現在世界的にそのような統計整備が進展している．しかしその他の問題領域とし

ては,「観光業の効率性をどのように捉えるのか」,また「観光業の育成政策をどのように樹立すべきか」,さらには「そうした政策をどのように評価すべきであるのか」などの多くの問題が残されている.

そこで本書では,日本を事例として,外客誘致活動の効率性をどのように計測すべきか,また,それによって誘致活動,あるいは関連政策をどのように評価できるかという問題を探り,それらの試案としての分析結果を示すことによって,観光開発戦略を樹立する際の一つの視座を確立することを目的とする.日本を事例として取り上げるのは,観光関連統計が比較的備わっているという特殊性によるもので,発展途上諸国ではまだそうした統計整備は進んでいないためである.筆者は,本書における分析手法が,将来,発展途上国・地域においても,その観光開発による経済開発戦略を勘案する際に応用可能なものであると考えている.

本書の構成は以下の通りである.問題意識,本書の目的と論点を示した序章の後に,第1章から第5章を配置し,最後に終章において結論と今後の課題を示すという全7章で構成されている.第1章から第5章の要約は以下の通りである.

第1章「わが国におけるインバウンド観光の概要」では,本書の導入部として「観光」の語源と国際観光に関係する諸定義を示し,観光の意義と役割を確認する.また,近年のインバウンド観光の動向と観光政策の現状を示している.

第2章「訪日外客の目的地選択の傾向性」においては,インバウンド観光,すなわち訪日外客誘致が効果的に行われているか,その現状と課題を探るための前段階として,先ず日本の観光関連統計の現状を確認し,かつ利用可能なデータがどのようなものであるかを示している.すなわち都道府県レベルで比較可能なものとして,訪日外客数については,日本政府観光局(JNTO)『JNTO訪日外客訪問地調査』,観光資源・施設・経費に関しては,環境省自然環境局および文化庁文化財部が公表するデータ,(社)日本観光協会編『数字

でみる観光』(創成社)，そして総務省自治財政局編『都道府県決済状況調』などである．

次に，各地域から成るクロスセクション・データを，被説明変数に訪日外客総数，また説明変数に観光資源（温泉地，歴史的・自然的要素），観光インフラ（宿泊施設，観光関連施設），観光経費として，通常の重回帰モデルを当てはめた場合の結果を示し，宿泊施設，歴史的・自然的要素の標準偏回帰係数が有意となったが，観光経費と観光関連施設はモデルから除外されるなどの問題が生じることなどを確認している．またここでは補足的な説明として，韓国・台湾・香港・中国・アメリカ・その他の国からの6つのデータから主成分スコアを抽出し，それを被説明変数とする重回帰分析を加えている．

**第3章「外客誘致に関する効率性評価」**では，各都道府県の「外客誘致のパフォーマンス」を「仮想的な外客数」と「仮想的な観光資源・インフラ・経費」との比率尺度として定義し，都道府県レベルの誘致活動に関する一つの評価手法を提示している．ここでは，2003年の「ビジット・ジャパン・キャンペーン」開始と，2007年の「観光立国推進基本法」施行を，政策変化年として捉え，その前後，すなわち2000，2004，2008年度の効率値を「データ包絡分析法（Data Envelopment Analysis：DEA）」の基礎となる「規模に関して収穫一定」型のCCRモデルと「規模に関して収穫逓増」型のIRSモデルによって計測するという作業を展開している．

これは，前章において用いられた重回帰分析では除外されることになった情報量にも着目したノンパラメトリックな手法である．ここではその分析結果として，(1)3時点とも効率的である地域，(2)全期間で効率値が向上した地域，(3)2000から2004年度，また(4)2004から2008年度にかけて効率値が上昇した地域の4つのパターンの存在を示している．

また，そこでは非効率と判断される地域に対して，効率化の一つの改善策である「効率化指標」を提示しているが，これはインプットに対する余剰分を削減し，アウトプットに対する不足分を増加することができたならば，効率的と判断された地域と同水準になることなどを示したものである．

第4章「外客誘致効率性の異時点間における変化」では，DEAに組み込まれるMalmquist指数（$MI$）を用いて，「外客誘致効率性の異時点間における変化」とその要因を示している．これは$MI$指標が，CCR効率性の変化（$CU$：「外客誘致パフォーマンスの変化」）と技術効率性の変化（$FS$：「誘致プロセスの技術的効率変化」）に分解可能であることに着目したものであり，計測の結果，前述の2つの政策変化年の前後において，外客誘致効率は全体的に向上していることを明らかにしている．またその要因を分類して，(1)$CU$が$FS$よりも大きく影響した，(2)$FS$が$CU$よりも大きく影響した，(3)$CU$はネガティブな影響を与えるが，それを上回る$FS$のポジティブな効果を享受した，(4) そもそも異時点間の効率性が低下していた，という4つのケースが想定されることなどを示している．

第5章「インバウンド観光と経済成長」では，インバウンド観光と経済発展との間に長期的な関係が存在するか否かを探るために，時系列分析を行っている．これは前の二つの章における地域別分析において用いられた統計が，近年のものに限られるという制約があり，その総和から一国レベルのインバウンド観光と経済成長の関係を長期的視点から探ることが困難であるという問題を考慮したものである．ここでの手法は，分析対象系列の定常性を見る単位根検定，非定常系列どうしの間に潜む関係を探る共和分検定，そして定常かつ共和分関係にない系列間の因果関係を検証するGrangerの因果性検定であり，またその分析対象としては，経済成長を測る指標（全産業活動指数，鉱工業生産指数，第3次産業活動指数，観光関連産業指数）と，インバウンド観光に関する指標（国際観光収入，実質実効為替レート指数）を用いている．

ここでは，ADFおよびKPSSの単位根検定から，各指数の対数系列は単位根過程に従うことを示し，**(1)** 全産業とインバウンド観光，**(2)** 鉱工業とインバウンド観光，**(3)** 第3次産業とインバウンド観光，**(4)** 観光関連産業とインバウンド観光の4つの関連性ついて，共和分検定の結果を踏まえて，原系列に対して対数階差をとったVAR（Vector Autoregressive）モデルによるGranger因果性検定を行うことによって，各ケースにおいて有意な因果関係が

あること，とくに (4) の観光関連産業とインバウンド観光収入との間には，一方向ではなく，双方向の因果性があることなどを指摘している．

　本書は，筆者が東京国際大学に提出した博士学位論文『我が国におけるインバウンド観光と経済発展』を加筆修正したものである．

　博士論文の執筆に際しご訓導を賜りました東京国際大学経済学研究科の栗林純夫先生（主指導教授），副指導を担当していただいた菅幹雄および渡辺雅仁の両先生に深く感謝いたします．また同じく上記研究科の原朗（首都大学東京），白須孝，竹内宏行，上林敬宗，清川雪彦，牧厚志，松井均，小岩信竹，杉浦未樹，古川徹也，松村敦子，石川祐三，大野弘明，李燦雨，梶原弘和，弦間正彦，渡部訓（武蔵野大学）の各先生より，研究会などを通じて有益なコメントを頂戴しました．さらに，東京国際大学大学院事務課の竹浪一知氏，下田和桂子氏，図書館課の小林眞人氏，佐藤伸子氏の各位，またその他多くの事務局の方々から，あたたかなご支援をいただきました．ここに明記し，感謝申し上げます．

　そして，筆者が札幌大学大学院経済学研究科修士課程在籍時より今日に至るまで，あたたかく見守って下さいました石坂昭雄，桑原真人，松本源太郎，宮三康，駒木泰，山田玲良，石井聡，山内和幸，鈴木聡士（北海学園大学）の各先生に謝意を表します．また，院生時代から公私にわたりお世話になっている横島公司氏（札幌大学非常勤講師），大学院への進学を支援して下さった母紀美，妻優香，そして親族に心より感謝申し上げます．最後に，本書の出版を快諾して下さった株式会社五絃舎の長谷雅春氏に深く御礼申し上げます．

2012 年 3 月吉日<br>
平井　貴幸

# 目　次

まえがき　　　　　　　　　　　　　　　　　　　　　　　　　　　　iii

序　章　問題の所在　　　　　　　　　　　　　　　　　　　　　　　　1

第1章　わが国におけるインバウンド観光の概要　　　　　　　　　　　11
　1.1　観光の語源と国際観光の定義　.................　11
　1.2　観光の意義と役割　.........................　12
　1.3　インバウンド観光の歴史的変遷　..................　14
　　1.3.1　終戦から1960年代　....................　14
　　1.3.2　1970年代および1980年代　...............　15
　　1.3.3　1990年代から現在　....................　18
　1.4　近年のインバウンド観光の動向　..................　20
　　1.4.1　訪日外客数とその国別内訳　................　20
　　1.4.2　訪日外客の観光目的地　..................　22
　　1.4.3　国際観光収入の現状　...................　29

第2章　訪日外客の目的地選択の傾向性　　　　　　　　　　　　　　　31
　2.1　わが国の観光関連統計について　..................　31
　2.2　観光者の目的地選択問題　.....................　34
　2.3　多変量解析による分析　......................　35
　　2.3.1　データ　..........................　35
　　2.3.2　重回帰分析　........................　37
　2.4　まとめ　..............................　41

第3章　外客誘致に関する効率性評価　　　　　　　　　　　　　　　　43
　3.1　DEAによる効率性の計測　....................　43

|  |  |  |
|---|---|---|
| 3.1.1 | CCR モデル | 44 |
| 3.1.2 | BCC モデルと IRS モデル | 48 |
| 3.2 | 効率値の計測結果 | 51 |
| 3.2.1 | データ | 51 |
| 3.2.2 | 外客誘致パフォーマンスの測定 | 54 |
| 3.2.3 | 効率化への改善案 | 57 |
| 3.3 | まとめ | 66 |

## 第 4 章　外客誘致効率性の異時点間における変化　　67

|  |  |  |
|---|---|---|
| 4.1 | CCR モデルに基づく Malmquist 指数 | 67 |
| 4.1.1 | Malmquist 指数の概要 | 67 |
| 4.1.2 | CCR モデルに基づく MI | 71 |
| 4.2 | データと分析結果 | 74 |
| 4.2.1 | データ | 74 |
| 4.2.2 | 政策変化年における効率性変化 | 74 |
| 4.2.3 | 2000 年度基準の効率性変化 | 80 |
| 4.3 | まとめ | 90 |

## 第 5 章　インバウンド観光と経済成長　　93

|  |  |  |
|---|---|---|
| 5.1 | 経済成長とインバウンド観光の関連性 | 93 |
| 5.2 | 時系列分析の概要 | 94 |
| 5.2.1 | 単位根検定 | 95 |
| 5.2.2 | 共和分と誤差修正モデル | 97 |
| 5.2.3 | 因果性検定 | 99 |
| 5.3 | データと推定結果 | 100 |
| 5.3.1 | データ | 100 |
| 5.3.2 | ADF および KPSS 検定の結果 | 104 |
| 5.3.3 | 共和分検定の結果 | 106 |
| 5.3.4 | 因果性検定の結果 | 107 |

|     | 5.4 まとめ ................................ | 109 |
| --- | --- | --- |
| 終 章 | 結論と今後の課題 | 111 |
| 附録 A | 分析で使用したデータについて | 119 |
|  | A.1 訪日外客数 ........................... | 119 |
|  | A.2 分析用データの一覧 ..................... | 122 |
| 附録 B | 分析の補足 | 147 |
|  | B.1 重回帰分析による分析結果 ................. | 147 |
|  | B.2 分数計画と線形計画問題 .................. | 150 |
|  | B.3 主問題と双対問題 ...................... | 151 |
| 参考文献 |  | 155 |
| 索 引 |  | 165 |

# 序　章　　問題の所在

## 問題意識と本書の目的

　近年「観光」に関する議論が世界的に活発化している．理由の一つとして，観光が生み出す経済効果が，途上国のみならず先進国においても大きいものと認識されてきた，ということが挙げられよう．とりわけ，発展途上国・地域の経済開発戦略を考察する上で，観光という産業は重要であるとの認識である．なぜなら，観光，ことに外国人観光客（外客）誘致のそれ（以下では，これをインバウンド観光と呼ぶ[1]）は，他の産業振興に比してそれほど多くの資本を必要とせず，外貨収入を確保することが可能であり，また雇用機会の創出などの優れた効果を国民経済に与えると予想されるためである．また，観光業の振興は，重工業などの開発に比して，環境に優しいものであるという利点は大きい．

　よく知られているように，発展途上諸国の経済開発戦略については，様々な論議がなされているが，近年の傾向として，農業や鉱工業などに加えて，第3次産業を重視する傾向がある．例えば，アジア太平洋経済協力（Asia-Pacific Economic Cooperation：APEC）では，通信（Telecommunications），交通（Transportation），観光（Tourism）のトリプルTに関する開発協力が謳われている．そのような中で，アジア・ハイウェイの建設による交通網の拡充，携帯電話の国際共通仕様の拡大など，交通や通信に関しては議論が具体的であり，成果も眼に見えるものとなっている．しかし，観光に関しては，観光ビザ

---

[1] インバウンド観光とは，海外からの観光客を受け入れる観光であり，外貨を獲得するという側面から観光輸出と呼ばれている．ちなみに，国際観光は，自国民が海外へ出国するアウトバウンド観光とインバウンド観光を合わせたものをいう．純粋に観光を目的とする旅行以外に，ビジネスや学術旅行などの観光目的以外の旅行，いわゆる兼観光をも含めるのが一般的である．

発給の効率化，あるいはビザなし観光の実施などの実績があるとはいえ，その他としては，「観光年」や「テーマパーク」の設定などというイベント中心の議論に留まっているように感じられる．

　これには，観光という経済活動が，多くの産業部門を包含して展開されるために，その把握が非常に難しいという問題が関係している．一般に「観光産業」という言葉が使われているが，それは一部門一産品という概念に基づいて展開された「産業」ではないのである．もちろん，これに関しては，外客にアンケート調査を行い，その支出面のサンプル・データを整理して，産業連関表の最終需要面に配置し，国民経済の各部門，そして全体にどのような影響を与えているかを探るという手法，いわゆるサテライト・アカウントによる対応が考えられる．しかしその他の問題領域として，観光業の効率性をどのように捉えるのか，また観光業の育成政策をどのように樹立すべきか，さらには，そうした政策をどのように評価すべきであるのか，などの多くの問題が残されているのである．

　そこで本書の目的は，日本を事例として選択し，外客誘致活動の効率性をどのように計測すべきか，また，それによって誘致活動，あるいは関連政策をどのように評価できるかという問題を探り，それらの試案としての分析結果を示すことによって，観光開発戦略を樹立する際の一つの視座を確立することに置かれている．日本を事例として取り上げるのは，観光関連統計が比較的備わっているという特殊性による．発展途上諸国では，まだそうした統計整備は進んでいないためである．筆者は，本書における分析手法が，将来，発展途上国・地域においても，その観光開発による経済開発戦略を勘案する際に応用可能なものであると考えている．

## 日本における近年の観光政策の現状

　最初に，前述した「観光」をめぐる論議の世界的な潮流に対応して，現在，わが国においても積極的な観光政策が行われていることを紹介しておきたい．2002年，小泉首相（当時）は，施政方針演説において，インバウンド観光の重

要性を訴え，これによって，翌 2003 年には，日本政府の「ビジット・ジャパン・キャンペーン（Visit Japan Campaign：VJC）」が開始されることとなった．その後，政府は 1963 年に成立した「観光基本法」を 43 年ぶりに改定し，2007 年に「観光立国推進基本法」を施行し，翌 2008 年には国土交通省の外局として観光庁を設置した．

この VJC では，将来的には訪日外国人旅行者数を 3000 万人とすることを目標としており，その第 1 期として，2013 年までに 1500 万人を達成すべく，大規模な海外プロモーションを展開している[2]．また，国土交通省所管の独立行政法人，国際観光振興機構（通称，日本政府観光局，Japan National Tourism Organization：JNTO）においても，海外宣伝活動，訪日外客受入体制や「国際観光テーマ地区」の整備，地域の国際化が推進されている[3]．

また，観光という特殊な産業を如何に経済統計に位置付けるかという研究に関しては，前述した，いわゆるツーリズム・サテライト・アカウント（旅行・観光サテライト勘定，Tourism Satellite Account：TSA）の測定に関する議論が進展している[4]．とくに 2000 年には，世界観光機構（UNWTO），経済協力開発機構（OECD），および欧州統計局（EUROSTAT）によって TSA に関するマニュアルが発刊され，現在その普及が推進されている．これを受けて，わが国においても観光関連統計の整備を推し進めてきた結果，2011 年に TSA の本格導入に至っている．国土交通省観光庁（2011）によれば，2009 年

---

[2] 政府は 2010 年までに，1000 万人の外国人旅行者の誘致を目標としていた．現実には，2010 年 9 月に生じた「尖閣諸島問題」による訪日中国人の減少などの影響が大きく，その目標は達成できなかった．しかし，その年の訪日外客数は過去最高の 861 万人となった（日本政府観光局（JNTO）「訪日外客統計：2010 年 訪日外客数（総数）」，http://www.jnto.go.jp/jpn/downloads/2010_total.pdf）

[3] 「国際観光テーマ地区」とは，多様な地域への外国人観光客の来訪を促進するため，優れた観光資源を有する地域と宿泊拠点からなる地域をネットワーク化し，訪日外国人旅行者が 3〜5 泊程度できる観光ルートを備えた広域的な地域である「外客来訪促進地域」の通称である．これは「外国人観光旅客の来訪地域の多様化の促進による国際観光の振興に関する法律」（外客誘致法）に基づき，2008 年 3 月現在，16 の地区に分類されている．「訪日外国人旅行者の受け入れに必要なノウハウ 国際観光テーマ地区の紹介」（日本政府観光局（JNTO），http://www.jnto.go.jp/info/support/rtp.html）を参照．

[4] TSA の詳細に関しては，菅（2003）および Hara（2008）などを参照されたい．

度の旅行消費額 25.5 兆円が生み出す生産波及効果は，53.1 兆円であり，また付加価値効果は 27.1 兆円となっている．それらの日本経済における貢献度は，それぞれ 6.1％，5.8％ を占める．そして，雇用効果 462 万人は，2009 年の就業者数 6328 万人の 7.3％ に値するという．

このように，観光の一国経済に与える影響は大きなものとなる可能性が，広く認識されつつあり，現在「観光」をテーマとした議論が学際的に進められている．その学術的潮流の中で，経済学的視点から分析するものも数多く存在する．しかし，それらは局所的な問題を扱ったケース・スタディを主としたものであり，その分析の背後にある理論的根拠を示さぬままに実証分析が展開されていると指摘されている状態にある[5]．応用経済学の一分野としての「観光経済学」が学術的に貢献するためにも，「観光」に関わる経済主体（観光者）の行動，または，その結果を経済理論に基づいて分析することが重要であり，またこうした視点からの，この分野での実証分析が数多くなされることから，希求されているのである．


今後の観光開発戦略を考察する上で，途上国のみならず先進国にとっても重要な課題となる国際観光，とりわけインバウンド観光については，実はほとんど議論がなされていないというのが現状なのである．そこで本書では，このインバウンド観光という問題に焦点を絞って議論することとしたい．

ちなみにわが国では，2003 年に「観光立国」を宣言して以来，2008 年までの 5 年間で，訪日外客数は 521 万人から 835 万人へとおよそ 300 万人増加した．これは，年間の訪日外客数が初めて 200 万人台を突破した 1984 年から 2003 年までの 20 年間の増加分に等しい．

また都道府県レベルに目を転じてみても，外客誘致は重要である．観光を通じての地域振興・まちづくりに対するプラスの効果が期待されるためである．今後，地方自治体はさらに「観光」の経済的効果を求め，外客誘致に注力していくことになろう．しかし，観光客を増加させることは，地域経済の発展に結

---

[5] Stabler, Papatheodorou and Sinclair（2010）などを参照されたい．

びつくものと考えられるが，どのような観光資源を，どれだけ投入すれば，外客誘致に結びつくのかは明らかではない．

　よく知られているように，わが国においては，海外へ向かう観光客，すなわちアウトバウンドがインバウンドに比べて非常に多く，いわば観光輸入超過の状況にあった．この状況は近年，東アジアや東南アジアの諸国・地域からのインバウンド増加により，少しずつ変わりつつある．これは，外客誘致政策が一定程度の成功を収めていることを示唆しているようにも見える．しかし，世界に視点を移すと，わが国のインバウンドの人数およびその収入は依然として低い水準にあるのである．

　この状況を改善するためにも，インバウンド観光者の行動と観光事業との両側面を，ことに地域レベルの視点において考察することは，大きな意味があるものと考えられる．なぜならインバウンド観光客は，現実には個々の地域を訪れるのであり，地域としての視点なくそれを論ずることは，まさに画竜点睛を欠くことになるからである．また，もちろん，一国経済の成長プロセスにおいて，インバウンド観光が全体として如何なる影響を及ぼすかを分析することも重要であろう．そしてこの時にも「地域」という視点が有用なのである．なぜなら，地域を集めたものが一国となるからである．

## 論点の整理

　本書では，以上の観点から，観光を成長戦略の柱の一つとしているわが国において，(i) 訪日外客誘致のパフォーマンスはどのような状況にあるのか，また (ii) そのパフォーマンスはどのように変化してきたのかを，一国全体と地方自治体の両面から検証する．そして，(iii) インバウンド観光による収入が，日本経済に対して如何なる影響を与えるのか，また与えうるのかという問題，すなわち国際観光収入と経済発展の関連性を探る．もう少し詳細に述べるならば，本書における論点は，以下の3点に集約される：

　【1】第1の論点は，訪日外客誘致の現状を明らかにすることである．このた

めに，利用可能なデータを先ず概観する．前述したように，わが国において，観光関連統計の整備は近年大きく進展しているものの，試行段階であり，まだ十分であるとは言い難い．しかし，それでも「将来の統計整備という理想は理想として，とにかく現有データからは何がいえるのか」という問題意識が重要であり，この視点から得られたデータ選択の結果を提示する．それに加えて，多変量解析の中の重回帰分析と主成分分析の手法を用いて基礎的な分析を行い，それらの結果から「訪日外客誘致に影響を与えるであろうと考えられる幾つかの要因」を探る．「訪日外客誘致の決定メカニズム」の，いわば「平均的な姿」を描くのである．これらは，本書の論点の出発点といえる．

【2】第2の論点は，政策変化が如何なる効果を与えたかという問題に対する検証である．本書では，2003年の「ビジット・ジャパン・キャンペーン(VJC)」開始と，2007年の「観光立国推進基本法」施行を，政策変化のあった年として捉える．そして，その前後で，外客誘致パフォーマンスに変化があったか否かを示す．ここでの論究は，前述の平均的な傾向性を踏まえた上で，さらに一国レベルではなく，都道府県レベルにおける，外客誘致パフォーマンスの良否の，相対的比較に重きを置く．そのために，後述する線形計画法の応用手法の一つである「データ包絡分析法（Data Envelopment Analysis：DEA）」による幾つかの評価方法とその分析結果を示す．また，そのパフォーマンスの通時的な変化と，それをもたらした要因の変化を見るために，後述するMalmquist指数を用いての分析を追加する．そして，外客誘致効率が向上している地域とそうではない地域には，どのような特徴があり，何がその要因であったかを示す．

【3】第3の論点は，インバウンド観光が日本経済にどのように影響してきたか，その長期的な関係を探ることである．もちろん，第2論点で表現さ

れた各地域のパフォーマンスの総和をとることによって，あるいは，平均をとることによっても一国全体の姿を示すことができる．ただ第2論点で利用でき得る統計は，近年のものにとどまるという制約があり，長期的傾向性を探ることはできない．そこで，ここでは，さらにマクロ的な観点からの分析を行う．後述するように，わが国のインバウンド観光による収入（国際収支のサービス収支における旅行受取）に関する統計は長期のものが利用できる．そこで，これを手掛かりに論究を進める．実は，このインバウンド観光収入は輸出に比して非常に小さい．そこで，ここでは微かな痕跡のデータの相互関係を探る有力な手法の一つである時系列分析を用いて，インバウンド観光と経済成長の関係を明らかにする．

## 既存研究のサーベイと本書の視点の補足

「観光」に関する研究は，様々な学問分野によってなされている．ことに，経済学領域においては，観光の経済的・社会的・文化的な効果を探るもの，観光者の行動とその動機を探るもの，そして，経済発展と観光との関係を探るものなど多様であるが，少し整理すると以下のようになる[6]．

先ず，観光を需要する側，すなわち「観光者」と，観光サービスを供給する側，すなわち「観光産業」の2つに分類し，その各々に対する先行研究を要約することにしよう．

観光者の行動について，その観光目的地選択に関する意思決定問題を取り上げた研究として，Rugg (1973), Morley (1992), および Papatheodorou (2001) を挙げることができる．これらの研究では，Lancaster (1966, 1971) モデルを用いて，国際観光需要に関する分析を行っている[7]．

---

[6) Stabler, Papatheodorou and Sinclair (2010) に，観光に関連する様々な研究分野の簡単なサーベイが挙げられているので，参照されたい．

[7) Lancaster モデルとは，消費によって得られる効用の源泉を，より根本的なものに求める，というものである．つまり，従来の消費理論では，消費者の選好関係を財・サービスの消費量の上

他方，観光産業に関する研究も数多い．その中で，後述する「データ包絡分析法（DEA）」を援用し，観光産業の効率性評価を行った研究を取り上げると次のようになる．

ホテル業やレストランなどの効率性を計測し，その評価を行ったものとして，Morey and Dittman (1995), Johns, Howcroft and Drake (1997), Anderson et al. (1999), Anderson, Fok and Scott (2000), Brown and Ragsdale (2002), Hwang and Chang (2003), Reynolds (2003), Barros (2004), Barros and Alves (2004), Chiang, Tsai and Wang (2004), Barros (2005a, b), Barros and Mascarenhas (2005), Barros (2006), Reynolds and Thompson (2007), Barros, Paypoch and Solonandrasana (2009) などがある．

また，旅行代理店について分析した研究は，Bell and Morey (1995), Anderson, Lewis and Parker (1999), Barros and Matias (2006), Barros and Dieke (2007), Köksal and Aksu (2007) などを指摘することができる．

しかしこのような観光関連産業の効率性を計測する研究は数多く存在するが，インバウンド観光者がどのような地域を訪れているか，その外客誘致に関する効率性を分析したものは少ない．近年，この観点からの分析が進められている．先ず，Botti et al. (2009) である．これは，フランスの 22 地域を取り上げ，訪問者の総数をアウトプット，ホテルや公園などをインプットとして，6 インプット・1 アウトプットのモデルによる相対的な効率値を計測したものである．次に，筆者である平井（2010）では，日本の 47 都道府県を観光客誘致の事業体と捉え，県内・県外・外国人観光者をアウトプットとして，5 つのタイプのモデルによる効率性を計測している．

しかし，これら二つの研究は一時点の効率性を計算し，その結果を示したものにとどまっており，効率性の通時的な動態的変化や関連する政策に関する論議はほとんどなされていない．そこで本書では，わが国の訪日外客誘致パ

---

に定義するが，Lancaster モデルではその消費量と，消費者の活動によって満たそうとする欲求とを区別して，その欲求の充足レベル上に効用関数を定義する．小沢（1994），Bull (1995) などを参照されたい．

フォーマンスの現状を，DEA を援用して分析するのであるが，前述したように，政策変化の前後の結果を重視して，政策の効果の変化を示すことに力点を置く．さらに，Malmquist 指数を計測することによって，外客誘致効率性の要因分解を行い，それらが通時的にどのように変化してきたかについても考察する．

次に，インバウンド観光と経済成長の関係については，近年，時系列分析の発展により，これを用いての研究も盛んに行われている．先ず，その一つとして，観光が経済成長あるいは経済発展のエンジンとなりうるという仮説，すなわち観光主導型成長仮説（Tourism-led Growth Hypothesis）に関する研究が増加している．

例えば，Balaguer and Cantavella-Jordá (2002), Dritsakis (2004), Gunduz and Hatemi-J (2005), Oh (2005), Kim, Chen and Jang (2006), Louca (2006), Brida, Carrera and Risso (2008) などを挙げることができる．これらは，主に Granger (1969) の因果性テストや，Engle and Granger (1987), Johansen (1988) などによる共和分分析を用いて，その仮説を検証するものである．

しかし，わが国に関しては，このような視点からの分析・研究はほとんどなされていない．そこで本書では，わが国のインバウンド観光による収入と経済成長との関連性を，利用可能な月次データを用いて，時系列分析の観点から探る．すなわち，日本経済の発展とインバウンド観光との間に長期的な関連性が存在するか否かという問題を明らかにする．

# 第1章　わが国におけるインバウンド観光の概要

　本章では，本書全体の論議の導入部として「観光」の語源と国際観光に関係する諸定義を示す．次に，観光の意義と役割を確認し，さらにわが国におけるインバウンド観光の歴史的変遷を顧みる．また最後に，近年のインバウンド観光について基礎的な動向を示す．

## 1.1　観光の語源と国際観光の定義

　「観光」とは何か．「旅」あるいは「旅行」とは何か．この問いに答えることは，意外と難しい．『広辞苑』によれば，観光とは「他の土地を視察すること．また，その風光などを見物すること．観風．」とある[8]．また，旅は「住む土地を離れて，一時他の土地に行くこと．旅行．」[9]，そして旅行とは「徒歩または交通機関によって，主に観光・慰安などの目的で，他の地方に行くこと．たびをすること．」とある[10]．

　「観光」の語源は，儒教経典の五経の一つである『易経』に著されている[11]．そこには，「観国之光，利用賓于王」(国の光を観る．もって王に賓たるに利ろし．) という句があり，これが観光という語の由来であるといわれている．

　また，英語の"tourism"の語源は，ラテン語の"tornus"(ろくろ) から発したものとされる[12]．これは，各地を巡回旅行するという意味である．

　観光あるいは tourism の語源について理解したところで，次に，国際観光 (international tourism) とは何か，そしてその定義を見てみよう．

---

[8]　新村 出 編『広辞苑』(第6版，岩波書店，2008年)，628頁．
[9]　前掲，1751頁．
[10]　前掲，2967頁．
[11]　丸山 (1996)，107-109頁を参照．
[12]　塩田・長谷 (1994)，4頁を参照．

津田昇氏によれば，国際観光とは，一般に，「人が自国をはなれて，ふたたび自国へもどる予定で，外国の文物，制度などを視察し，あるいは外国の風光などを鑑賞，遊覧する目的で外国を旅行すること」である[13]．筆者も，またおそらく読者も，この定義に異論のないものと思われるので，以下でもこの定義を踏襲することにしよう．通常，国際観光には，純粋な観光だけでなく，ビジネスや学術旅行などの他の目的を伴った広義の旅行も含まれる．

また，国際観光は双方向の交通を伴うものであるため，それは以下の2つに分類される．すなわち，一方は海外からの観光客を受入れるものであり，他方は自国の観光客が海外へ渡航するものである．前者をインバウンド観光（inbound tourism），後者をアウトバウンド観光（outbound tourism）と呼ぶ．これらは，1976年の国連統計委員会（第19次会議）において決定されたものである[14]．

## 1.2 観光の意義と役割

わが国では，1963年に「観光基本法」が制定された．そこには，観光振興を国策の基本とすることが謳われており，施策の基本的な方向性が示されている．観光振興の意義について，「観光基本法」の前文では以下のように述べている[15]：

> 「観光は，国際平和と国民生活の安定を象徴するものであって，その発達は，恒久の平和と国際社会の相互理解の増進を念願し，健康で文化的な生活を享受しようとするわれらの理想とするところである．また，観光は，国際親善の増進のみならず，国際収支の改善，国民生活の緊張の緩和等国民経済の発展と国民生活の安定向上に寄与するものである．」

---

[13] 津田 (1969) 参照．
[14] 河村 (2008)，山上 (2004) などを参照．
[15] 安達 (2004) 参照．

すなわち，(1) 国際親善の増進，(2) 国民経済の発展，そして (3) 国民生活の安定向上に関して，観光は大きな役割を有するとしているのである．

また本法の第1条には，観光に関する目標が掲げられている．そして，第2条には国（中央政府）の，第3条には地方公共団体の施策の具体的な内容が示されている．

その後，政府は，2006年12月に「観光基本法」を43年ぶりに改正し，翌年「観光立国推進基本法」を施行した．これは，「観光基本法」を全面的に改定し，観光を21世紀におけるわが国の重要な政策の柱として，明確に位置付けたものである．「観光立国推進基本法」の第1条においては，その目的が以下のように示されている：

> 「21世紀の我が国経済社会の発展のために観光立国を実現することが極めて重要であることにかんがみ，観光立国の実現に関する施策に関し，基本理念を定め，並びに国及び地方公共団体の責務等を明らかにするとともに，観光立国の実現に関する施策の基本となる事項を定めることにより，観光立国の実現に関する施策を総合的かつ計画的に推進し，もって国民の経済の発展，国民生活の安定向上及び国際相互理解の増進に寄与することを目的とする．」（「観光立国推進基本法」第一章総則（目的）第一条）

ただし，本法における観光の意義は，旧「観光基本法」のそれと同じであることを指摘しておきたい．

ここで，上述の観光振興の意義の3点に関して，国際観光という観点から，もう少し具体的にみることにしよう．

国際観光振興の重要な意義の一つは，国際親善と相互理解の増進である．例えば，国際連合は，「観光は平和へのパスポート（Tourism, Passport to Peace）」というスローガンを掲げ，1967年を「国際観光年」に指定している．国境を越えた観光者の往来を促進することが，相互の理解を深化させることは，国際平和の維持という観点からも重要である，という視点である．

他方，観光には経済的な意義も考えられる．なぜなら，観光という活動は，観光者の消費行動を伴い，それが国民経済に影響を与えるためである．例えば，外国からの訪問客，すなわちインバウンド観光者の来訪は，その国に外貨獲得の機会を与える．国際収支上，インバウンド観光による収入は輸出項目に計上され，それは「見えざる輸出」と呼ばれることもある．これは，物品貿易という分類範疇では把握できえないサービス貿易の一種という意味である．

ただ一口に「インバウンド観光の振興」といっても，実際は簡単なことではない．例えば，現在，わが国では，後述するように，アウトバウンド観光の超過状態にある．この極端な不均衡の是正は，わが国の政策面での課題の一つであり，この認識の結果，近年，積極的な観光政策が開始されるに至ったのである．

## 1.3 インバウンド観光の歴史的変遷

国際観光は，各国の所得や余暇時間の増大，そして国と国とをつなぐ交通機関や旅行業の発達などを背景に拡大してきた．ここでは，わが国における国際観光，とりわけインバウンド観光がどのように発展してきたか，歴史的・政策的な経緯を確認することにしよう[16]．

### 1.3.1 終戦から1960年代

わが国では，第2次大戦後，経済復興の一つの手段として，様々な観光政策が施行されたが，それは主に外貨獲得を目的として，外客誘致に力が注がれたものであった．1948年，総理府に「観光事業審議会」が設置され，その審議会の提案などにより，「温泉法」や「旅館業法」（1948年制定），そして「通訳案内業法」や「国際観光ホテル整備法」（1949年）などの外客受入目的の各種法律が施行された．つまり，1963年の「観光基本法」制定までの15年間に，国

---

[16] わが国における観光について，戦後から現在に至るまでの議論は今村（2007），河村（2008），溝尾編（2009）などを，また戦前の観光史に関する議論については中村（2006），溝尾編（2009）などを参照されたい．

際観光に関する法律や様々な施設の整備が推められて行ったのである．

　例えば，1952年には「旅行あっ旋業法」が制定されている．当時の旅行業者は，外国人旅行者の幹旋目的で設立されたという背景から，外国系や船会社関係の企業を主としたものであった．戦後間もない頃には，いわゆるGHQ（連合国軍総司令部）が邦人業務渡航の許可権限を握っていたが，1952年のサンフランシスコ平和条約の発行に伴い，わが国政府がようやく自主的に旅券を発給できることになったという経緯がある[17]．

　このように，それまでインバウンド観光に注力してきた日本ではあったが，1960年代以降になると，転じてアウトバウンド観光が活発化することとなる．これには，言うまでもなく経済の高度成長という実績が関係している．1964年には「海外渡航自由化」が行われた．この年は，わが国の「国際観光元年」とも呼ぶべき年であり，同年4月より『観光白書』が刊行され，先の「観光事業審議会」に代わり，「観光政策審議会」が設置された．また，東京オリンピックの開催，そして東海道新幹線の開業もこの年である．前者は大規模な観光イベントとして，また後者は観光関係インフラの整備として捉えることもできよう．

　もっとも「国際観光元年」，すなわち1964年時点では，邦人出国者が約13万人，訪日外客は約35万人と後者が前者の3倍弱という状態であった．ちなみに，1950, 60年代の訪日外客の年平均増加率は，それぞれ26.9%, 12.4%であった[18]．

## 1.3.2　1970年代および1980年代

　1970年代に入ると，1970年の大阪における「日本万国博覧会」，72年の札幌における「冬季オリンピック」などが開催された．またその当時，(株)日本航空の「ジャルパック」や(株)日本交通公社・(株)日通旅行の共同の「ルック」というパッケージ商品が登場することにより，邦人の海外旅行が急増する

---

[17]　溝尾編（2009），172頁を参照．
[18]　国際観光振興会編『国際観光振興会20年のあゆみ』（1984年）より算出したものである．

こととなった．邦人の海外渡航者数が，日本を訪れる外国人のそれを上回るのは，1971 年のことであり，この年のアウトバウンドは約 96 万人，インバウンドは約 66 万人であった．劇的な変化といってよい．そしてこれ以降，その差は拡大してゆくことになる．

図 1.1 と図 1.2 に，1964 年以降の日本におけるインバウンド，アウトバウンド，および為替レートの推移を示す．日本円の対外価値の上昇とアウトバウンドの推移には，密接な関係があることが示唆される．

前述したように，「国際観光元年」の 1964 年には約 13 万人の邦人が，また，初めてアウトバウンドがインバウンドを上回った 1971 年には約 96 万人の邦人が，海外へ渡航している．この間（1964 から 1971 年）の増加率は，年平均 33.4% と大きなものであった．その後，邦人海外旅行者は，1972 年には 100 万人を，翌 73 年には 200 万人を超え，急激に増加していくことになる．

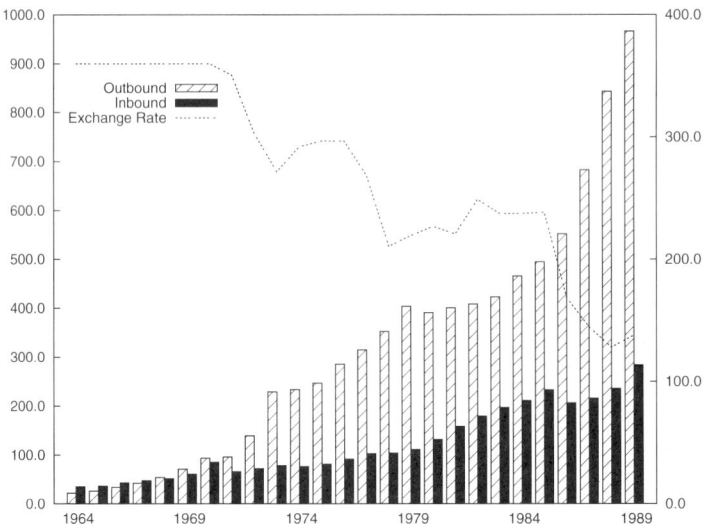

出所：日本政府観光局（JNTO）『JNTO 日本の国際観光統計（2009）』，および日本銀行「時系列統計データ検索サイト」より抽出したデータを基に筆者作成．
注：Outbound は邦人出国者数，Inbound は訪日外客数（左軸：万人）を表しており，Exchang Rate は為替レート（右軸：円/US ドル）を示す．

図 1.1　訪日外客，邦人出国者，為替レートの推移（1964 – 89 年）

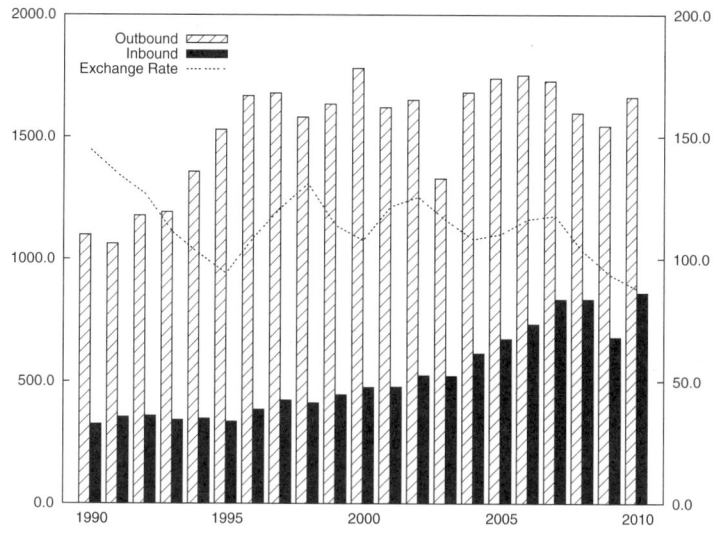

図 1.2 訪日外客, 邦人出国者, 為替レートの推移 (1990 – 2010 年)

図 1.1 を見ると, ことに「プラザ合意」がなされた 1985 年以降, 急速な円高の進行によって, 再びアウトバウンドが急増したことがわかる. 1985 年の邦人海外旅行者数は約 495 万人であったが, 86 年には約 552 万人, 87 年には約 683 万人と推移し, 1990 年には初めて一年に 1000 万人の邦人が海外へ渡航するまでに至っている.

ここで少しインバウンド観光に焦点を絞ることにしよう. 1970 年の大阪万博と, 74 年の第一次オイルショック, この 2 つの年を経て, インバウンド数は緩やかに増加してきたといえる. 1977 年には, インバウンド数が初めて 100 万人の大台に乗り, その後, 1984 年に 200 万人, 90 年に 300 万人超となっている. また北米からの訪日外客が中心となる傾向が長く続いたが, 1978 年に, アジア圏からの外客の割合と北米からのそれとが逆転したこと, そして現在もこの傾向が続いていることを附記しておきたい. この背景には, 1979 年の台湾, そして 1989 年の韓国における「出国観光自由化」が大きく作用している.

東アジア諸国が経験した輸出主導の高度経済成長が外貨準備を増加させ，この対外観光が解禁されることとなったのである．

### 1.3.3 1990年代から現在

さらにその後について述べると，1990年代前半までは，訪日外客数は年に350万人程度であったが，90年代後半になると，一層増加することになる．驚くべきことに，1997年に発生した「アジア通貨危機」も，この趨勢を変えるものではなかったのである．事実，1997年の訪日外客数は400万人であり，確かに翌年の98年に若干減少するものの，さらにその翌年の99年には約444万人が日本を訪れている．ただその間，毎年1500万人程度の日本人が海外へ向かっていることを考えると，その差は依然として大きい．

1990年代までのわが国へのインバウンド観光は，その旅行者数を着実に伸ばしてきたとはいえ，アウトバウンド観光と比べると，規模は非常に小さいものであったといえる．前述したように，戦後復興期には，外貨獲得のために訪日外客誘致政策を展開された．そして日本経済は高度成長期を経て，アウトバウンド・ブームを何度か経験する．例えば，1987年9月には，わが国政府主導の下，海外渡航を奨励する「海外旅行倍増計画（テン・ミリオン計画）」が策定された．しかし，政策面では，日本国内における観光やアウトバウンド観光にその力点がシフトしてしまい，外客誘致のための観光インフラ整備などがそれほど進んだわけではなかったのである．

しかし，こうした状況は1990年代の後半になると次第に改善されることとなった．先ず1996年に，運輸省（現国土交通省）による「ウェルカムプラン21（訪日観光交流倍増計画）」が発表された．これに基づき，翌97年6月には「外国人観光旅客の来訪地域の多様化の促進による国際観光の振興に関する法律」（「外客誘致法」）が公布・施行された．2000年には「新ウェルカムプラン21」が打ち出され，2007年の訪日外客数を800万人に増加させるための行動計画が策定された[19]．こうして国際観光のアウトバウンド超過を改善さ

---

[19] 2000年5月，観光産業界の団体である「観光産業振興フォーラム」より提言された．岐部・

せるべく,インバウンド促進のための政策が展開されていったのである.そして,その結果,インバウンド観光者数は,1996年の約384万人から,2000年の約476万人と推移することになったのである.

さらに,前述したように,2002年,小泉首相(当時)は,その施政方針演説において,インバウンド観光の重要性を訴え,翌2003年に「ビジット・ジャパン・キャンペーン(Visit Japan Campaign:VJC)」が開始された.これは,当時の外国人観光客,約500万人を2010年には倍増させることを目標としたものであった[20].換言すれば,VJCによって,それまでの「工業立国」に加えて「観光立国」の理念が明示されたのであり,多少大げさに言えば,国策の大転換を迎えたのである.その後,政府は「観光基本法」を43年ぶりに改定し,2007年に「観光立国推進基本法」を施行した.そして翌2008年には国土交通省の外局として観光庁を設置した.インバウンド観光に対する政策面での強化が図られることとなったのである.

2000年以降,VJCなどの外客誘致政策によって,訪日外国人旅行者数は急増した.しかし,この間に,国際観光にプラスあるいはマイナスの影響を与える可能性のある出来事が次々と発生したことに注意すべきであろう.例えば,「アメリカ同時多発テロ」(2001年),日韓共催「ワールドカップサッカー大会」の開催(2002年),「重症急性呼吸器感染症(SARS)」の集団発生(2003年),「日本国際博覧会(愛知万博)」の開催(2005年),「リーマン・ショック」(2008年),「新型インフルエンザ」発生(2009年)など,どれも記憶に新しいものである.もっともインバウンド数は,2002年に500万人,2004年に600万人,2006年に700万人,そして2007年には800万人を超えており,この間順調に増加した.しかし,2009年に入ると,世界的な金融危機,前述のリーマン・ショックと,新型インフルエンザの影響によって,その数は680万人程度にとどまった.とはいえ,VJCが開始されてからの5年間(2003年から2008年)

---

原(2006)参照.
[20] 前述したように,この目標は達成できなかった.しかし,2010年の訪日外客数はこれまでの最高値861万人と推定されている.脚注2)を参照されたい.

で増加した300万人という数字は，2003年以前の20年間に増加した人数とほぼ同じであるという事実は強調されるべきであろう．

## 1.4 近年のインバウンド観光の動向

### 1.4.1 訪日外客数とその国別内訳

ここで，近年の訪日外国人旅行者の動向を少し詳しく見ていくことにしよう．表 1.1 に，2000年から2009年における，国籍別の訪日外客数の推移を示す．

この10年間では，1位韓国・2位台湾の順位は変わっておらず，それらの外客総数は他と比べて突出して多い．また，これまで第3位であったアメリカが，2007年に中国に追い抜かれていることが確認できる．さらに，香港からの外客数は第5位にあり，それよりも下位の国々は概ね10万から20万人という水準である．これら上位5カ国・地域の訪日外客総数に占める割合は，70%前後で推移している．

ちなみに，2009年7月からは，わが国は中国国民に対する個人観光ビザの発給を開始し，2010年7月からは，その条件を大幅に緩めることを決定した．このことを勘案すると，もちろん日中関係が安定した場合ということであるが，今後，中国からの旅行者の更なる増加が見込まれよう．

## 表 1.1　国籍別訪日外客数の推移

|  | 2000 年 |  |  | 2001 年 |  |  | 2002 年 |  |  |
|---|---|---|---|---|---|---|---|---|---|
| 1 | 韓　　国 | 106.4 | (22.4) | 韓　　国 | 113.4 | (23.8) | 韓　　国 | 127.2 | (24.3) |
| 2 | 台　　湾 | 91.3 | (19.2) | 台　　湾 | 80.7 | (16.9) | 台　　湾 | 87.8 | (16.8) |
| 3 | アメリカ | 72.6 | (15.3) | アメリカ | 69.2 | (14.5) | アメリカ | 73.2 | (14.0) |
| 4 | 中　　国 | 35.2 | (7.4) | 中　　国 | 39.1 | (8.2) | 中　　国 | 45.2 | (8.6) |
| 5 | 香　　港 | 24.3 | (5.1) | 香　　港 | 26.2 | (5.5) | 香　　港 | 29.1 | (5.5) |
| 6 | イギリス | 19.3 | (4.1) | イギリス | 19.8 | (4.1) | イギリス | 21.9 | (4.2) |
| 7 | オーストラリア | 14.7 | (3.1) | オーストラリア | 15.0 | (3.1) | オーストラリア | 16.5 | (3.1) |
| 8 | カ ナ ダ | 11.9 | (2.5) | カ ナ ダ | 12.6 | (2.6) | カ ナ ダ | 13.2 | (2.5) |
| 9 | フィリピン | 11.2 | (2.4) | フィリピン | 12.4 | (2.6) | フィリピン | 13.0 | (2.5) |
| 10 | ド イ ツ | 8.8 | (1.9) | ド イ ツ | 8.8 | (1.8) | ド イ ツ | 9.4 | (1.8) |
|  | 総　　数 | 475.7 | (100.0) | 総　　数 | 477.2 | (100.0) | 総　　数 | 523.9 | (100.0) |
|  | 2003 年 |  |  | 2004 年 |  |  | 2005 年 |  |  |
| 1 | 韓　　国 | 145.9 | (28.0) | 韓　　国 | 158.8 | (25.9) | 韓　　国 | 174.7 | (26.0) |
| 2 | 台　　湾 | 78.5 | (15.1) | 台　　湾 | 108.1 | (17.6) | 台　　湾 | 127.5 | (18.9) |
| 3 | アメリカ | 65.6 | (12.6) | アメリカ | 76.0 | (12.4) | アメリカ | 82.2 | (12.2) |
| 4 | 中　　国 | 44.9 | (8.6) | 中　　国 | 61.6 | (10.0) | 中　　国 | 65.3 | (9.7) |
| 5 | 香　　港 | 26.0 | (5.0) | 香　　港 | 30.0 | (4.9) | 香　　港 | 29.9 | (4.4) |
| 6 | イギリス | 20.1 | (3.8) | イギリス | 21.6 | (3.5) | イギリス | 22.2 | (3.3) |
| 7 | オーストラリア | 17.2 | (3.3) | オーストラリア | 19.4 | (3.2) | オーストラリア | 20.6 | (3.1) |
| 8 | フィリピン | 13.8 | (2.6) | フィリピン | 15.5 | (2.5) | カ ナ ダ | 15.0 | (2.2) |
| 9 | カ ナ ダ | 12.6 | (2.4) | カ ナ ダ | 14.2 | (2.3) | フィリピン | 14.0 | (2.1) |
| 10 | ド イ ツ | 9.4 | (1.8) | ド イ ツ | 10.6 | (1.7) | タ　 イ | 12.0 | (1.8) |
|  | 総　　数 | 521.2 | (100.0) | 総　　数 | 613.8 | (100.0) | 総　　数 | 672.8 | (100.0) |
|  | 2006 年 |  |  | 2007 年 |  |  | 2008 年 |  |  |
| 1 | 韓　　国 | 211.7 | (28.9) | 韓　　国 | 260.1 | (31.2) | 韓　　国 | 238.2 | (28.5) |
| 2 | 台　　湾 | 130.9 | (17.8) | 台　　湾 | 138.5 | (16.6) | 台　　湾 | 139.0 | (16.6) |
| 3 | アメリカ | 81.7 | (11.1) | 中　　国 | 94.2 | (11.3) | 中　　国 | 100.0 | (12.0) |
| 4 | 中　　国 | 81.2 | (11.1) | アメリカ | 81.6 | (9.8) | アメリカ | 76.8 | (9.2) |
| 5 | 香　　港 | 35.2 | (4.8) | 香　　港 | 43.2 | (5.2) | 香　　港 | 55.0 | (6.6) |
| 6 | イギリス | 21.6 | (3.0) | オーストラリア | 22.3 | (2.7) | オーストラリア | 24.2 | (2.9) |
| 7 | オーストラリア | 19.5 | (2.7) | イギリス | 22.2 | (2.7) | イギリス | 20.7 | (2.5) |
| 8 | カ ナ ダ | 15.7 | (2.1) | タ　 イ | 16.7 | (2.0) | タ　 イ | 19.2 | (2.3) |
| 9 | タ　 イ | 12.6 | (1.7) | カ ナ ダ | 16.6 | (2.0) | カ ナ ダ | 16.8 | (2.0) |
| 10 | フランス | 11.8 | (1.6) | シンガポール | 15.2 | (1.8) | シンガポール | 16.8 | (2.0) |
|  | 総　　数 | 733.4 | (100.0) | 総　　数 | 834.7 | (100.0) | 総　　数 | 835.1 | (100.0) |

出所：日本政府観光局（JNTO）『JNTO 日本の国際観光統計』（各年版）を基に筆者作成．
注：左の数値は当該国・地域からの外客数（万人），括弧内の数値は訪日外客総数に占める割合（％）．

## 1.4.2 訪日外客の観光目的地

次に，訪日外客が，日本の中のどのような地域を訪れているのか見ることにしよう．表 1.2 に，2000 年から 2009 年までの都道府県別外客訪問率の推移を示す[21]．

過去 10 年間において，上位 5 地域（東京・大阪・京都・神奈川・千葉）の顔ぶれに変化はなく，それらはいずれも大都市圏である．とくに，東京・大阪への訪問率は他の地域と比べて非常に高い．関東圏・関西圏の地域には，羽田・成田・関西などの大型国際空港があり，どの外国人もそこを訪れるのは至極当然であるといえるかもしれない．

前述したように，韓国，台湾，中国，アメリカ，香港からのインバウンド数の合計は，全体のおよそ 7 割を占めるのであるが，ここでその 5 者からの訪日外客が各々どの地域を訪れているかを見てみよう．5 者の旅行者の都道府県訪問率を，それぞれ**表 1.3**，**表 1.4**，**表 1.5**，**表 1.6**，**表 1.7** に示す．

---

[21] ここでの訪問率とは，当該都道府県を訪れたと回答したサンプル数/全サンプル数のことである．日本政府観光局（JNTO）『JNTO 訪日外客訪問地調査』（各年版）参照．

## 表1.2　訪日外客の都道府県訪問率の推移（％）

| | 2000年 | | 2001年 | | 2002年 | |
|---|---|---|---|---|---|---|
| 1 | 東京 | 56.0 | 東京 | 56.5 | 東京 | 52.7 |
| 2 | 大阪 | 23.7 | 大阪 | 25.2 | 大阪 | 27.8 |
| 3 | 神奈川 | 15.3 | 京都 | 15.8 | 神奈川 | 15.6 |
| 4 | 京都 | 14.1 | 神奈川 | 15.6 | 京都 | 14.7 |
| 5 | 千葉 | 13.2 | 千葉 | 11.2 | 千葉 | 13.2 |
| 6 | 愛知 | 9.0 | 愛知 | 10.0 | 愛知 | 11.2 |
| 7 | 福岡 | 8.0 | 福岡 | 7.3 | 北海道 | 9.1 |
| 8 | 兵庫 | 5.6 | 兵庫 | 5.5 | 福岡 | 7.0 |
| 9 | 山梨 | 4.8 | 奈良 | 4.9 | 兵庫 | 5.8 |
| 10 | 静岡 | 3.7 | 山梨 | 4.2 | 奈良 | 5.2 |
| | 2003年度 | | 2004年度 | | 2005年度 | |
| 1 | 東京 | 54.5 | 東京 | 58.2 | 東京 | 58.5 |
| 2 | 大阪 | 27.0 | 大阪 | 21.6 | 大阪 | 22.6 |
| 3 | 神奈川 | 15.8 | 京都 | 17.4 | 京都 | 19.1 |
| 4 | 京都 | 15.2 | 神奈川 | 16.4 | 神奈川 | 18.9 |
| 5 | 千葉 | 12.1 | 千葉 | 13.0 | 千葉 | 15.4 |
| 6 | 愛知 | 9.7 | 愛知 | 9.6 | 愛知 | 11.9 |
| 7 | 兵庫 | 7.1 | 福岡 | 8.2 | 福岡 | 7.4 |
| 8 | 北海道・福岡 | 5.2 | 兵庫 | 6.2 | 兵庫 | 6.9 |
| 9 | — | — | 山梨 | 4.9 | 山梨 | 5.8 |
| 10 | 奈良 | 5.0 | 奈良 | 4.8 | 北海道 | 5.6 |
| | 2006年度 | | 2007年度 | | 2008年度 | |
| 1 | 東京 | 57.4 | 東京 | 58.2 | 東京 | 58.9 |
| 2 | 大阪 | 23.7 | 大阪 | 25.8 | 大阪 | 25.0 |
| 3 | 京都 | 20.3 | 京都 | 21.8 | 京都 | 21.4 |
| 4 | 神奈川 | 18.8 | 神奈川 | 16.3 | 神奈川 | 16.0 |
| 5 | 千葉 | 16.7 | 千葉 | 11.4 | 千葉 | 11.8 |
| 6 | 愛知 | 9.6 | 福岡 | 9.6 | 愛知 | 10.1 |
| 7 | 福岡 | 8.7 | 愛知 | 9.4 | 福岡 | 9.7 |
| 8 | 兵庫 | 7.4 | 兵庫 | 8.8 | 北海道・兵庫 | 8.1 |
| 9 | 山梨 | 6.6 | 北海道 | 7.6 | — | — |
| 10 | 北海道 | 6.4 | 奈良 | 7.1 | 奈良 | 6.5 |

出所：日本政府観光局（JNTO）『JNTO訪日外客訪問地調査』（各年版）を基に筆者作成。
注：複数の地名が記されている部分は同率順位を示す。

表 1.3　韓国人旅行者の訪問率の推移（％）

|   | 2000 年 |  | 2001 年 |  | 2002 年 |  |
|---|---|---|---|---|---|---|
| 1 | 東　京 | 42.7 | 東　京 | 37.7 | 東　京 | 37.5 |
| 2 | 大　阪 | 30.3 | 大　阪 | 36.3 | 大　阪 | 31.2 |
| 3 | 神奈川 | 11.2 | 京　都 | 11.9 | 神奈川 | 12.1 |
| 4 | 愛　知 | 11.1 | 神奈川 | 11.8 | 愛知・京都 | 11.4 |
| 5 | 京　都 | 10.3 | 愛　知 | 11.1 | — | — |
| 6 | 福　岡 | 9.2 | 福　岡 | 9.6 | 福　岡 | 11.3 |
| 7 | 千　葉 | 7.3 | 千　葉 | 7.9 | 千　葉 | 7.7 |
| 8 | 兵　庫 | 5.8 | 兵　庫 | 7.6 | 北海道・兵庫 | 5.9 |
| 9 | 奈　良 | 5.1 | 大　分 | 5.4 | — | — |
| 10 | 大　分 | 4.1 | 奈　良 | 4.4 | 大　分 | 5.7 |
|   | 2003 年度 |  | 2004 年度 |  | 2005 年度 |  |
| 1 | 東　京 | 44.9 | 東　京 | 44.5 | 東　京 | 49.8 |
| 2 | 大　阪 | 34.4 | 大　阪 | 24.8 | 大　阪 | 24.4 |
| 3 | 京　都 | 16.7 | 福　岡 | 17.3 | 神奈川 | 14.1 |
| 4 | 神奈川 | 13.5 | 神奈川 | 11.7 | 福　岡 | 13.7 |
| 5 | 千　葉 | 11.3 | 京　都 | 11.2 | 千葉・京都 | 12.7 |
| 6 | 兵　庫 | 10.5 | 千　葉 | 9.9 | — | — |
| 7 | 福　岡 | 7.9 | 愛　知 | 7.4 | 兵　庫 | 7.5 |
| 8 | 奈　良 | 7.5 | 大　分 | 7.3 | 愛　知 | 7.1 |
| 9 | 愛　知 | 7.2 | 熊　本 | 6.8 | 大　分 | 6.6 |
| 10 | 大　分 | 5.0 | 兵　庫 | 6.5 | 熊　本 | 6.4 |
|   | 2006 年度 |  | 2007 年度 |  | 2008 年度 |  |
| 1 | 東　京 | 46.8 | 東　京 | 45.4 | 東　京 | 45.3 |
| 2 | 大　阪 | 25.1 | 大　阪 | 23.5 | 大　阪 | 21.9 |
| 3 | 福　岡 | 17.4 | 福　岡 | 20.5 | 福　岡 | 21.3 |
| 4 | 神奈川 | 14.4 | 京　都 | 15.1 | 京　都 | 14.1 |
| 5 | 京　都 | 13.7 | 大　分 | 13.3 | 大　分 | 13.4 |
| 6 | 千　葉 | 10.9 | 熊　本 | 12.3 | 神奈川 | 11.7 |
| 7 | 大　分 | 9.4 | 神奈川 | 11.9 | 熊　本 | 11.6 |
| 8 | 熊　本 | 8.0 | 兵　庫 | 9.9 | 兵　庫 | 7.9 |
| 9 | 兵　庫 | 7.8 | 長　崎 | 8.7 | 千葉・奈良 | 7.0 |
| 10 | 長　崎 | 6.9 | 奈　良 | 7.8 | — | — |

出所：表 1.2 に同じ．

## 表 1.4　台湾人旅行者の訪問率の推移（％）

| | 2000 年 | | | 2001 年 | | | 2002 年 | |
|---|---|---|---|---|---|---|---|---|
| 1 | 東　京 | 47.4 | 東　京 | 42.6 | 東　京 | 43.2 |
| 2 | 大　阪 | 29.2 | 大　阪 | 29.5 | 大　阪 | 28.4 |
| 3 | 千葉・京都 | 17.3 | 京　都 | 12.8 | 北海道 | 20.9 |
| 4 | — | — | 神奈川 | 12.2 | 千　葉 | 14.4 |
| 5 | 神奈川 | 17.1 | 千　葉 | 10.4 | 神奈川 | 13.7 |
| 6 | 福　岡 | 11.0 | 福　岡 | 9.7 | 京　都 | 13.3 |
| 7 | 沖　縄 | 9.3 | 愛　知 | 8.3 | 福　岡 | 8.4 |
| 8 | 愛　知 | 8.4 | 兵　庫 | 7.4 | 兵　庫 | 6.9 |
| 9 | 兵　庫 | 7.3 | 長崎・沖縄 | 6.8 | 沖　縄 | 6.6 |
| 10 | 長　崎 | 6.9 | — | — | 愛　知 | 5.2 |
| | 2003 年度 | | 2004 年度 | | 2005 年度 | |
| 1 | 東　京 | 44.9 | 東　京 | 44.7 | 東　京 | 37.6 |
| 2 | 大　阪 | 28.1 | 大　阪 | 27.3 | 大　阪 | 29.5 |
| 3 | 京　都 | 14.4 | 千　葉 | 18.3 | 千　葉 | 21.1 |
| 4 | 千　葉 | 13.8 | 京　都 | 16.0 | 京　都 | 18.6 |
| 5 | 神奈川 | 13.0 | 神奈川 | 15.9 | 神奈川 | 14.9 |
| 6 | 北海道 | 8.8 | 福　岡 | 10.5 | 愛　知 | 11.4 |
| 7 | 愛　知 | 8.5 | 兵　庫 | 9.1 | 北海道 | 10.7 |
| 8 | 兵　庫 | 6.7 | 北海道 | 6.8 | 兵　庫 | 10.5 |
| 9 | 福　岡 | 6.3 | 愛　知 | 6.6 | 福　岡 | 10.3 |
| 10 | 奈　良 | 5.4 | 山　梨 | 6.5 | 山　梨 | 6.6 |
| | 2006 年度 | | 2007 年度 | | 2008 年度 | |
| 1 | 東　京 | 46.5 | 東　京 | 43.5 | 東　京 | 45.8 |
| 2 | 大　阪 | 23.4 | 大　阪 | 23.0 | 大　阪 | 21.8 |
| 3 | 千　葉 | 22.1 | 京　都 | 15.0 | 京　都 | 15.9 |
| 4 | 神奈川 | 16.5 | 北海道 | 14.1 | 北海道 | 14.8 |
| 5 | 京　都 | 14.9 | 神奈川 | 12.7 | 千　葉 | 12.8 |
| 6 | 北海道・愛知 | 9.9 | 愛　知 | 11.8 | 愛　知 | 12.6 |
| 7 | — | — | 千　葉 | 11.1 | 神奈川 | 12.1 |
| 8 | 兵　庫 | 8.3 | 兵　庫 | 8.3 | 兵　庫 | 8.5 |
| 9 | 福　岡 | 8.0 | 福　岡 | 8.2 | 福　岡 | 7.5 |
| 10 | 山　梨 | 7.4 | 長　崎 | 5.2 | 奈　良 | 5.1 |

出所：**表 1.2** に同じ.

表 1.5　香港人旅行者の訪問率の推移（％）

|   | 2000 年 | | 2001 年 | | 2002 年 | |
|---|---|---|---|---|---|---|
| 1 | 東　京 | 72.7 | 東　京 | 63.7 | 東　京 | 62.7 |
| 2 | 千　葉 | 29.0 | 大　阪 | 28.0 | 北海道 | 30.6 |
| 3 | 大　阪 | 16.9 | 千　葉 | 20.2 | 千　葉 | 22.8 |
| 4 | 福　岡 | 15.2 | 福　岡 | 16.6 | 大　阪 | 19.6 |
| 5 | 神奈川 | 12.1 | 山　梨 | 12.4 | 福　岡 | 10.3 |
| 6 | 山　梨 | 11.3 | 北海道 | 11.4 | 神奈川 | 8.8 |
| 7 | 長　崎 | 10.0 | 神奈川・京都 | 7.3 | 山　梨 | 8.6 |
| 8 | 宮　崎 | 7.8 | ― | ― | 京　都 | 6.5 |
| 9 | 愛知・大分 | 6.9 | 長崎・大分 | 5.7 | 長　崎 | 3.9 |
| 10 | ― | ― | ― | ― | 愛　知 | 3.0 |
|   | 2003 年度 | | 2004 年度 | | 2005 年度 | |
| 1 | 東　京 | 54.6 | 東　京 | 70.5 | 東　京 | 58.3 |
| 2 | 北海道 | 32.4 | 千　葉 | 29.1 | 北海道 | 22.6 |
| 3 | 大　阪 | 17.2 | 大　阪 | 21.9 | 千　葉 | 21.8 |
| 4 | 神奈川 | 10.9 | 北海道 | 15.6 | 大　阪 | 17.5 |
| 5 | 千　葉 | 9.2 | 神奈川 | 11.9 | 山梨・京都 | 11.4 |
| 6 | 山　梨 | 4.6 | 山　梨 | 11.5 | ― | ― |
| 7 | 京　都 | 4.2 | 京　都 | 10.7 | 神奈川 | 11.2 |
| 8 | 和歌山 | 3.8 | 兵　庫 | 4.7 | 愛　知 | 7.6 |
| 9 | 福　岡 | 3.4 | 福　岡 | 4.5 | 福　岡 | 4.9 |
| 10 | 長　崎 | 2.5 | 宮　城 | 4.1 | 兵　庫 | 4.7 |
|   | 2006 年度 | | 2007 年度 | | 2008 年度 | |
| 1 | 東　京 | 62.2 | 東　京 | 59.2 | 東　京 | 59.2 |
| 2 | 千　葉 | 24.3 | 大　阪 | 22.1 | 大　阪 | 23.3 |
| 3 | 大　阪 | 19.3 | 北海道 | 18.7 | 北海道 | 19.5 |
| 4 | 北海道 | 18.2 | 京　都 | 13.7 | 京　都 | 13.5 |
| 5 | 神奈川 | 12.5 | 千　葉 | 12.9 | 千　葉 | 13.0 |
| 6 | 山　梨 | 12.1 | 神奈川 | 11.4 | 神奈川 | 11.0 |
| 7 | 京　都 | 11.0 | 兵　庫 | 8.4 | 兵　庫 | 7.7 |
| 8 | 愛　知 | 6.7 | 宮城・愛知 | 6.0 | 山　梨 | 5.2 |
| 9 | 兵庫・福岡 | 4.7 | ― | ― | 宮　城 | 5.0 |
| 10 | ― | ― | 山　梨 | 5.4 | 愛　知 | 4.9 |

出所：表 1.2 に同じ．

表1.6 中国人旅行者の訪問率の推移(％)

| | 2000年 | | 2001年 | | 2002年 | |
|---|---|---|---|---|---|---|
| 1 | 東 京 | 64.5 | 東 京 | 64.1 | 東 京 | 64.6 |
| 2 | 千 葉 | 21.6 | 大 阪 | 28.4 | 大 阪 | 43.7 |
| 3 | 神奈川 | 20.7 | 愛 知 | 20.6 | 愛 知 | 30.4 |
| 4 | 大 阪 | 20.1 | 千葉・神奈川 | 18.6 | 神奈川 | 27.4 |
| 5 | 福 岡 | 17.0 | ― | ― | 京 都 | 24.2 |
| 6 | 京 都 | 16.7 | 京 都 | 16.0 | 千 葉 | 22.5 |
| 7 | 愛 知 | 15.7 | 福 岡 | 6.9 | 山 梨 | 9.4 |
| 8 | 山 梨 | 8.6 | 山 梨 | 5.2 | 奈 良 | 6.5 |
| 9 | 兵 庫 | 6.2 | 兵 庫 | 4.2 | 福 岡 | 6.4 |
| 10 | 静 岡 | 5.6 | 埼 玉 | 3.3 | 静 岡 | 6.2 |
| | 2003年度 | | 2004年度 | | 2005年度 | |
| 1 | 東 京 | 66.2 | 東 京 | 63.2 | 東 京 | 70.8 |
| 2 | 大 阪 | 43.7 | 大 阪 | 32.4 | 大 阪 | 41.1 |
| 3 | 京 都 | 26.3 | 神奈川 | 22.3 | 神奈川 | 35.9 |
| 4 | 神奈川 | 20.2 | 千 葉 | 21.8 | 千 葉 | 33.7 |
| 5 | 愛 知 | 18.8 | 京 都 | 19.7 | 京 都 | 29.6 |
| 6 | 千 葉 | 16.7 | 愛 知 | 18.0 | 愛 知 | 23.4 |
| 7 | 兵 庫 | 12.4 | 山 梨 | 9.8 | 山 梨 | 16.2 |
| 8 | 山 梨 | 8.2 | 福 岡 | 7.6 | 兵 庫 | 8.7 |
| 9 | 福 岡 | 8.0 | 兵 庫 | 7.0 | 静 岡 | 6.5 |
| 10 | 奈 良 | 6.8 | 静 岡 | 5.9 | 福 岡 | 5.9 |
| | 2006年度 | | 2007年度 | | 2008年度 | |
| 1 | 東 京 | 65.7 | 東 京 | 74.8 | 東 京 | 76.9 |
| 2 | 大 阪 | 42.9 | 大 阪 | 50.2 | 大 阪 | 47.9 |
| 3 | 京 都 | 30.5 | 京 都 | 36.9 | 神奈川 | 36.2 |
| 4 | 神奈川 | 28.0 | 神奈川 | 34.6 | 京 都 | 34.3 |
| 5 | 千 葉 | 25.4 | 千 葉 | 22.0 | 千 葉 | 25.2 |
| 6 | 愛 知 | 18.1 | 愛 知 | 20.5 | 愛 知 | 20.4 |
| 7 | 山 梨 | 13.2 | 山 梨 | 16.2 | 山 梨 | 18.8 |
| 8 | 兵 庫 | 7.8 | 兵 庫 | 10.4 | 兵 庫 | 8.1 |
| 9 | 福 岡 | 6.6 | 福 岡 | 6.7 | 静 岡 | 6.4 |
| 10 | 静 岡 | 6.3 | 北海道 | 6.1 | 北海道 | 5.4 |

出所:表1.2に同じ.

表 1.7　アメリカ人旅行者の訪問率の推移（％）

|   | 2000 年 |   | 2001 年 |   | 2002 年 |   |
|---|---|---|---|---|---|---|
| 1 | 東　京 | 65.5 | 東　京 | 69.8 | 東　京 | 60.2 |
| 2 | 神奈川 | 17.9 | 神奈川 | 22.8 | 神奈川 | 18.3 |
| 3 | 京　都 | 13.7 | 京　都 | 19.6 | 大　阪 | 15.1 |
| 4 | 千　葉 | 12.2 | 大　阪 | 12.6 | 京　都 | 13.8 |
| 5 | 大　阪 | 11.1 | 千　葉 | 11.2 | 千　葉 | 11.1 |
| 6 | 愛　知 | 6.0 | 愛　知 | 7.6 | 愛　知 | 10.4 |
| 7 | 山梨・沖縄 | 5.2 | 奈　良 | 7.0 | 沖　縄 | 9.6 |
| 8 | ― | ― | 山　梨 | 5.6 | 広　島 | 6.2 |
| 9 | 栃　木 | 3.6 | 広　島 | 5.4 | 奈　良 | 4.9 |
| 10 | 長　野 | 3.4 | 沖　縄 | 5.1 | 兵　庫 | 4.7 |
|   | 2003 年度 |   | 2004 年度 |   | 2005 年度 |   |
| 1 | 東　京 | 60.9 | 東　京 | 63.0 | 東　京 | 65.5 |
| 2 | 神奈川 | 19.3 | 京　都 | 19.8 | 神奈川 | 21.9 |
| 3 | 大　阪 | 16.1 | 神奈川 | 19.3 | 京　都 | 17.6 |
| 4 | 京　都 | 13.6 | 大　阪 | 15.1 | 大　阪 | 12.6 |
| 5 | 愛　知 | 11.5 | 愛　知 | 9.7 | 愛　知 | 11.0 |
| 6 | 沖　縄 | 6.8 | 千　葉 | 7.7 | 千　葉 | 8.6 |
| 7 | 千　葉 | 5.9 | 沖　縄 | 6.0 | 沖　縄 | 4.9 |
| 8 | 兵　庫 | 5.4 | 兵　庫 | 5.3 | 奈　良 | 4.6 |
| 9 | 埼　玉 | 3.7 | 広　島 | 5.0 | 栃木・広島 | 4.5 |
| 10 | 奈　良 | 3.5 | 奈　良 | 4.7 | ― | ― |
|   | 2006 年度 |   | 2007 年度 |   | 2008 年度 |   |
| 1 | 東　京 | 65.0 | 東　京 | 68.0 | 東　京 | 67.2 |
| 2 | 京　都 | 22.2 | 京　都 | 23.6 | 京　都 | 20.4 |
| 3 | 神奈川 | 20.2 | 神奈川 | 19.8 | 神奈川 | 20.0 |
| 4 | 大　阪 | 16.4 | 大　阪 | 18.4 | 大　阪 | 18.4 |
| 5 | 千　葉 | 11.9 | 千　葉 | 9.2 | 千　葉 | 9.7 |
| 6 | 愛　知 | 8.7 | 愛知・奈良 | 7.6 | 愛　知 | 8.3 |
| 7 | 広　島 | 6.8 | ― | ― | 奈　良 | 6.4 |
| 8 | 奈　良 | 6.6 | 広　島 | 6.1 | 兵　庫 | 5.9 |
| 9 | 沖　縄 | 6.2 | 沖　縄 | 5.6 | 広島・沖縄 | 5.1 |
| 10 | 兵　庫 | 6.0 | 兵　庫 | 5.4 | ― | ― |

出所：**表 1.2** に同じ．

東京，千葉，神奈川，大阪，京都などの大都市は，どの外客訪問率を見ても上位にあることがわかる．表1.3に示した韓国からの外客の訪問率では，九州地方の県，福岡，大分，熊本，長崎が上位10地域に含まれている．また，表1.4を見ると，台湾人旅行者の北海道訪問率が上位にある．これは，香港からの外客にもみられる傾向性である（表1.5）．

そして，中国からのそれを示す表1.6では，関東・関西圏の地域に加えて愛知・山梨の2県が上位に位置している．つまり，近年急増している中国からの観光客は「東京・富士山・大阪」のルート，いわゆる「ゴールデン・ルート」上に位置する都府県を訪れる傾向にある．ちなみに，アメリカからの旅行者も同様の傾向を示している．ただし，アメリカからのそれを示す表1.7を見ると，「ゴールデン・ルート」の地域以外では，沖縄・広島への訪問率が高い．

### 1.4.3 国際観光収入の現状

これまで述べてきたように，近年，東アジアや東南アジアの国・地域からのインバウンドが増加しており，わが国の外客誘致政策は一定程度の成功を収めているように思われる．しかし，世界に視点を移すと，わが国のインバウンド/アウトバウンド比率と国際観光収入/輸出比率は依然として低水準にある．本章の最後に，この国際観光収入に関するデータを確認しておこう．表1.8に，主要国・地域における国内総生産（GDP），輸出，国際観光収入を示す．

2000年において，日本の国際観光収入（T）の輸出（EX）に占める割合は1.1%であった．同年，ヨーロッパ諸国のそれは，日本と比べてはるかに高い．また，アメリカ・オーストラリアでも，それぞれ11.1%，15.5%と高い数値を示している．アジア圏に眼を移すと，中国・インドのT/EXはそれぞれ6.2%，6.0%と高く，次いでASEAN（5.8%），韓国（4.1%）と続く．そして，発展途上諸国においても，その比率は高い（低所得国（LICs）は11.0%，低位中所得国（LMICs）は7.7%，高位中所得国（UMICs）は7.0%）．

インバウンド観光政策を推進した2008年では，日本のT/EXは1.5%に微増した．また，香港，ロシア，低所得国以外の比率は低下していることなどが

わかる.

表 1.8 主要国・地域における GDP, 輸出, および国際観光収入

|  | 2000 |  |  |  | 2008 |  |  |  |
|---|---|---|---|---|---|---|---|---|
|  | GDP | E/G | T/E | T/G | GDP | E/G | T/EX | T/G |
| 日本 | 4667.4 | 11.0 | 1.1 | 0.1 | 5140.6 | 16.0 | 1.5 | 0.2 |
| アメリカ | 9898.8 | 11.0 | 11.1 | 1.2 | 11668.5 | 13.0 | 9.0 | 1.2 |
| フランス | 1326.3 | 28.6 | 10.1 | 2.9 | 1504.1 | 29.7 | 8.7 | 2.6 |
| ドイツ | 1900.2 | 33.4 | 4.0 | 1.3 | 2097.7 | 51.0 | 3.0 | 1.5 |
| イタリア | 1097.3 | 27.1 | 9.7 | 2.6 | 1171.8 | 28.0 | 7.4 | 2.1 |
| スペイン | 580.7 | 29.0 | 19.4 | 5.6 | 740.9 | 30.1 | 16.4 | 5.0 |
| イギリス | 1477.6 | 27.6 | 7.4 | 2.0 | 1763.1 | 30.4 | 6.1 | 1.9 |
| 韓国 | 533.4 | 38.6 | 4.1 | 1.6 | 751.4 | 58.5 | 2.6 | 1.5 |
| 中国 | 1198.5 | 23.3 | 6.2 | 1.4 | 2692.5 | 47.3 | 2.8 | 1.3 |
| 香港 | 169.1 | 143.3 | 3.4 | 4.8 | 241.2 | 188.2 | 4.4 | 8.3 |
| ASEAN[a] | 556.9 | 87.1 | 5.8 | 5.1 | 826.3 | 101.9 | 5.5 | 5.6 |
| インド | 460.2 | 13.2 | 6.0 | 0.8 | 811.5 | 25.2 | 4.1 | 1.0 |
| ロシア | 259.7 | 44.1 | 3.0 | 1.3 | 432.0 | 46.8 | 3.0 | 1.4 |
| ブラジル | 644.7 | 10.0 | 3.0 | 0.3 | 857.8 | 13.8 | 2.7 | 0.4 |
| オーストラリア | 416.9 | 19.3 | 15.5 | 3.0 | 541.1 | 18.4 | 11.9 | 2.2 |
| LICs[b] | 164.8 | 18.6 | 11.0 | 2.0 | 250.0 | 25.2 | 13.1 | 3.3 |
| LMICs[c] | 1258.7 | 29.3 | 7.7 | 2.2 | 2003.0 | 39.9 | 6.5 | 2.6 |
| UMICs[d] | 4446.7 | 27.4 | 7.0 | 1.9 | 7250.1 | 38.0 | 5.1 | 1.9 |
| 世界計 | 32212.7 | 24.8 | 7.2 | 1.8 | 40519.9 | 32.1 | 5.8 | 1.9 |

出所:World Bank, *World Development Indicators* より筆者作成.
注:各年の列について,GDP は実質 GDP (10 億 US ドル,2000 年基準),また E/G, T/E および T/G はそれぞれ輸出の対 GDP 比率 (%),国際観光収入の対輸出比率 (%),そして国際観光収入の対 GDP 比率 (%) を表す.
[a] ASEAN:インドネシア・マレーシア・フィリピン・シンガポール・タイの 5 カ国計.
[b] LICs (低所得国):40 カ国計.
[c] LMICs (低位中所得国):56 カ国計.
[d] UMICs (高位中所得国):48 カ国計.

# 第2章　訪日外客の目的地選択の傾向性

　前章では，わが国におけるインバウンド観光の意義とその歴史的・政策的変遷，そして近年のインバウンド観光に関連する諸政策の動向をみた．本章ではインバウンド観光，すなわち訪日外客誘致が効果的に行われているか，その現状と課題を探るための前段階として，先ず日本の観光関連統計の現状を確認し，かつ利用可能なデータがどのようなものであるかを示すことにしたい．次に，そのデータから何がいえるのかを探るのであるが，ここでは，各都道府県を外客誘致活動の主体として捉え，アウトプットとしての訪日外客数を，インプットとしての当該地域が有する観光資源や費用などによって説明することを考える．実は，この問題は次章において，さらに詳しく論議されることになるのであるが，本章では多変量解析の手法の中から重回帰分析と主成分分析を用いて，「訪日外客誘致の要因」の傾向性，いわば「平均的な側面」を示す．

## 2.1　わが国の観光関連統計について

　最初に，わが国の観光統計ならびに関連データの現状を見てみよう．国土交通省総合政策局観光企画課がまとめた『我が国の観光統計の整備に関する調査報告書』（2005）における，観光統計および調査の分類を示すと以下のようになる．

　この報告書では，調査対象と調査実施の場面について，以下の4つのカテゴリーに分類し，わが国の観光調査および統計の現状と課題を論じている．ここでのカテゴリーとは，調査の対象については，(A1) 国内旅行をする日本人，(A2) 訪日外客に区分したものであり，また調査の場面については，(B1) 日常での旅行に対する意向や潜在的な要素（日常に関する調査），(B2) 旅行時の流動や消費額，そして旅行に対する満足度（旅行時についての調査）というものである．

その各々について，関連統計の現状を簡単に見ていこう．先ず，(A1) の国内旅行をする邦人については (B1) 日常に関するものとして，以下の調査を挙げることができる．これらは，旅行に関する意向を調べたものである．

(1) 国土交通省「全国旅行動態調査」，(2)（社）日本観光協会「観光の実態と志向」，(3)（財）日本交通公社「JTBF 旅行者動向調査」，(4) 内閣府「自由時間と観光に関する世論調査」(平成 15 年，単発調査)，(5)（財）社会経済生産性本部『レジャー白書』「余暇活動に関する調査」，(6).JTB『JTB REPORT』「海外旅行志向調査」．

また，(B2) の旅行時については，上述の (1)「全国旅行動態調査」，(2)「観光の実態と志向」，(3)「JTBF 旅行者動向調査」に加えて，以下の調査がある．

(7)（社）日本観光協会「全国観光動向」，(8)（財）日本交通公社「観光地動向調査」，(9) 日本ホテル協会資料等，(10) 国土交通省「幹線鉄道旅客流動実態調査」，(11) 同上「幹線旅客純流動調査」，(12) 同上「航空旅客動態調査」，(13) 同上「国際航空旅客動態調査」，(14) 同上「全国道路交通情勢調査（自動車起終点調査）」，(15).JTB「宿泊白書」，(16) 同上『JTB REPORT』「海外旅行実態調査」．

これらは，旅行者の流動実態，すなわち入込客や宿泊客の動向を探るものである．さらに，旅行者消費額調査・統計として，(17) 国土交通省「旅行・観光消費動向調査」がある．

次に，(A2) の訪日外客に関する調査・統計であるが，これはそれほど多いものではない．(B1) の日常に関する調査としては，(18) 国土交通省「ビジット・ジャパン・キャンペーン事業に向けた事前調査」(2003) などがある．

また，(B2) の訪日外国人旅行者の流動実態についての調査は，前述の (13)「国際航空旅客動態調査」に加えて，(19) 独立行政法人国際観光振興機構（通称，日本政府観光局，JNTO）による「訪日外国人旅行者調査」がある．

また，外客による消費額の調査としては，(20) 財務省・日本銀行「国際収支統計」や (21).JNTO「訪日外国人旅行の経済波及効果に関する基礎調査」などを挙げることができる．

わが国の観光統計の制度面での特徴の一つは，官民の関係主体が各々の目的で調査を行っているというところにある．前述の『我が国の観光統計の整備に関する調査報告書』(2005)においても指摘されているように，それらは，断片的で統一的な基準が不足しているものであり，包括的な統計とは言い難い．さらに，相互のデータの概念が一致しないために比較不可能であることが問題である．

また，「観光事業」に関連する様々な主体が，これらの統計を有効に活用していないという問題も指摘すべきであろう．観光政策の立案に際して，統計に基づいた分析を行い，政策立案・実施・実施後の各々の段階における評価などが必要とされているにもかかわらず，実際はそれがなされていないケースも多々存在するのである．

最後に，本書の観点から，どの地域にどれだけのインバウンド観光者が訪れているのか，また当該地域にはどのような観光資源や施設があり，観光行政にかかる費用はどの程度であるのか，等の統計データに関して要約しておこう．

先ず，訪日外客数に関しては，JNTO が発行している (22)『JNTO 訪日外客訪問地調査』を挙げることができる．これは，様々な国・地域からの外客を対象として，年3回のアンケート調査を行っているものである．そこには，それらの外客がどの都道府県を来訪しているかを示す「訪問率」などの統計が示されている．

次に，観光資源の指標として，国立・国定公園，温泉地，そして重要伝統的建造物などのデータがある．国立・国定公園や温泉地に関しては，環境省自然環境局が，また重要文化財等の統計については，文化庁文化財部がそれぞれ公表している．

また，観光施設，とりわけホテルや旅館などの宿泊施設，および観光関連施設に関しては，日本観光協会がまとめる統計を挙げることができる．前者は，「国際観光ホテル整備法」(1949年) の基準を満たした施設として登録されたホテル・旅館数である．後者は，観光関連の施設数（観光レクリエーション施

設数）を22項目に分類して示している[22]．これらのデータは，(23)（社）日本観光協会編『数字でみる観光』（創成社）に掲載されている．

また，各地方自治体が観光にかける経費については，(24)総務省自治財政局編『都道府県決算状況調』が参考となる．ここで示されている「第5表 目的別歳出内訳」の「7 商工費内訳」の中に，「観光費」という項目がある．残念ながら，このデータは観光全般に関するものであり，インバウンド観光誘致のための費用はその中に包含されていることになる．しかし，ともかく，それは当該地域の観光開発に関する積極性を示す指標の一つと言えるのであり，この文脈の上で，インバウンド観光についても同種の積極性を示唆しているものと捉えることもできよう．

## 2.2 観光者の目的地選択問題

前述の結果から，わが国の観光統計，とりわけ邦人の国内旅行に関する統計は，ともかく「豊富」であるように感じられる．それに比して，インバウンド観光についての統計整備は，近年大きく進展しているものの，試行段階であり，まだ十分であるとは言い難い．しかし，それでも「とにかく現有データから何がいえるのか」という問題意識が重要であり，この視点より，以下では現有のデータを用いて，「訪日外客誘致の決定要因」を探ることにしよう．

観光客を誘致する主体，ここでは，観光目的地となる地方自治体は，その地が有する観光資源や観光関連の広義のインフラ，そして誘致にかかるコストをインプットとして，誘致外客数をアウトプットとして両者の関係を考えると捉えるのが自然であろう．

そこで，都道府県 $j \in \{47\text{都道府県}\}$ における外客誘致活動を，以下で表現

---

[22] スポーツ・レクリエーション施設として，「サイクリングコース」，「ハイキングコース」，「オリエンテーリングパーマネントコース」，「自然歩道・自然研究路」，「キャンプ場」，「フィールド・アーチェリー場」，「ゴルフ場」，「スキー場」，「スケート場」，「海水浴場」，「マリーナ・ヨットハーバー」，「観光農林業」，「観光牧場」，「観光漁業」，「テーマパーク・レジャーランド」，「公園」，「フィールド・アスレチック」，また展示見学施設として，「博物館」，「美術館」，「水族館」，「動植物園」，「産業観光施設」の計22項目．

することにしよう：

$$y_j = f(x_{\text{KE},j}, x_{\text{HO},j}, x_{\text{ON},j}, x_{\text{RE},j}, x_{\text{SH},j}) \qquad (2.1)$$

説明の便宜上，これを外客誘致モデルと呼ぶことにする．また，$y$ は外客総数，$x_{\text{KE}}$ は観光経費，$x_{\text{HO}}$ は宿泊施設，$x_{\text{ON}}$ は温泉地，$x_{\text{RE}}$ は歴史的・自然的要素，そして $x_{\text{SH}}$ は観光関連施設を表す変数である．

## 2.3 多変量解析による分析

### 2.3.1 データ

次に，外客誘致モデル (2.1) に関連するデータを示すことにしよう．

被説明変数については，訪日外客の総数を用いる．このデータは，前述した日本政府観光局（JNTO）『JNTO 訪日外客訪問地調査』の訪問率を用いて，都道府県別に算出したものである[23]．

説明変数については，観光経費 ($x_{\text{KE}}$)，宿泊施設 ($x_{\text{HO}}$)，温泉地 ($x_{\text{ON}}$)，歴史的・自然的要素 ($x_{\text{RE}}$)，観光関連施設 ($x_{\text{SH}}$) とする．ここでの観光経費は，歳出された観光費を各都道府県人口で除した1人当たり観光費（単位：円/人）とする．次に，宿泊施設とは，「国際観光ホテル整備法」の基準を満たすホテル・旅館1軒当たり客室数である．また温泉地は，宿泊施設が存在する温泉地の数を利用する．さらに歴史的・自然的要素は，「重要伝統的建造物群保存地区」の面積と「国立・国定公園」のそれとの合計を各都道府県面積で除した割合とする．最後の観光関連施設は，22項目から成る「都道府県別観光レクリエーション施設数」の合計値とする．以上のデータは，前述の日本観光協会『数字でみる観光』（創成社），自然環境局「温泉利用状況」，総務省自治財政局編『都道府県決算状況調』を基にしたものである．

---

[23] 訪日外客に関するデータは，附録 A.1 を参照のこと．

表 2.1 データ (2000 年度)

| | | $x_{KE}$ | $x_{HO}$ | $x_{ON}$ | $x_{RE}$ | $x_{SH}$ | | | $y$ | $x_{KE}$ | $x_{HO}$ | $x_{ON}$ | $x_{RE}$ | $x_{SH}$ |
|---|---|---|---|---|---|---|---|---|---|---|---|---|---|---|
| 1 北海道 | 13.04 | 568.02 | 156.72 | 245.00 | 8.57 | 1823.00 | 25 滋賀 | 2.90 | 1017.48 | 79.97 | 20.00 | 16.93 | 416.00 |
| 2 青森 | 1.93 | 3418.34 | 94.76 | 159.00 | 8.20 | 376.00 | 26 京都 | 68.08 | 544.81 | 96.96 | 34.00 | 15.38 | 523.00 |
| 3 岩手 | 1.93 | 1459.18 | 87.69 | 88.00 | 3.88 | 441.00 | 27 大阪 | 114.43 | 191.94 | 270.54 | 23.00 | 4.57 | 435.00 |
| 4 宮城 | 6.28 | 538.46 | 106.25 | 47.00 | 8.61 | 609.00 | 28 兵庫 | 27.04 | 321.41 | 90.39 | 69.00 | 3.04 | 1054.00 |
| 5 秋田 | 1.45 | 4807.68 | 85.61 | 115.00 | 6.13 | 514.00 | 29 奈良 | 17.86 | 1095.19 | 48.97 | 35.00 | 16.88 | 277.00 |
| 6 山形 | 1.93 | 3592.91 | 51.20 | 99.00 | 17.35 | 403.00 | 30 和歌山 | 3.38 | 835.20 | 86.42 | 44.00 | 9.21 | 412.00 |
| 7 福島 | 3.86 | 1299.84 | 65.53 | 135.00 | 10.17 | 638.00 | 31 鳥取 | 0.97 | 2601.04 | 55.00 | 16.00 | 9.25 | 276.00 |
| 8 茨城 | 6.76 | 1045.70 | 74.23 | 48.00 | 2.81 | 484.00 | 32 島根 | 1.45 | 1798.71 | 58.97 | 49.00 | 3.40 | 356.00 |
| 9 栃木 | 15.45 | 1180.69 | 78.09 | 70.00 | 5.46 | 708.00 | 33 岡山 | 3.38 | 760.94 | 74.59 | 41.00 | 4.74 | 491.00 |
| 10 群馬 | 5.79 | 554.65 | 67.65 | 88.00 | 16.44 | 673.00 | 34 広島 | 13.04 | 372.25 | 127.65 | 61.00 | 2.17 | 654.00 |
| 11 埼玉 | 9.17 | 131.17 | 69.33 | 14.00 | 8.07 | 582.00 | 35 山口 | 3.86 | 2003.54 | 72.85 | 57.00 | 5.36 | 504.00 |
| 12 千葉 | 63.73 | 2134.28 | 213.93 | 85.00 | 4.50 | 612.00 | 36 徳島 | 1.45 | 10255.63 | 59.50 | 21.00 | 4.79 | 234.00 |
| 13 東京 | 270.38 | 545.19 | 310.29 | 20.00 | 32.21 | 775.00 | 37 香川 | 1.93 | 547.24 | 78.97 | 31.00 | 3.38 | 315.00 |
| 14 神奈川 | 73.87 | 101.67 | 104.37 | 35.00 | 24.43 | 761.00 | 38 愛媛 | 1.93 | 217.28 | 88.62 | 28.00 | 3.03 | 456.00 |
| 15 新潟 | 4.35 | 1023.20 | 81.34 | 141.00 | 25.61 | 912.00 | 39 高知 | 1.45 | 1097.96 | 66.29 | 38.00 | 3.45 | 569.00 |
| 16 富山 | 2.90 | 3836.51 | 57.08 | 73.00 | 29.51 | 328.00 | 40 福岡 | 38.63 | 141.06 | 170.33 | 33.00 | 9.54 | 273.00 |
| 17 石川 | 4.35 | 3335.00 | 87.64 | 69.00 | 5.11 | 350.00 | 41 佐賀 | 1.45 | 1156.26 | 69.08 | 23.00 | 1.39 | 406.00 |
| 18 福井 | 1.93 | 2077.59 | 60.03 | 44.00 | 6.47 | 365.00 | 42 長崎 | 17.38 | 1450.00 | 80.56 | 38.00 | 12.07 | 544.00 |
| 19 山梨 | 23.18 | 864.28 | 57.92 | 50.00 | 22.07 | 555.00 | 43 熊本 | 9.17 | 751.48 | 92.12 | 62.00 | 12.39 | 467.00 |
| 20 長野 | 11.59 | 3429.18 | 56.70 | 217.00 | 14.14 | 1301.00 | 44 大分 | 13.52 | 576.47 | 82.00 | 63.00 | 16.91 | 266.00 |
| 21 岐阜 | 7.73 | 727.61 | 70.59 | 60.00 | 8.68 | 736.00 | 45 宮崎 | 4.35 | 1223.81 | 129.81 | 35.00 | 9.23 | 603.00 |
| 22 静岡 | 17.86 | 1069.76 | 63.35 | 106.00 | 6.95 | 974.00 | 46 鹿児島 | 4.35 | 3263.28 | 127.03 | 84.00 | 5.20 | 228.00 |
| 23 愛知 | 43.45 | 91.98 | 129.65 | 32.00 | 9.54 | 586.00 | 47 沖縄 | 17.38 | 4133.98 | 217.85 | 4.00 | 11.43 | 554.91 |
| 24 三重 | 5.31 | 901.70 | 79.26 | 39.00 | 17.98 | 524.00 | 平均 | 20.59 | 1597.69 | 98.59 | 63.57 | 10.35 | 291.40 |
| | | | | | | | 標準偏差 | 43.68 | 1772.20 | 55.62 | 49.68 | 7.42 | |

出所：日本政府観光局 (JNTO)「JNTO 訪日外客訪問地調査」, 総務省自治財政局編「都道府県決算状況調」, 日本観光協会「数字でみる観光」(創成社) を基に筆者作成.

## 2.3.2 重回帰分析

まず前述の外客誘致モデル (2.1) を以下のような線形回帰モデルとして再定義することにしよう：

$$y_j = \alpha + \beta_1 x_{\text{KE},j} + \beta_2 x_{\text{HO},j} + \beta_3 x_{\text{ON},j} \\ + \beta_4 x_{\text{RE},j} + \beta_5 x_{\text{SH},j} + \epsilon_j \quad (2.2)$$

ただし，$\alpha$ は定数項，$\beta_i$ ($i = 1, \cdots, 5$) は各説明変数の係数，そして $\epsilon_j$ は攪乱項である．ここでは，説明変数の計測単位が異なることから，全ての変数に対して平均ゼロ，分散 1 の標準化を行う．表 2.2 は，2000 年度の各地域からなるクロスセクションの分析結果を示したものである[24]．

表 2.2　外客総数を被説明変数とした重回帰分析の結果 (2000 年度)

|  | 係数 | 標準誤差 | t 値 | p 値 |
|---|---|---|---|---|
| 観光経費 | 0.006 | 0.091 | 0.064 | 0.949 |
| 宿泊施設 | 0.664** | 0.084 | 7.921 | 0.000 |
| 温泉地 | -0.306* | 0.131 | -2.333 | 0.025 |
| 歴史的・自然的要素 | 0.332** | 0.079 | 4.187 | 0.000 |
| 観光関連施設 | 0.247 | 0.135 | 1.827 | 0.075 |

$n = 47$, $R^2 : 0.748$, $\bar{R}^2 : 0.718$, 回帰の標準誤差：0.531, F 値：24.403

注：説明変数は各都道府県の訪日外客総数．ここでの係数は標準偏回帰係数を指す．$R^2$, $\bar{R}^2$ はそれぞれ決定係数，自由度修正済み決定係数．**，* はそれぞれ 1%，5% 水準で有意であることを示す．

表 2.2 を見ると，自由度修正済み決定係数 $\bar{R}^2$ は 0.718 と比較的高い値を示しており，ここで求められた回帰直線の精度は比較的良いように思われる．また，宿泊施設 ($x_{\text{HO}}$)，歴史的・自然的要素 ($x_{\text{RE}}$) の係数が 1% で，温泉地 ($x_{\text{ON}}$) のそれが 5% で有意となり，標準偏回帰係数も他に比して大きい．観光関連施設の係数も観光経費のそれと比べれば大きいものの，有意とはいえな

---

[24] なお，2000 年度以外についても同様の分析を行ったが，煩雑となるためここでは除いた．ただし，それらの結果は附録 B.1 に示してあるので，それを参照されたい．

い[25]．

さて以上は，各都道府県を来訪した外客総数を被説明変数としたものであった．しかし，現実には様々な国からのインバウンド観光があり，とりわけ韓国，台湾，中国，香港，そしてアメリカからの観光客の割合が高い．そこで，例えば「地域によっては，韓国からの，あるいは台湾からの観光客が重要であるかもしれない」という発想が湧く．こうした観点から，以下では，それら5カ国・地域に，それ以外の国から加えた6種類のデータを算出し，そこから主成分スコアを抽出してみよう．つまり，都道府県 $j$ の主成分スコア $z_j$ は，以下の式から求めることができる：

$$z_j = w_1 y_{\text{KOR},j} + w_2 y_{\text{TWN},j} + w_3 y_{\text{HKG},j} \\ + w_4 y_{\text{CHN},j} + w_5 y_{\text{USA},j} + w_6 y_{\text{OTH},j} \tag{2.3}$$

$$\text{ただし，} \sum_{i=1}^{6} w_i^2 = 1$$

ここで，6つの変数を，それぞれ韓国（$y_{\text{KOR}}$），台湾（$y_{\text{TWN}}$），香港（$y_{\text{HKG}}$），中国（$y_{\text{CHN}}$），アメリカ（$y_{\text{USA}}$），その他の国からの外客数（$y_{\text{OTH}}$）とする．また，$w_i$ ($i = 1, \cdots, 6$) は各変数に対するウェイトである．

6変数に対する主成分分析の結果を表 **2.3** に示す．各変数の分散の合計値（390.10）に占める主成分スコアの分散（305.53）は，78.32%である．これは，6変数の情報を一つにまとめたもの，すなわち（第1）主成分が，およそ8割の情報を表現していることを示す．

---

[25] 他の期間においても同様の結果が得られる．その結果に関しては附録 B.1 の**表 B.1** から**表 B.8** を参照のこと．

第 2 章　訪日外客の目的地選択の傾向性　39

表 2.3　外客数と主成分スコア (2000 年度)

| | yKOR | yTWN | yHKG | yCHN | yUSA | yOTH | z | | | yKOR | yTWN | yHKG | yCHN | yUSA | yOTH | z |
|---|---|---|---|---|---|---|---|---|---|---|---|---|---|---|---|---|
| 1 北海道 | 1.66 | 7.18 | 1.70 | 1.57 | 2.44 | 4.02 | 7.58 | | 25 滋賀 | 1.99 | 2.22 | 0.55 | 0.78 | 1.42 | 0.89 | 3.20 |
| 2 青森 | 1.23 | 1.50 | 0.44 | 0.89 | 1.86 | 0.60 | 2.66 | | 26 京都 | 12.39 | 16.73 | 1.57 | 6.60 | 11.06 | 21.00 | 28.32 |
| 3 岩手 | 1.23 | 1.50 | 0.55 | 0.89 | 1.35 | 0.60 | 2.49 | | 27 大阪 | 34.07 | 27.46 | 4.86 | 7.83 | 9.16 | 35.30 | 48.45 |
| 4 宮城 | 2.09 | 1.77 | 0.68 | 1.10 | 2.30 | 1.94 | 4.03 | | 28 兵庫 | 7.51 | 7.72 | 1.02 | 2.80 | 3.10 | 8.34 | 12.45 |
| 5 秋田 | 1.23 | 1.41 | 0.44 | 0.89 | 1.64 | 0.45 | 2.47 | | 29 奈良 | 6.75 | 3.94 | 0.68 | 1.25 | 3.10 | 5.51 | 8.67 |
| 6 山形 | 1.44 | 1.32 | 0.44 | 0.67 | 1.57 | 0.60 | 2.47 | | 30 和歌山 | 2.42 | 2.31 | 0.44 | 0.67 | 1.42 | 1.04 | 3.39 |
| 7 福島 | 1.77 | 1.68 | 0.55 | 0.89 | 1.71 | 1.19 | 3.18 | | 31 鳥取 | 1.34 | 1.59 | 0.44 | 0.78 | 1.06 | 0.30 | 2.25 |
| 8 茨城 | 2.53 | 1.77 | 0.55 | 1.46 | 2.37 | 2.09 | 4.40 | | 32 島根 | 1.44 | 1.23 | 0.44 | 0.89 | 1.20 | 0.45 | 2.31 |
| 9 栃木 | 3.50 | 3.12 | 0.89 | 2.12 | 3.69 | 4.77 | 7.38 | | 33 岡山 | 1.44 | 1.59 | 0.44 | 0.99 | 1.57 | 1.04 | 2.89 |
| 10 群馬 | 1.66 | 2.04 | 0.55 | 1.90 | 2.37 | 1.79 | 4.21 | | 34 広島 | 2.09 | 2.13 | 0.68 | 1.68 | 3.17 | 4.02 | 5.63 |
| 11 埼玉 | 2.74 | 2.49 | 0.78 | 1.68 | 2.30 | 2.83 | 5.24 | | 35 山口 | 1.66 | 1.59 | 0.44 | 1.57 | 1.71 | 1.19 | 3.34 |
| 12 千葉 | 9.14 | 16.73 | 8.03 | 8.38 | 9.97 | 19.66 | 29.35 | | 36 徳島 | 1.44 | 1.32 | 0.44 | 0.67 | 0.45 | 2.35 |
| 13 東京 | 47.51 | 43.86 | 19.45 | 23.90 | 48.90 | 83.41 | 109.01 | | 37 香川 | 1.34 | 1.41 | 0.44 | 0.78 | 1.42 | 0.60 | 2.44 |
| 14 神奈川 | 13.37 | 16.55 | 3.61 | 8.05 | 14.13 | 22.79 | 32.05 | | 38 愛媛 | 1.34 | 1.50 | 0.44 | 0.78 | 1.57 | 0.60 | 2.54 |
| 15 新潟 | 1.66 | 1.95 | 0.44 | 1.25 | 1.79 | 1.34 | 3.44 | | 39 高知 | 1.23 | 1.32 | 0.44 | 0.99 | 1.28 | 0.45 | 2.33 |
| 16 富山 | 1.23 | 1.59 | 0.55 | 0.99 | 1.49 | 0.89 | 2.76 | | 40 福岡 | 11.20 | 11.06 | 4.42 | 6.71 | 2.96 | 11.92 | 19.70 |
| 17 石川 | 1.44 | 2.76 | 0.44 | 0.89 | 1.71 | 1.34 | 3.51 | | 41 佐賀 | 2.09 | 1.50 | 0.44 | 0.78 | 1.20 | 0.45 | 2.64 |
| 18 福井 | 1.44 | 1.41 | 0.68 | 0.89 | 1.49 | 0.60 | 2.66 | | 42 長崎 | 4.15 | 7.36 | 3.06 | 1.25 | 2.96 | 5.36 | 9.85 |
| 19 山梨 | 3.29 | 5.56 | 3.40 | 3.67 | 4.85 | 7.15 | 11.40 | | 43 熊本 | 4.15 | 3.03 | 2.14 | 1.10 | 1.79 | 2.83 | 6.14 |
| 20 長野 | 3.07 | 2.85 | 1.12 | 1.68 | 3.54 | 3.57 | 6.47 | | 44 大分 | 5.67 | 6.46 | 2.25 | 1.57 | 1.49 | 4.17 | 8.82 |
| 21 岐阜 | 2.31 | 2.76 | 0.55 | 1.68 | 2.01 | 2.38 | 4.77 | | 45 宮崎 | 1.66 | 2.94 | 2.48 | 0.78 | 1.28 | 1.34 | 4.28 |
| 22 静岡 | 5.02 | 6.10 | 1.12 | 2.59 | 2.66 | 5.51 | 9.39 | | 46 鹿児島 | 1.88 | 1.68 | 2.14 | 0.67 | 1.71 | 1.34 | 3.85 |
| 23 愛知 | 13.26 | 8.71 | 2.25 | 6.24 | 5.44 | 13.41 | 20.13 | | 47 沖縄 | 2.96 | 9.52 | 1.02 | 1.10 | 4.85 | 5.36 | 10.13 |
| 24 三重 | 2.31 | 2.22 | 0.55 | 0.78 | 1.49 | 1.64 | 3.67 | | 分散 | 70.74 | 61.30 | 9.22 | 14.75 | 52.48 | 181.61 | 305.53 |

注：yKOR, yTWN, yHKG, yCHN, yUSA, yOTH はそれぞれ韓国，台湾，香港，中国，アメリカ，その他の国からの外客数（万人）．z は主成分スコア．

次に，この主成分スコアを被説明変数として，前述の独立変数を用いて 2000 年度における重回帰分析を行った結果を表 2.4 に示す．

**表 2.4　主成分スコアを被説明変数とした重回帰分析の結果（2000 年度）**

|  | 係数 | 標準誤差 | t 値 | p 値 |
|---|---|---|---|---|
| 観光経費 | 0.004 | 0.088 | 0.047 | 0.963 |
| 宿泊施設 | 0.678** | 0.081 | 8.352 | 0.000 |
| 温泉地 | -0.299* | 0.127 | -2.355 | 0.023 |
| 歴史的・自然的要素 | 0.330** | 0.077 | 4.288 | 0.000 |
| 観光関連施設 | 0.239 | 0.131 | 1.821 | 0.076 |

$n = 47$, $R^2 : 0.764$, $\bar{R}^2 : 0.735$, 回帰の標準誤差 : 0.515, F 値 : 26.535

注：説明変数は，各都道府県における訪日外客数（韓国，台湾，中国，香港，アメリカ，その他の国）から得られた主成分スコア．その他は表 2.2 に同じ．

表 2.4 の結果は，表 2.2 と類似したものとなる．$\bar{R}^2$ は，0.735 と若干改善している．統計的に有意と判断された係数は，宿泊施設，温泉地，および歴史的・自然的要素であり，この結果は表 2.2 と同様である．

さらに参考として，式 (2.1) を以下のような対数モデルとしたときの分析結果も表 2.5，表 2.6 に挙げておこう．

$$\ln y_j = \ln a + b_1 \ln x_{\text{KE},j} + b_2 \ln x_{\text{HO},j} + b_3 \ln x_{\text{ON},j} \\ + b_4 \ln x_{\text{RE},j} + b_5 \ln x_{\text{SH},j} + u_j \tag{2.4}$$

ただし，$a$ は定数項，$b_i$ $(i = 1, \cdots, 5)$ は各説明変数の係数，そして $u_j$ は攪乱項である．モデル (2.2) は加法的な関連性を示していたが，式 (2.4) は両辺に対して指数をとることによって，乗法的な関係式に書き直すことができる．

表 2.5 対数モデルによる結果（被説明変数：外客総数，2000 年度）

|  | 係数 | 標準誤差 | t 値 | p 値 |
|---|---|---|---|---|
| 観光経費 | -0.195 | 0.116 | -1.678 | 0.101 |
| 宿泊施設 | 0.452** | 0.100 | 4.495 | 0.000 |
| 温泉地 | -0.209 | 0.142 | -1.471 | 0.149 |
| 歴史的・自然的要素 | 0.273** | 0.092 | 2.978 | 0.005 |
| 観光関連施設 | 0.376* | 0.150 | 2.498 | 0.017 |

$n = 47$, $R^2 : 0.676$, $\bar{R}^2 : 0.636$, 回帰の標準誤差：0.603, F 値：17.092

注：**表 2.2** に同じ．

表 2.6 対数モデルによる結果（被説明変数：主成分スコア，2000 年度）

|  | 係数 | 標準誤差 | t 値 | p 値 |
|---|---|---|---|---|
| 観光経費 | -0.175 | 0.117 | -1.498 | 0.142 |
| 宿泊施設 | 0.520** | 0.101 | 5.141 | 0.000 |
| 温泉地 | -0.211 | 0.143 | -1.475 | 0.148 |
| 歴史的・自然的要素 | 0.275** | 0.092 | 2.979 | 0.005 |
| 観光関連施設 | 0.285 | 0.151 | 1.882 | 0.067 |

$n = 47$, $R^2 : 0.671$, $\bar{R}^2 : 0.631$, 回帰の標準誤差：0.607, F 値：16.757

注：**表 2.4** に同じ．

## 2.4 まとめ

本章では，まず利用可能な観光関連データを提示した．わが国において，邦人の国内旅行に関する調査や統計は豊富なように感じられる．その一方で，インバウンド観光に関するそれは，近年大きく進展しているものの，未だ十分であるとは言えないように思われる．

しかし，現有のデータから何が言えるのかという観点から，ここでは，各都道府県が有する観光資源，インフラ，経費などをインプット，当該地域を訪れる外客数をアウトプットと捉え，その関係を重回帰分析の視点から示した．この分析は，測定単位の異なる複数の独立変数によって，一つの従属変数を説明

することが可能であり，独立変数の従属変数に与える影響の大きさを見ることができるという利点は大きい．しかし，ここで定義した関係，つまり「外客誘致モデル」の標準偏回帰係数を見ると，そもそも統計的に有意でない，すなわち排除しなければならないもの（観光経費や観光関連施設）が発生するなどの問題が生じる．また，外客誘致の観点から，各都道府県を来訪する外客の国籍は様々であり，アウトプット変数を単一のデータで捉えることは，分析に少し強い制約を課しているようにも思える．

そこでこのような問題に対処すべく，次章では，ノンパラメトリックな手法の一つであり，複数のアウトプットを許容する，データ包絡分析法（DEA）を用いて各地域の効率性の違いを探ることにしよう．

# 第3章　外客誘致に関する効率性評価

　前章では，外国人旅行者の日本への誘致という観点から観光関連データを選択し，アウトプットとしての外客数と，インプットとしての観光資源・インフラ・費用などの関係をみた．もう一度確認すると，重回帰モデルによる分析では，一般にサンプルサイズ，説明変数間の関連性（多重共線性），推計された係数の有意性などの，統計的な課題をクリアすることが求められる．また，アウトプット，つまり従属変数が単一，つまり，各都道府県の外客総数にとる一つの制約があった．

　そこで，本章ではこれらの制約を克服する試みの一つとして，データ包絡分析法（Data Envelopment Analysis：DEA）を用いることにしよう．これは，ノンパラメトリックの手法であり，複数のアウトプットを許容できるなどの利点を持つものである．

　以下では，DEA の基本となる CCR モデルとその拡張である BCC モデルと IRS モデルについて説明し，次に，分析で用いられるデータについて紹介する．その後に地方自治体別に行ったその分析結果を示し，この結果から，地方自治体別の外客誘致パフォーマンスの違いについて考察する．

## 3.1　DEA による効率性の計測

　最初に，DEA の基本的なフレームワークを確認することにしましょう[26]．DEA は，分析対象（意思決定主体，Decision Making Unit：DMU と呼ぶ）の効率性を相対的に評価するための一つの手法である．効率性とは，直観的にはアウトプット/インプット比率で示されるものである．しかし，この分数の分子も分母も様々な項目からなり，単位が通常は異なることから，アウトプットとイ

---

[26] DEA の基本的概念に関しては，刀根（1993），末吉（2001）および Cooper, Seiford and Tone（2007）などを参照．

ンプットを単一の指標にそのまま変換することはできない．そこで，各項目にウェイトを付け，それらを加算したものを仮想的な産出と投入と置く．そして，効率性が最も高い DMU を基準とした効率的フロンティアを形成し，非効率である DMU をそのフロンティアからの乖離（距離）で評価するのである．

ここで，$\text{DMU}_j$ $(j = 1, \cdots, n)$ が存在し，$l \times 1$ 産出ベクトル $\boldsymbol{y} \in \mathbb{R}^l$ と $m \times 1$ 投入ベクトル $\boldsymbol{x} \in \mathbb{R}^m$ があるものとする．各 DMU の投入・産出に関するデータを並べた行列を，それぞれ $\boldsymbol{X} \in \mathbb{R}^{m \times n}$，$\boldsymbol{Y} \in \mathbb{R}^{l \times n}$ とする．

次に，全 DMU の中から相対的な効率性を求めたい分析対象を $\text{DMU}_k$，$k \in \{1, \cdots, n\}$ と表記することにしよう．また，アウトプットに対するウェイトベクトルを $\boldsymbol{u} = (u_1, \cdots, u_l)$，インプットに対するそれを $\boldsymbol{v} = (v_1, \cdots, v_m)$ とする．DEA では当該 DMU を評価する上で，同水準の産出を得るためには投入が小さければ小さいほど，逆に同一の投入量の下では産出量が大きければ大きいほど，その DMU は効率的であると考える．そのため，前述したように，仮想的な投入および産出の比率

$$\frac{\text{仮想的総産出}}{\text{仮想的総投入}} = \frac{\boldsymbol{u}\boldsymbol{y}_j}{\boldsymbol{v}\boldsymbol{x}_j}, \quad (j = 1, \cdots, n) \tag{3.1}$$

が大きいほど効率的であるとみなす．

### 3.1.1 CCR モデル

実は DEA には，様々なバリエーションがあるのであるが，その基本となるものは「規模に関して収穫一定」を仮定する CCR モデル（Charnes, Cooper and Rhodes, 1978）と「規模に関して収穫可変」を前提とする BCC モデル（Banker, Charnes and Cooper, 1984）である[27]．後者の収穫可変とは，収穫が逓減・一定・逓増という 3 つの局面からなることを示すのであるが，この問題については後述する．

CCR モデルについて述べると以下のようになる．

---

[27] CCR モデルは規模に関して収穫一定（constant returns to scale）を仮定していることから CRS と，また，BCC モデルは規模に関して収穫可変（variable returns to scale）から VRS と呼ばれることもある．

先ず，分析対象である $\mathrm{DMU}_k$ が他の DMU と比べて効率的であるか否かを判断するために，全ての DMU について比率尺度が 1 以下になるという条件を課す．BCC モデル，IRS モデルでもこれは同じである．そしてこの条件の下で，$\mathrm{DMU}_k$ の比率尺度 (3.1) を最大化することを考える．これはすなわち，以下の分数計画 (Fractional Programming：FP) 問題を解くこととと同じである：

$$\begin{aligned}
\underset{u,\,v}{\text{maximize}} \quad & \theta_k = \frac{uy_k}{vx_k} \\
\text{subject to} \quad & \frac{uy_j}{vx_j} \leq 1 \quad (j=1,\cdots,n), \\
& u \geq 0,\ v \geq 0.
\end{aligned} \quad (3.2)$$

この FP 問題を線形計画 (Linear Programming：LP) 問題に変換した以下のものが，DEA の最も基本となる CCR モデルである[28]：

$$\begin{aligned}
\underset{u,\,v}{\text{maximize}} \quad & uy_k \\
\text{subject to} \quad & vx_k = 1, \\
& -vX + uY \leq 0, \\
& u \geq 0,\ v \geq 0.
\end{aligned} \quad (3.3)$$

このモデルは，実数 $\theta_k$ とベクトル $\boldsymbol{\lambda}=(\lambda_1,\cdots,\lambda_n)^\top$ を用いて[29]，以下のようにも表現できる：

$$\begin{aligned}
\underset{\theta_k,\,\boldsymbol{\lambda}}{\text{minimize}} \quad & \theta_k \\
\text{subject to} \quad & \theta_k \boldsymbol{x}_k - X\boldsymbol{\lambda} \geq \boldsymbol{0}, \\
& \boldsymbol{y}_k - Y\boldsymbol{\lambda} \leq \boldsymbol{0}, \\
& \boldsymbol{\lambda} \geq \boldsymbol{0}.
\end{aligned} \quad (3.4)$$

LP 問題 (3.4) は，CCR モデル (3.3) の双対問題である[30]．そして，その最適解 $\theta_k^*$ が，$\mathrm{DMU}_k$ の効率値となる．LP 問題 (3.4) における制約不等式は，

---

[28] この FP 問題 (3.2) と LP 問題 (3.3) が同値であることは，Charnes and Cooper (1962) の中で示されている．この変換過程については，附録 B.2 を参照されたい．
[29] 記号 ⊤ は，ベクトルの転置を表している．
[30] 双対問題については，附録 B.3 を参照されたい．

各 DMU$_k$ の産出を維持したまま，当該 DMU の投入を $\theta_k$ 倍 $(0 \leq \theta_k \leq 1)$ に縮小したものが，全 DMU の投入・産出の線形結合から構成される効率的フロンティア上，あるいはその内側に存在することを課している．すなわち CCR モデルでは，現状の産出水準を保ちながら投入水準を最小にする活動を計測していることになる．

ここで，$\theta_k^* = 1$ となれば，DMU$_k$ は「効率的」であり，効率値が 1 よりも小さければ，「非効率的」と判断する．非効率的な DMU に対しては，効率的フロンティアからの乖離として，以下の投入余剰分 $s^x \in \mathbb{R}^m$ と産出不足分 $s^y \in \mathbb{R}^l$ が定義される：

$$s^x = \theta_k^* x_k - X\lambda,$$
$$s^y = Y\lambda - y_k.$$

この投入の余剰と産出の不足を考慮し，第 2 段階の LP 問題を解くことで，その最適解 $(\theta_k^*, \lambda^*, s^{x*}, s^{y*})$ を求める．$\theta_k^* = 1$ かつ $s^{x*} = 0, s^{y*} = 0$ であるとき，DMU$_k$ を「真の意味で効率的」であるという[31]．このインプットの余剰を削減し，アウトプットの不足を補うことができれば，効率的な活動が達成可能であることから，これを「改善案」と呼ぶ．ただし，これは，これまで説明してきたフレームワークの中での，という意味である．実際には，多様な改善案が考えられるのであるが，この問題については後述する．

さて，これまでに展開してきたモデルは，インプット指向型と呼ばれるものである．これに対して，現在の投入量を前提に産出水準の最大化を図るアウトプット指向型のモデルを考えることができる．それは，以下の LP 問題として表現するものである．ただし，$\mu$ はベクトル $(\mu_1, \cdots, \mu_n)^\top$ である．

---

[31] 第 1 段階の LP 問題 (3.4) を解いて $\theta_k^* = 1$ を得たとしても，第 2 段階で各スラック $s^{x*}, s^{y*}$ がゼロとならない場合が考えられる．そのような状況を避けるための一つの手法として，Tone (2001) によって考案された SBM (Slack-Based Measure) モデルが挙げられる．

$$\begin{aligned}
\underset{\eta_k,\,\boldsymbol{\mu}}{\text{maximize}} \quad & \eta_k \\
\text{subject to} \quad & \boldsymbol{x}_k - \boldsymbol{X}\boldsymbol{\mu} \geq \mathbf{0}, \\
& \eta_k \boldsymbol{y}_k - \boldsymbol{Y}\boldsymbol{\mu} \leq \mathbf{0}, \\
& \boldsymbol{\mu} \geq \mathbf{0}.
\end{aligned} \quad (3.5)$$

アウトプット指向型モデル (3.5) では,インプット指向型とは逆に,産出量を $\eta_k$ ($\geq 1$) 倍に拡大するときの最大拡大率を求めている.また,インプット指向型モデルと同様に,投入余剰分と産出不足分を考慮する.そのスラックを $(\boldsymbol{t}^x, \boldsymbol{t}^y)$ とすると,それらは以下のように定義できる:

$$\boldsymbol{t}^x = \boldsymbol{x}_k - \boldsymbol{X}\boldsymbol{\mu}, \quad (3.6)$$
$$\boldsymbol{t}^y = \boldsymbol{Y}\boldsymbol{\mu} - \eta_k^* \boldsymbol{y}_k. \quad (3.7)$$

LP 問題 (3.5) を解き,スラックレス ($\boldsymbol{t}^{x*} = \mathbf{0}, \boldsymbol{t}^{y*} = \mathbf{0}$) かつ $\eta_k^* = 1$ のとき,DMU$_k$ は効率的であると判断する.CCR モデルにおいて,インプット指向モデルの効率値とアウトプット指向モデルのそれとの間には,逆数の関係が成り立つのである[32].

本節の最後に,CCR モデル (3.3) に対応するアウトプット指向型モデルを以下に示す:

$$\begin{aligned}
\underset{\boldsymbol{p},\,\boldsymbol{q}}{\text{minimize}} \quad & \boldsymbol{p}\boldsymbol{x}_k \\
\text{subject to} \quad & \boldsymbol{q}\boldsymbol{y}_k = 1, \\
& -\boldsymbol{p}\boldsymbol{X} + \boldsymbol{q}\boldsymbol{Y} \leq \mathbf{0}, \\
& \boldsymbol{p} \geq \mathbf{0},\; \boldsymbol{q} \geq \mathbf{0}.
\end{aligned}$$

ただし,$\boldsymbol{p} = (p_1, \cdots, p_m)$ はインプットに対するウェイトベクトル,$\boldsymbol{q} = (q_1, \cdots, q_l)$ はアウトプットに対するそれである.

---

[32] この点については,刀根 (1993),末吉 (2001) および Cooper, Seiford and Tone (2007) などを参照されたい.

## 3.1.2 BCC モデルと IRS モデル

前節の CCR モデルでは,「規模に関する収穫一定」が仮定されていた.本節では,「規模に関する収穫可変」を仮定する BCC モデルを示す.また BCC モデルにも幾つかのバリエーションがあり,その一つとして「規模に関する収穫逓増 (Increasing Returns to Scale)」を仮定する IRS モデルがあるので,それに基づく評価方法についても考察することにしよう.

先ず,Banker, Charnes and Cooper (1984) が考案した BCC モデルについて見てみよう.これは,前述の CCR モデル (3.5) と同じように表現することができるものである.異なる点は,LP 問題 (3.5) の制約に,$e\mu = 1$ という条件を加えることである ($e$ は $1 \times n$ 単位ベクトル).従って,アウトプット指向型 BCC モデルは以下のように定義される:

$$\begin{aligned}
&\underset{\eta_k^{\mathrm{BCC}},\, \boldsymbol{\mu}}{\text{maximize}} && \eta_k^{\mathrm{BCC}} \\
&\text{subject to} && \boldsymbol{x}_k - \boldsymbol{X}\boldsymbol{\mu} \geq \boldsymbol{0}, \\
& && \eta_k^{\mathrm{BCC}} \boldsymbol{y}_k - \boldsymbol{Y}\boldsymbol{\mu} \leq \boldsymbol{0}, \\
& && \boldsymbol{e}\boldsymbol{\mu} = 1, \\
& && \boldsymbol{\mu} \geq \boldsymbol{0}.
\end{aligned} \quad (3.8)$$

また,IRS モデルとは,BCC モデル (3.8) の制約条件の一つである $e\mu = 1$ を $e\mu \geq 1$ のように変更したものをいう.すなわち以下である:

$$\begin{aligned}
&\underset{\eta_k^{\mathrm{IRS}},\, \boldsymbol{\mu}}{\text{maximize}} && \eta_k^{\mathrm{IRS}} \\
&\text{subject to} && \boldsymbol{x}_k - \boldsymbol{X}\boldsymbol{\mu} \geq \boldsymbol{0}, \\
& && \eta_k^{\mathrm{IRS}} \boldsymbol{y}_k - \boldsymbol{Y}\boldsymbol{\mu} \leq \boldsymbol{0}, \\
& && \boldsymbol{e}\boldsymbol{\mu} \geq 1, \\
& && \boldsymbol{\mu} \geq \boldsymbol{0}.
\end{aligned} \quad (3.9)$$

これまで,CCR,BCC および IRS の数理モデルを展開してきた.それらのモデルの理解をより深めるため,以下では 1 インプット・1 アウトプットのケースを取り上げて,説明を補足することにしよう.ここに,6 つの DMU が

存在しているとして，それらのインプット ($x$) とアウトプット ($y$) をプロットしたものが，図 3.1，図 3.2，図 3.3 である．

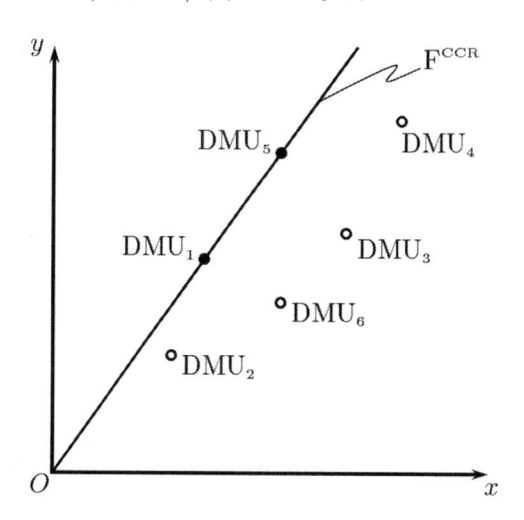

出所：筆者作成．
注：横軸はインプット ($x$)，縦軸はアウトプット ($y$)．また，$F^{CCR}$ は，CCR モデルの効率的フロンティアを表す．

**図 3.1　CCR モデルの効率的フロンティア**

図 3.1 では，投入・産出の比率が最も高い点（ここでは，1 および 5 の DMU）と原点を結んでできる直線を「効率的フロンティア」と呼び，この線と横軸によって囲まれる部分を「生産可能集合」と呼ぶ．そして，効率的フロンティア上にある点 $DMU_1$ および $DMU_5$ が最も効率的であると判断される．このようなケースを規模に関して収穫が一定であるといい，その前提の下で相対的な効率性を計測するものが CCR モデルである．

これに対して，BCC モデルの効率的フロンティアは，図 3.2 のように，2，1，5，そして 4 番目の DMU を結んでできる折れ線となる．この場合，それら 4 つの DMU が効率的な活動を行なっていると判断される．CCR モデルで非効率と判断された $DMU_2$ は，その生産活動の規模が小さいものの，BCC ではその規模において効率的と判断される．また，$DMU_4$ の生産規模は他の DMU より大きいものの，CCR モデルでは非効率となるが，BCC では $DMU_2$ と同

じょうに効率的となる．

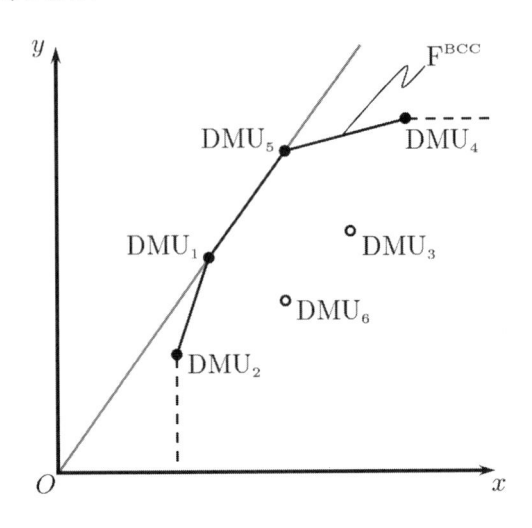

図 3.2 BCC モデルの効率的フロンティア

出所：図 3.1 に同じ．
注：$F^{BCC}$ は，BCC モデルの効率的フロンティアを表す．

図 3.3 IRS モデルの効率的フロンティア

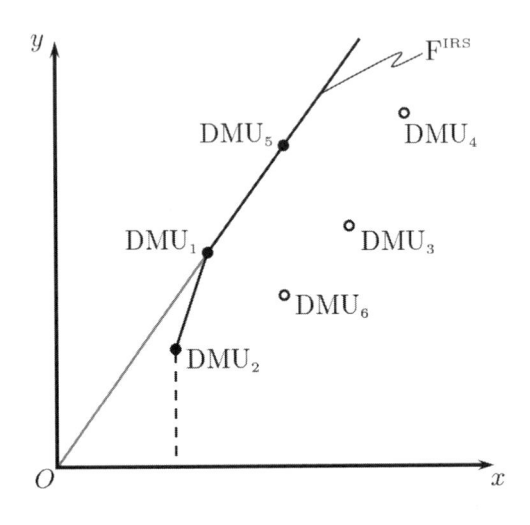

出所：図 3.1 に同じ．
注：$F^{IRS}$ は，IRS モデルの効率的フロンティアを表す．

IRS モデルでは，図 **3.3** のように，$DMU_2$, $DMU_1$, $DMU_5$ が効率的となる．BCC とは異なり，生産活動の規模が相対的に小さな DMU に対する効率性に重点を置いていると言える．

以上のことからわかるように，一般に，CCR モデルで効率的と判断される DMU の数よりも BCC や IRS によって効率的となるそれは多くなる傾向がある．

## 3.2 効率値の計測結果

さてそれでは，上述の CCR および IRS モデルを用いて，実際に 47 都道府県の外客誘致パフォーマンスの測定とその評価を行うことにしよう．これは，都道府県レベルの外客誘致に関する相対的な効率性を評価する，という新たな試みといえる．2 つのモデルを用いる理由は，CCR が何といっても DEA の基本であること，また，周辺諸国の芳しい経済成長によって今後のインバウンド数が急増する可能性を思うとき，規模に対する収穫逓増を仮定した IRS モデルにも妥当性があると考えるからである．

先ず，各都道府県を観光資源や観光費用を投入し，訪日外客を呼びこむ主体であると想定する．しかし，各地域には固有の観光資源があり，それぞれに魅力のあるものであるので，一般に，その魅力を単純に評価するのは困難である．そこで，各都道府県の外客誘致パフォーマンスを以下の比率尺度として定義する．この定義が 47 都道府県一様に可能であるならば，DEA を用いて分析することができる：

$$\frac{\boldsymbol{uy}_j}{\boldsymbol{vx}_j} = \frac{j を訪れる外客数}{j における観光資源および費用}, \quad j \in \{47\,都道府県\} \qquad (3.10)$$

### 3.2.1 データ

ここで用いるデータは，以下の通りである．インプット項目としては，前章のデータを利用しよう．すなわち観光経費 ($x_{\mathrm{KE}}$)，宿泊施設 ($x_{\mathrm{HO}}$)，温泉地 ($x_{\mathrm{ON}}$)，歴史的・自然的要素 ($x_{\mathrm{RE}}$)，観光関連施設 ($x_{\mathrm{SH}}$) である．

また，アウトプット変数としては，韓国 ($y_{\text{KOR}}$)，台湾 ($y_{\text{TWN}}$)，香港 ($y_{\text{HKG}}$)，中国 ($y_{\text{CHN}}$)，アメリカ ($y_{\text{USA}}$) からの訪日外客数を，さらに，これらの5つに加えて，その他の国からの外客数として $y_{\text{OTH}}$ を追加し，6つのアウトプット項目を用いることにしよう[33]．これらのデータは，日本政府観光局（JNTO）『JNTO 訪日外客訪問地調査』（各年版）の訪問率を用いて算出したものである[34]．

上述のインプットおよびアウトプット変数を以下のようにベクトル表記すれば，比率尺度 (3.10) によって相対的な効率性を求めることができる：

$$\boldsymbol{x}_j = \left( x_{\text{KE},j}, x_{\text{HO},j}, x_{\text{ON},j}, x_{\text{RE},j}, x_{\text{SH},j} \right)^\top,$$
$$\boldsymbol{y}_j = \left( y_{\text{KOR},j}, y_{\text{TWN},j}, y_{\text{HKG},j}, y_{\text{CHN},j}, y_{\text{USA},j}, y_{\text{OTH},j} \right)^\top.$$

データの基本統計量を**表 3.1** に示す．

---

[33] 主要5カ国・地域以外からの観光客を無視する形による分析では，外客誘致パフォーマンスに変化が生じる可能性がある．そこで，「その他の国」という変数を追加することにした．しかし，この変数は仮の変数であって，主要5カ国・地域以外の実数に相当するものではないことに注意されたい．

[34] 2000, 2004, 2008 年度のインプットおよびアウトプットに関するデータは，それぞれ附録 A.2 の**表 A.5**，**表 A.9**，**表 A.13** を参照のこと．

表 3.1　分析データの基本統計量

| 2000 | $y_{KOR}$ | $y_{TWN}$ | $y_{HKG}$ | $y_{CHN}$ | $y_{USA}$ | $y_{OTH}$ | $x_{KE}$ | $x_{HO}$ | $x_{ON}$ | $x_{RE}$ | $x_{SH}$ |
|---|---|---|---|---|---|---|---|---|---|---|---|
| 平均 | 5.1 | 5.5 | 1.7 | 2.5 | 3.9 | 6.4 | 1597.7 | 98.6 | 63.6 | 10.4 | 554.9 |
| 標準偏差 | 8.4 | 7.8 | 3.0 | 3.8 | 7.2 | 13.5 | 1772.2 | 55.6 | 49.7 | 7.4 | 291.4 |
| 最大値 | 47.5 | 43.9 | 19.5 | 23.9 | 48.9 | 83.4 | 10255.6 | 310.3 | 245.0 | 32.2 | 1823.0 |
| 最小値 | 1.2 | 1.2 | 0.4 | 0.7 | 1.1 | 0.3 | 92.0 | 49.0 | 4.0 | 1.4 | 228.0 |

| 2004 | $y_{KOR}$ | $y_{TWN}$ | $y_{HKG}$ | $y_{CHN}$ | $y_{USA}$ | $y_{OTH}$ | $x_{KE}$ | $x_{HO}$ | $x_{ON}$ | $x_{RE}$ | $x_{SH}$ |
|---|---|---|---|---|---|---|---|---|---|---|---|
| 平均 | 8.2 | 6.4 | 2.0 | 4.3 | 4.4 | 8.2 | 1006.2 | 100.4 | 66.3 | 10.5 | 611.4 |
| 標準偏差 | 12.7 | 9.0 | 3.7 | 6.8 | 7.7 | 17.2 | 955.8 | 56.6 | 52.2 | 7.4 | 366.1 |
| 最大値 | 74.1 | 50.6 | 23.4 | 39.8 | 50.4 | 107.2 | 4395.3 | 319.5 | 249.0 | 32.7 | 2146.0 |
| 最小値 | 1.9 | 1.3 | 0.5 | 1.0 | 1.3 | 0.2 | 83.6 | 51.5 | 4.0 | 1.4 | 252.0 |

| 2008 | $y_{KOR}$ | $y_{TWN}$ | $y_{HKG}$ | $y_{CHN}$ | $y_{USA}$ | $y_{OTH}$ | $x_{KE}$ | $x_{HO}$ | $x_{ON}$ | $x_{RE}$ | $x_{SH}$ |
|---|---|---|---|---|---|---|---|---|---|---|---|
| 平均 | 11.1 | 7.6 | 3.0 | 8.9 | 4.5 | 10.8 | 686.8 | 100.0 | 66.7 | 10.7 | 586.9 |
| 標準偏差 | 16.6 | 10.2 | 4.9 | 15.1 | 7.7 | 21.1 | 606.4 | 56.5 | 51.6 | 7.5 | 351.6 |
| 最大値 | 94.5 | 61.3 | 30.9 | 80.2 | 50.4 | 128.0 | 3002.0 | 327.3 | 254.0 | 32.2 | 1957.0 |
| 最小値 | 2.4 | 1.5 | 0.7 | 2.2 | 1.2 | 0.2 | 58.0 | 53.7 | 4.0 | 1.4 | 223.0 |

出所：日本政府観光局 (JNTO)「JNTO 訪日外客訪問地調査」，総務省自治財政局編『都道府県決算状況調』，日本観光協会『数字でみる観光』(創成社) を基に筆者作成．

### 3.2.2 外客誘致パフォーマンスの測定

CCR と IRS モデルに基づく，2000，2004，2008 年度の分析結果をまとめたものが**表 3.2** である．アウトプット指向型モデルにおける効率値は1より大きい値をとるのであるが，効率値を比較する際，0から1までの数値として表現した方が理解しやすい．そこで，ここでは計測された効率値の逆数を表記している[35]．

CCR の結果から見ることにしよう．

VJC 以前の 2000 年度では，以下の7地域で効率的となった，すなわち千葉・東京・神奈川・愛知・京都・大阪・沖縄である．これに次いで，福岡（0.965），山梨（0.936），奈良（0.900）についても相対的に効率値が高い結果となる．

次に，VJC 開始後の 2004 年度では，効率的と判断されたものは，先の7から9地域に増加した．つまり，前年度において効率的であった沖縄は非効率（0.663）となり，新たに兵庫・広島・福岡の3県が効率的となっている．

「観光立国推進基本法」が制定され，外客誘致政策がさらに強化されてからの 2008 年度では，北海道・千葉・東京・神奈川・愛知・京都・大阪・兵庫・広島・福岡・大分の11地域において効率的という結果になった．次いで，効率値が相対的に高かった地域は，山梨（0.959），奈良（0.907）である．

全体として，各期の平均値は 0.466，0.473，0.512 と年々上昇している．各年度の標準偏差も同じく上昇している．また平均値を上回った地域の数は，それぞれ 16，20，18 地域であった．2000 年度から 2008 年度にかけて，CCR 効率値の平均的な向上が見られるものの，そのばらつきは大きくなり，効率的な地域とそうではない地域の差が広がっていることに注意されたい．

---

[35] 先述したように，CCR モデルでは，投入・産出の関係について「規模に関して収穫一定」という仮定に基づいて当該 DMU の相対的な効率性を測定している．そのため，インプット指向型モデルによって求められた効率値とアウトプット指向型モデルから得られる効率値との間には逆数の関係が成り立つ．しかし，BCC モデルなどでは，その関係は成り立たない．アウトプット指向型 IRS モデルによって求められた効率値の逆数は，インプット指向型の効率値を表しているわけではないが，ここでは便宜上，逆数を用いることとする．

## 表 3.2 CCR および IRS 効率値（都道府県別）

| | | 2000 | | 2004 | | 2008 | | | | 2000 | | 2004 | | 2008 | |
|---|---|---|---|---|---|---|---|---|---|---|---|---|---|---|---|
| | | CCR | IRS | CCR | IRS | CCR | IRS | | | CCR | IRS | CCR | IRS | CCR | IRS |
| 1 | 北海道 | 0.383 | 0.409 | 0.611 | 0.742 | 1.000 | 1.000 | 25 | 滋賀 | 0.177 | 0.422 | 0.147 | 0.286 | 0.159 | 0.416 |
| 2 | 青森 | 0.146 | 0.232 | 0.156 | 0.272 | 0.219 | 0.400 | 26 | 京都 | 1.000 | 1.000 | 1.000 | 1.000 | 1.000 | 1.000 |
| 3 | 岩手 | 0.204 | 0.335 | 0.226 | 0.315 | 0.279 | 0.460 | 27 | 大阪 | 1.000 | 1.000 | 1.000 | 1.000 | 1.000 | 1.000 |
| 4 | 宮城 | 0.170 | 0.267 | 0.272 | 0.509 | 0.394 | 0.697 | 28 | 兵庫 | 0.797 | 1.000 | 1.000 | 1.000 | 1.000 | 1.000 |
| 5 | 秋田 | 0.167 | 0.274 | 0.156 | 0.215 | 0.201 | 0.373 | 29 | 奈良 | 0.900 | 1.000 | 0.736 | 1.000 | 0.907 | 1.000 |
| 6 | 山形 | 0.195 | 0.448 | 0.198 | 1.000 | 0.275 | 1.000 | 30 | 和歌山 | 0.187 | 0.298 | 0.250 | 0.389 | 0.230 | 0.405 |
| 7 | 福島 | 0.179 | 0.428 | 0.246 | 0.493 | 0.213 | 0.461 | 31 | 鳥取 | 0.188 | 1.000 | 0.196 | 1.000 | 0.160 | 1.000 |
| 8 | 茨城 | 0.466 | 0.985 | 0.584 | 1.000 | 0.459 | 1.000 | 32 | 島根 | 0.270 | 1.000 | 0.221 | 1.000 | 0.278 | 1.000 |
| 9 | 栃木 | 0.441 | 0.847 | 0.495 | 0.737 | 0.465 | 0.834 | 33 | 岡山 | 0.226 | 0.562 | 0.230 | 1.000 | 0.236 | 1.000 |
| 10 | 群馬 | 0.364 | 0.551 | 0.231 | 0.367 | 0.191 | 0.274 | 34 | 広島 | 0.707 | 1.000 | 1.000 | 1.000 | 1.000 | 1.000 |
| 11 | 埼玉 | 0.315 | 1.000 | 0.342 | 1.000 | 0.323 | 1.000 | 35 | 山口 | 0.341 | 0.669 | 0.233 | 0.498 | 0.203 | 0.374 |
| 12 | 千葉 | 1.000 | 1.000 | 1.000 | 1.000 | 1.000 | 1.000 | 36 | 徳島 | 0.190 | 1.000 | 0.201 | 1.000 | 0.167 | 1.000 |
| 13 | 東京 | 1.000 | 1.000 | 1.000 | 1.000 | 1.000 | 1.000 | 37 | 香川 | 0.239 | 1.000 | 0.273 | 0.415 | 0.298 | 0.458 |
| 14 | 神奈川 | 1.000 | 1.000 | 1.000 | 1.000 | 1.000 | 1.000 | 38 | 愛媛 | 0.297 | 1.000 | 0.286 | 0.414 | 0.242 | 1.000 |
| 15 | 新潟 | 0.199 | 0.213 | 0.146 | 0.167 | 0.161 | 0.207 | 39 | 高知 | 0.280 | 1.000 | 0.249 | 0.794 | 0.244 | 0.813 |
| 16 | 富山 | 0.225 | 0.451 | 0.277 | 0.434 | 0.380 | 0.519 | 40 | 福岡 | 0.965 | 1.000 | 1.000 | 1.000 | 1.000 | 1.000 |
| 17 | 石川 | 0.259 | 0.408 | 0.249 | 0.331 | 0.345 | 0.543 | 41 | 佐賀 | 0.407 | 1.000 | 0.537 | 1.000 | 0.508 | 1.000 |
| 18 | 福井 | 0.192 | 0.769 | 0.193 | 0.631 | 0.191 | 0.549 | 42 | 長崎 | 0.637 | 1.000 | 0.643 | 0.880 | 0.651 | 0.887 |
| 19 | 山梨 | 0.936 | 1.000 | 0.988 | 1.000 | 0.959 | 1.000 | 43 | 熊本 | 0.371 | 0.620 | 0.531 | 0.659 | 0.760 | 0.800 |
| 20 | 長野 | 0.396 | 0.994 | 0.445 | 0.795 | 0.609 | 1.000 | 44 | 大分 | 0.530 | 0.959 | 0.741 | 0.859 | 1.000 | 1.000 |
| 21 | 岐阜 | 0.309 | 0.584 | 0.224 | 0.357 | 0.523 | 0.779 | 45 | 宮崎 | 0.411 | 1.000 | 0.129 | 0.601 | 0.128 | 0.211 |
| 22 | 静岡 | 0.656 | 1.000 | 0.573 | 1.000 | 0.602 | 1.000 | 46 | 鹿児島 | 0.387 | 0.520 | 0.157 | 0.177 | 0.213 | 0.242 |
| 23 | 愛知 | 1.000 | 1.000 | 1.000 | 1.000 | 1.000 | 1.000 | 47 | 沖縄 | 1.000 | 1.000 | 0.663 | 1.000 | 0.712 | 1.000 |
| 24 | 三重 | 0.194 | 0.223 | 0.195 | 0.201 | 0.175 | 0.195 | | 平均 | 0.466 | 0.755 | 0.473 | 0.714 | 0.512 | 0.764 |
| | | | | | | | | | 標準偏差 | 0.308 | 0.298 | 0.322 | 0.307 | 0.334 | 0.295 |

注：表中の数値は、CCR, IRS モデルで計算された値の逆数。網掛け部分は効率的（効率値 = 1.000）であることを示す。

次に，IRS モデルによる分析結果を見てみよう．各年度において，効率値が 1 となった，すなわち効率的と判断された地域の数は，それぞれ 23, 21, 25 である．CCR モデルで相対的に低い効率値を計測した地域でも，IRS モデルでは効率的となるケースが点在する．都道府県平均は，2000 から 2004 年度にかけて減少し，2008 年度には上昇している．

以上の結果は少し煩雑であるので，47 都道府県を 12 の地域に分類し，その計測結果を見ることにしよう[36]．表 3.3 がそれである．ここでも CCR と IRS の 2 つが示されている．

表 3.3　CCR および IRS 効率値（地域別）

|  | 2000 CCR | 2000 IRS | 2004 CCR | 2004 IRS | 2008 CCR | 2008 IRS |
|---|---|---|---|---|---|---|
| 1 北海道 | 0.383 | 0.409 | 0.611 | 0.742 | 1.000 | 1.000 |
| 2 東 北 | 0.177 | 0.331 | 0.209 | 0.467 | 0.264 | 0.565 |
| 3 北関東 | 0.424 | 0.794 | 0.437 | 0.701 | 0.372 | 0.703 |
| 4 東 京 | 1.000 | 1.000 | 1.000 | 1.000 | 1.000 | 1.000 |
| 5 南関東 | 0.772 | 1.000 | 0.781 | 1.000 | 0.774 | 1.000 |
| 6 中 部 | 0.464 | 0.713 | 0.455 | 0.635 | 0.530 | 0.733 |
| 7 大 阪 | 1.000 | 1.000 | 1.000 | 1.000 | 1.000 | 1.000 |
| 8 近 畿 | 0.543 | 0.657 | 0.555 | 0.646 | 0.579 | 0.669 |
| 9 中 国 | 0.346 | 0.846 | 0.376 | 0.900 | 0.375 | 0.875 |
| 10 四 国 | 0.252 | 1.000 | 0.252 | 0.656 | 0.238 | 0.818 |
| 11 九 州 | 0.530 | 0.871 | 0.534 | 0.739 | 0.609 | 0.734 |
| 12 沖 縄 | 1.000 | 1.000 | 0.663 | 1.000 | 0.712 | 1.000 |
| 平 均 | 0.466 | 0.755 | 0.473 | 0.714 | 0.512 | 0.764 |

注：地域区分については，脚注 36) を参照のこと．数値は，各地方区分における平均値．網掛け部分は効率的（効率値 =1.000）であることを示す．

---

[36] ここでの地域区分は，基本的には八地方区分に従って分類している．東京および大阪の 2 大都市を別個に区分し，以下の 12 の地域に分類した，すなわち (1) 北海道，(2) 東北（青森，岩手，宮城，秋田，山形，福島の 6 県），(3) 北関東（茨城，栃木，群馬の 3 県），(4) 東京，(5) 南関東（埼玉，千葉，神奈川の 3 県），(6) 中部（新潟，富山，石川，福井，山梨，長野，岐阜，静岡，愛知の 9 県），(7) 大阪，(8) 近畿（三重，滋賀，京都，兵庫，奈良，和歌山の 1 府 5 県），(9) 中国（鳥取，島根，岡山，広島，山口の 5 県），(10) 四国（徳島，香川，愛媛，高知の 4 県），(11) 九州（福岡，佐賀，長崎，熊本，大分，宮崎，鹿児島の 7 県），(12) 沖縄である．

表 3.3 の CCR の結果を見ると，北海道，東北，近畿，九州の 4 地域では，各期の効率値が上昇していることがわかる．また，北関東，南関東，中国地方では，2000 から 2004 年度にかけて，それらの効率値は上昇したものの，2008 年度のそれは若干低下している．さらに，中部および沖縄では，2004 から 2008 年度にかけて効率値が上昇している．

都道府県平均を上回る値を示したものは，2000 年度では東京，南関東，大阪，近畿，九州，沖縄の 6 地域であった．2004 年度では，それらの 6 地域に北海道が加わり 7 地域に増加した．また，2008 年度にはその 7 地域に中部地方を加えた 8 地域において，平均値を上回る結果となっている．地域レベルでみても，平均的に効率性が上昇していることが確認できる．

また，IRS の結果については，北海道と東北地方のみ各年度の効率値が上昇したことがわかる．さらに各年度の平均値を上回ったものは，それぞれ 9，7，7 地域となっている．

### 3.2.3 効率化への改善案

次に，CCR と IRS モデルによる効率値を基に，その「一つの改善案」を考えることにしよう．**3.1.1 節**で示したように，ここでの改善案は非効率的と判断された DMU の投入と産出 $(\boldsymbol{x}_k, \boldsymbol{y}_k)$ のアウトプットを $\eta_k^*$ 倍して不足分（アウトプットに対するスラック変数 $\boldsymbol{t}^{x*}$）を補い，インプットから余剰分（インプットに対するスラック変数 $\boldsymbol{t}^{y*}$）を差し引いたものを意味する[37]．この問題は，式 (3.6)，(3.7) より，以下のように表現することができる：

$$\text{インプットに関する改善：} \boldsymbol{x}_k - \boldsymbol{t}^{x*},$$
$$\text{アウトプットに関する改善：} \eta_k^* \boldsymbol{y}_k + \boldsymbol{t}^{y*}.$$

この改善案によって，非効率的な DMU の誘致活動 $(\boldsymbol{x}_k, \boldsymbol{y}_k)$ を効率化する

---

[37] 前述したように，現実の改善案はこれ一つではなく，様々なものが考えられる．例えば，地域内に新しい観光名所を開発するというのも観光政策であり，これによって外客数が増加すれば，効率値改善がもたらされる可能性がある．ここでは，この分析におけるフレームワークの中での「改善案」を論じていることに注意されたい．

ことができることになる．非効率な DMU に対するこの改善案と現状値の差を，ここでは「効率化指標」と呼ぶことにする．以下では，47 都道府県を 12 の地域に分類し，その計測結果を見ることにしよう．

**表 3.4**, **表 3.5**, および **表 3.6** に，それぞれ 2000, 2004, 2008 年度の効率化指標を示す．表の各地域項目においては，1 段目は現状値，2 段目は CCR モデルによる効率化指標（改善案と現状値との差），3 段目は IRS モデルによる効率化指標が示されている．

先ず，2000 年度の結果である**表 3.4** から見ていこう．効率的と判断された東京・大阪・沖縄では，入出力に対するスラック変数がゼロであるために，改善案と現状値との差はない．

非効率と判断されたものについて，例えば，北海道の CCR による効率化指標を見ると，インプットでは観光経費項目に対して 324.33 の余剰が発生している．また，温泉地および観光関連施設についても，それぞれ 227.37, 1465.80 だけ過剰であるが，宿泊施設と歴史的・自然的要素に余剰はない．

東北，北関東，南関東，中部，四国地方でも北海道と同じ項目に余剰が発生しており，九州地方では全てのインプット項目が過剰である．

また，アウトプットに関しては，全ての項目に不足が生じており，最も大きな数値を示した項目はその他の国からの外客であった．2 番目に不足しているものは，北海道と中部地方で韓国，東北・北関東・中国・四国地方で台湾，そして南関東・近畿・九州ではアメリカからの外客数である．また IRS による効率化指標も，概ね，CCR モデルによるものと同様であることがわかる．

次に，2004 年度の結果である**表 3.5** を見てみよう．2000 年度と同様に，効率的と判断された東京・大阪，また IRS では効率的ある南関東・沖縄に関しては，改善案と現状値との差がゼロとなる．インプットの余剰分に関しては，2000 年度と同様である．しかし，アウトプットの不足分については，上述の傾向と若干異なる．それは，非効率的と判断された地域のほとんどが，主要 5 カ国・地域の中で，韓国からの外客数に大きな不足を示す点である．

また，2008年度の**表 3.6** を見ても，インプットについては上の2つと同じ傾向性が示されている．アウトプットの項目では，その他の国からの外客不足が最も大きい点は，2000，2004年度と同じである．主要5カ国・地域については，依然として，韓国からの外客の不足が多いものの，それと同水準の不足が中国からのそれにおいても発生していることが指摘できよう．

表 3.4 CCR および IRS 効率値と効率化指標 (2000 年度)

| | | 効率値 | $y_{KOR}$ | $y_{TWN}$ | $y_{HKG}$ | $y_{CHN}$ | $y_{USA}$ | $y_{OTH}$ | $x_{KE}$ | $x_{HO}$ | $x_{ON}$ | $x_{RE}$ | $x_{SH}$ |
|---|---|---|---|---|---|---|---|---|---|---|---|---|---|
| 北海道 | 現状値 | — | 1.7 | 7.2 | 1.7 | 1.6 | 2.4 | 4.0 | 568.0 | 156.7 | 245.0 | 8.6 | 1823.0 |
| | CCR | 0.383 | 19.1 | 11.6 | 2.7 | 5.5 | 9.0 | 23.2 | -324.3 | 0.0 | -227.4 | 0.0 | -1465.8 |
| | IRS | 0.409 | 17.1 | 10.4 | 2.5 | 5.4 | 8.6 | 20.9 | -217.3 | 0.0 | -196.5 | 0.0 | -1007.3 |
| 東北 | 現状値 | — | 1.5 | 1.5 | 0.5 | 0.9 | 1.7 | 0.9 | 2519.4 | 81.8 | 107.2 | 9.1 | 496.8 |
| | CCR | 0.177 | 8.3 | 8.5 | 4.0 | 4.5 | 8.4 | 16.8 | -2173.4 | 0.0 | -93.6 | -2.5 | -281.3 |
| | IRS | 0.331 | 5.6 | 4.7 | 1.6 | 2.2 | 4.1 | 8.4 | -1044.9 | 0.0 | -68.0 | 0.0 | -56.1 |
| 北関東 | 現状値 | — | 2.6 | 2.3 | 0.7 | 1.8 | 2.8 | 2.9 | 927.0 | 73.3 | 68.7 | 8.2 | 621.7 |
| | CCR | 0.424 | 4.9 | 6.6 | 2.5 | 2.7 | 4.9 | 10.4 | -587.7 | 0.0 | -48.5 | -0.2 | -322.2 |
| | IRS | 0.794 | 1.8 | 2.6 | 0.7 | 0.7 | 1.1 | 2.9 | 0.0 | 0.0 | -35.2 | 0.0 | -177.3 |
| 東京 | 現状値 | — | 47.5 | 43.9 | 19.5 | 23.9 | 48.9 | 83.4 | 545.2 | 310.3 | 20.0 | 32.2 | 775.0 |
| | CCR | 1.000 | 0.0 | 0.0 | 0.0 | 0.0 | 0.0 | 0.0 | 0.0 | 0.0 | 0.0 | 0.0 | 0.0 |
| | IRS | 1.000 | 0.0 | 0.0 | 0.0 | 0.0 | 0.0 | 0.0 | 0.0 | 0.0 | 0.0 | 0.0 | 0.0 |
| 南関東 | 現状値 | — | 8.4 | 11.9 | 4.1 | 6.0 | 8.8 | 15.1 | 789.0 | 129.2 | 44.7 | 12.3 | 651.7 |
| | CCR | 0.772 | 2.6 | 2.5 | 1.1 | 1.2 | 2.8 | 5.2 | -4.9 | 0.0 | -2.6 | 0.0 | -125.6 |
| | IRS | 1.000 | 0.0 | 0.0 | 0.0 | 0.0 | 0.0 | 0.0 | 0.0 | 0.0 | 0.0 | 0.0 | 0.0 |
| 中部 | 現状値 | — | 3.6 | 3.7 | 1.2 | 2.2 | 2.8 | 4.0 | 1828.3 | 73.8 | 88.0 | 14.2 | 678.6 |
| | CCR | 0.464 | 6.3 | 5.7 | 1.8 | 2.7 | 5.7 | 11.4 | -1715.3 | 0.0 | -75.2 | -5.5 | -387.9 |
| | IRS | 0.713 | 2.7 | 2.5 | 0.6 | 1.0 | 1.7 | 3.9 | -880.5 | 0.0 | -39.6 | -1.6 | -137.9 |
| 大阪 | 現状値 | — | 34.1 | 27.5 | 4.9 | 7.8 | 9.2 | 35.3 | 191.9 | 270.5 | 23.0 | 4.6 | 435.0 |
| | CCR | 1.000 | 0.0 | 0.0 | 0.0 | 0.0 | 0.0 | 0.0 | 0.0 | 0.0 | 0.0 | 0.0 | 0.0 |
| | IRS | 1.000 | 0.0 | 0.0 | 0.0 | 0.0 | 0.0 | 0.0 | 0.0 | 0.0 | 0.0 | 0.0 | 0.0 |
| 近畿 | 現状値 | — | 5.6 | 5.9 | 0.8 | 2.1 | 3.6 | 6.4 | 786.0 | 80.3 | 40.2 | 13.2 | 534.3 |
| | CCR | 0.543 | 5.6 | 5.8 | 2.5 | 3.2 | 6.4 | 12.1 | -548.2 | 0.0 | -27.0 | -4.6 | -269.6 |
| | IRS | 0.657 | 2.8 | 2.7 | 0.6 | 1.3 | 2.3 | 4.7 | -1.3 | 0.0 | -2.8 | -1.5 | -18.0 |

第3章 外客誘致に関する効率性評価　61

| | | 効率値 | $y_{KOR}$ | $y_{TWN}$ | $y_{HKG}$ | $y_{CHN}$ | $y_{USA}$ | $y_{OTH}$ | $x_{KE}$ | $x_{HO}$ | $x_{ON}$ | $x_{RE}$ | $x_{SH}$ |
|---|---|---|---|---|---|---|---|---|---|---|---|---|---|
| 中 | 現状値 | — | 1.6 | 1.6 | 0.5 | 1.2 | 1.7 | 1.4 | 1507.3 | 77.8 | 44.8 | 5.0 | 456.2 |
| | CCR | 0.346 | 6.7 | 7.0 | 2.7 | 2.9 | 5.1 | 11.8 | -1179.9 | -1.4 | -29.3 | 0.0 | -244.3 |
| | IRS | 0.846 | 1.1 | 1.0 | 0.3 | 0.3 | 0.7 | 1.5 | -103.5 | 0.0 | -3.2 | 0.0 | -10.4 |
| 四 | 現状値 | — | 1.3 | 1.4 | 0.4 | 0.8 | 1.4 | 0.5 | 3029.5 | 73.3 | 29.5 | 3.7 | 324.3 |
| | CCR | 0.252 | 6.1 | 6.4 | 2.7 | 2.9 | 4.7 | 11.5 | -2672.7 | 0.0 | -14.5 | 0.0 | -145.3 |
| | IRS | 1.000 | 0.0 | 0.0 | 0.0 | 0.0 | 0.0 | 0.0 | 0.0 | 0.0 | 0.0 | 0.0 | 0.0 |
| 九 | 現状値 | — | 4.4 | 4.9 | 2.4 | 1.8 | 1.9 | 3.9 | 1223.2 | 107.3 | 48.3 | 9.5 | 446.9 |
| | CCR | 0.530 | 7.2 | 6.6 | 2.3 | 4.2 | 9.1 | 15.8 | -868.5 | -11.7 | -32.3 | -1.9 | -180.9 |
| 州 | IRS | 0.871 | 1.8 | 1.8 | 0.5 | 1.3 | 2.5 | 4.0 | -277.1 | 0.0 | -16.1 | -0.4 | -28.7 |
| 沖 | 現状値 | — | 3.0 | 9.5 | 1.0 | 1.1 | 4.9 | 5.4 | 4134.0 | 217.9 | 4.0 | 11.4 | 228.0 |
| | CCR | 1.000 | 0.0 | 0.0 | 0.0 | 0.0 | 0.0 | 0.0 | 0.0 | 0.0 | 0.0 | 0.0 | 0.0 |
| 縄 | IRS | 1.000 | 0.0 | 0.0 | 0.0 | 0.0 | 0.0 | 0.0 | 0.0 | 0.0 | 0.0 | 0.0 | 0.0 |

注：各項目のデータに関しては附録の表 A.5 を参照のこと．
［アウトプット項目］韓国，台湾，香港，中国，米国，その他は各々の国・地域からの外客数（万人）．［インプット項目］観光経費は当該都道府県民1人当たりの観光費（円/人），宿泊施設は「国際観光ホテル整備法」に基づき登録されたホテル・旅館の1軒当たりの客室数（客室数/軒），温泉地は宿泊施設が整備されている温泉地の数，歴史・自然は「重要伝統的建造物群保存地区」と「国立・国定公園」の合計と当該都道府県の各々の項目の面積比（％），観光施設は22項目の「観光レクリエーション施設」の合計（施設数）．アウトプットおよびインプット項目の各々の数値は，改善案と現状値との差（効率化指標）を示したもの．地域区分については，脚注36）を参照のこと．数値は，各地方区分における平均値．

表 3.5 CCR および IRS 効率値と効率化指標 (2004 年度)

| | | 効率値 | $y_{KOR}$ | $y_{TWN}$ | $y_{HKG}$ | $y_{CHN}$ | $y_{USA}$ | $y_{OTH}$ | $x_{KE}$ | $x_{HO}$ | $x_{ON}$ | $x_{RE}$ | $x_{SH}$ |
|---|---|---|---|---|---|---|---|---|---|---|---|---|---|
| 北海道 | 現状値 | — | 7.0 | 8.8 | 5.6 | 4.4 | 2.6 | 7.4 | 304.7 | 155.6 | 249.0 | 8.6 | 1928.0 |
| | CCR | 0.611 | 15.8 | 11.0 | 3.6 | 10.1 | 10.7 | 24.9 | -54.1 | 0.0 | -208.8 | 0.0 | -1462.2 |
| | IRS | 0.742 | 13.6 | 10.4 | 1.9 | 8.3 | 8.2 | 19.1 | 0.0 | 0.0 | -184.1 | 0.0 | -1051.1 |
| 東北 | 現状値 | — | 2.2 | 2.0 | 1.0 | 1.4 | 1.6 | 1.0 | 1686.4 | 80.8 | 109.8 | 9.1 | 533.3 |
| | CCR | 0.209 | 13.4 | 9.5 | 3.7 | 7.2 | 8.6 | 20.9 | -1549.7 | 0.0 | -95.2 | -2.3 | -253.1 |
| | IRS | 0.467 | 5.4 | 4.5 | 1.5 | 3.3 | 3.0 | 7.6 | -320.1 | 0.0 | -63.2 | 0.0 | -57.8 |
| 北関東 | 現状値 | — | 4.5 | 2.6 | 0.7 | 2.6 | 3.0 | 3.7 | 561.8 | 75.9 | 69.3 | 8.3 | 662.7 |
| | CCR | 0.437 | 7.6 | 6.1 | 2.7 | 4.1 | 5.4 | 13.7 | -416.6 | 0.0 | -51.7 | -2.8 | -388.3 |
| | IRS | 0.701 | 2.9 | 3.2 | 0.8 | 1.9 | 2.1 | 4.6 | -46.6 | 0.0 | -33.5 | 0.0 | -163.4 |
| 東京 | 現状値 | — | 74.1 | 50.6 | 23.4 | 39.8 | 50.4 | 107.2 | 466.1 | 319.5 | 21.0 | 32.7 | 819.0 |
| | CCR | 1.000 | 0.0 | 0.0 | 0.0 | 0.0 | 0.0 | 0.0 | 0.0 | 0.0 | 0.0 | 0.0 | 0.0 |
| | IRS | 1.000 | 0.0 | 0.0 | 0.0 | 0.0 | 0.0 | 0.0 | 0.0 | 0.0 | 0.0 | 0.0 | 0.0 |
| 南関東 | 現状値 | — | 14.7 | 14.5 | 5.0 | 10.7 | 8.8 | 19.3 | 195.6 | 125.3 | 43.7 | 12.5 | 699.7 |
| | CCR | 0.781 | 3.4 | 2.7 | 1.3 | 1.9 | 2.6 | 6.2 | 0.0 | 0.0 | -1.6 | -0.1 | -125.1 |
| | IRS | 1.000 | 0.0 | 0.0 | 0.0 | 0.0 | 0.0 | 0.0 | 0.0 | 0.0 | 0.0 | 0.0 | 0.0 |
| 中部 | 現状値 | — | 4.5 | 4.4 | 1.1 | 3.8 | 3.3 | 5.1 | 1152.4 | 75.5 | 91.3 | 14.3 | 805.3 |
| | CCR | 0.455 | 9.7 | 6.4 | 2.4 | 4.9 | 6.8 | 15.5 | -1001.1 | 0.0 | -73.7 | -5.9 | -478.5 |
| | IRS | 0.635 | 4.7 | 3.3 | 0.9 | 2.3 | 2.7 | 6.3 | -523.6 | 0.0 | -45.5 | -2.1 | -270.0 |
| 大阪 | 現状値 | — | 42.1 | 31.4 | 7.7 | 20.9 | 12.9 | 39.8 | 162.1 | 282.3 | 27.0 | 7.8 | 657.0 |
| | CCR | 1.000 | 0.0 | 0.0 | 0.0 | 0.0 | 0.0 | 0.0 | 0.0 | 0.0 | 0.0 | 0.0 | 0.0 |
| | IRS | 1.000 | 0.0 | 0.0 | 0.0 | 0.0 | 0.0 | 0.0 | 0.0 | 0.0 | 0.0 | 0.0 | 0.0 |
| 近畿 | 現状値 | — | 8.3 | 7.4 | 1.7 | 4.4 | 5.4 | 9.5 | 641.2 | 82.7 | 44.2 | 13.2 | 567.0 |
| | CCR | 0.555 | 8.3 | 6.3 | 2.4 | 5.2 | 6.3 | 14.1 | -434.4 | 0.0 | -15.0 | -3.1 | -55.4 |
| | IRS | 0.646 | 4.9 | 4.0 | 1.3 | 3.1 | 3.5 | 7.9 | -25.8 | 0.0 | -5.2 | -0.7 | -1.1 |

62

第 3 章　外客誘致に関する効率性評価　63

| | |効率値|$y_{KOR}$|$y_{TWN}$|$y_{HKG}$|$y_{CHN}$|$y_{USA}$|$y_{OTH}$|$x_{KE}$|$x_{HO}$|$x_{ON}$|$x_{RE}$|$x_{SH}$|
|---|---|---|---|---|---|---|---|---|---|---|---|---|---|
|中|現状値|—|2.9|1.9|0.6|1.6|2.2|2.2|1200.8|79.2|45.4|5.1|481.0|
| |CCR|0.376|7.9|6.0|2.2|4.4|4.9|12.6|-1062.7|0.0|-22.4|-0.1|-141.9|
| |IRS|0.900|0.7|0.8|0.1|0.6|0.7|1.4|0.0|0.0|-2.4|0.0|0.0|
|四|現状値|—|2.1|1.5|0.6|1.3|1.5|0.6|1452.3|77.3|32.3|3.6|344.0|
| |CCR|0.252|7.9|5.9|2.2|4.3|4.5|12.6|-1326.5|0.0|-11.0|0.0|-49.0|
| |IRS|0.656|3.2|1.9|0.6|1.5|1.2|3.2|-47.4|0.0|-3.8|0.0|-12.0|
|九|現状値|—|11.0|5.7|1.0|2.0|2.0|4.9|718.0|110.8|53.1|9.6|480.0|
| |CCR|0.534|9.1|7.5|3.8|7.3|8.2|18.5|-588.2|-4.1|-35.1|-2.0|-126.7|
| |IRS|0.739|4.1|4.9|1.4|4.6|5.3|10.4|-72.1|-11.0|-17.3|-0.1|-3.3|
|沖|現状値|—|3.5|6.4|0.6|1.4|5.8|4.6|2907.3|216.0|4.0|11.9|252.0|
| |CCR|0.663|10.6|3.2|3.9|6.1|3.8|15.8|-2818.6|-155.1|0.0|-5.7|-96.0|
|縄|IRS|**1.000**|0.0|0.0|0.0|0.0|0.0|0.0|0.0|0.0|0.0|0.0|0.0|

注：各項目のデータに関しては附録の表 **A.9** を参照のこと．その他に関しては，表 **3.4** に同じ．

表 3.6 CCR および IRS 効率値と効率化指標（2008 年度）

| | | 効率値 | $y_{KOR}$ | $y_{TWN}$ | $y_{HKG}$ | $y_{CHN}$ | $y_{USA}$ | $y_{OTH}$ | $x_{KE}$ | $x_{THO}$ | $x_{ON}$ | $x_{RE}$ | $x_{SH}$ |
|---|---|---|---|---|---|---|---|---|---|---|---|---|---|
| 北海道 | 現状値 | — | 12.4 | 20.8 | 10.7 | 7.7 | 3.3 | 17.6 | 218.7 | 154.4 | 254.0 | 8.6 | 1924.0 |
| | CCR | 1.000 | 0.0 | 0.0 | 0.0 | 0.0 | 0.0 | 0.0 | 0.0 | 0.0 | 0.0 | 0.0 | 0.0 |
| | IRS | 1.000 | 0.0 | 0.0 | 0.0 | 0.0 | 0.0 | 0.0 | 0.0 | 0.0 | 0.0 | 0.0 | 0.0 |
| 東北 | 現状値 | — | 3.4 | 3.3 | 1.7 | 2.9 | 1.9 | 1.9 | 1343.7 | 78.6 | 108.3 | 9.1 | 525.3 |
| | CCR | 0.264 | 15.9 | 10.2 | 4.7 | 13.8 | 7.7 | 23.8 | -1126.8 | 0.0 | -80.6 | -2.2 | -159.6 |
| | IRS | 0.565 | 8.2 | 4.9 | 1.5 | 7.8 | 3.8 | 11.5 | -281.9 | 0.0 | -53.7 | 0.0 | 0.0 |
| 北関東 | 現状値 | — | 4.9 | 3.6 | 1.2 | 3.8 | 2.8 | 4.1 | 390.2 | 77.0 | 69.3 | 8.6 | 634.3 |
| | CCR | 0.372 | 11.9 | 7.6 | 3.7 | 12.3 | 5.8 | 19.0 | -184.9 | 0.0 | -51.4 | -2.0 | -365.3 |
| | IRS | 0.703 | 7.0 | 4.4 | 1.5 | 6.2 | 2.6 | 9.2 | 0.0 | 0.0 | -16.7 | 0.0 | -38.3 |
| 東京 | 現状値 | — | 94.5 | 61.3 | 30.9 | 80.2 | 50.4 | 128.0 | 1137.9 | 327.3 | 26.0 | 32.2 | 836.0 |
| | CCR | 1.000 | 0.0 | 0.0 | 0.0 | 0.0 | 0.0 | 0.0 | 0.0 | 0.0 | 0.0 | 0.0 | 0.0 |
| | IRS | 1.000 | 0.0 | 0.0 | 0.0 | 0.0 | 0.0 | 0.0 | 0.0 | 0.0 | 0.0 | 0.0 | 0.0 |
| 南関東 | 現状値 | — | 15.7 | 13.0 | 4.9 | 23.7 | 9.0 | 21.3 | 186.0 | 122.1 | 49.0 | 12.5 | 698.3 |
| | CCR | 0.774 | 4.7 | 2.8 | 1.4 | 5.0 | 2.1 | 6.9 | 0.0 | 0.0 | -2.7 | 0.0 | -137.4 |
| | IRS | 1.000 | 0.0 | 0.0 | 0.0 | 0.0 | 0.0 | 0.0 | 0.0 | 0.0 | 0.0 | 0.0 | 0.0 |
| 中部 | 現状値 | — | 5.4 | 6.8 | 2.0 | 7.9 | 3.1 | 6.9 | 656.3 | 76.2 | 88.7 | 14.3 | 765.6 |
| | CCR | 0.530 | 13.8 | 7.0 | 3.5 | 11.7 | 6.8 | 20.0 | -429.2 | 0.0 | -72.0 | -5.7 | -472.6 |
| | IRS | 0.733 | 6.5 | 2.9 | 1.2 | 5.6 | 2.5 | 8.0 | -115.4 | 0.0 | -20.5 | -2.0 | -55.2 |
| 大阪 | 現状値 | — | 47.0 | 29.9 | 12.6 | 50.8 | 14.6 | 54.3 | 95.6 | 290.1 | 34.0 | 7.8 | 302.0 |
| | CCR | 1.000 | 0.0 | 0.0 | 0.0 | 0.0 | 0.0 | 0.0 | 0.0 | 0.0 | 0.0 | 0.0 | 0.0 |
| | IRS | 1.000 | 0.0 | 0.0 | 0.0 | 0.0 | 0.0 | 0.0 | 0.0 | 0.0 | 0.0 | 0.0 | 0.0 |
| 近畿 | 現状値 | — | 13.0 | 8.8 | 3.0 | 10.3 | 5.5 | 14.2 | 420.8 | 84.5 | 44.7 | 14.1 | 543.5 |
| | CCR | 0.579 | 11.2 | 7.6 | 3.2 | 13.3 | 5.9 | 18.2 | -124.4 | 0.0 | -9.5 | -2.2 | -48.9 |
| | IRS | 0.669 | 7.0 | 4.4 | 1.6 | 7.1 | 3.4 | 10.1 | -1.6 | 0.0 | -3.6 | -1.9 | -16.1 |

| | | 効率値 | $y_{KOR}$ | $y_{TWN}$ | $y_{HKG}$ | $y_{CHN}$ | $y_{USA}$ | $y_{OTH}$ | $x_{KE}$ | $x_{HO}$ | $x_{ON}$ | $x_{RE}$ | $x_{SH}$ |
|---|---|---|---|---|---|---|---|---|---|---|---|---|---|
| 中 | 現状値 | — | 3.2 | 2.1 | 0.9 | 2.8 | 2.3 | 2.5 | 699.3 | 78.5 | 44.2 | 5.1 | 487.6 |
| | CCR | 0.375 | 9.9 | 6.4 | 3.1 | 8.6 | 4.9 | 15.5 | -517.1 | 0.0 | -21.8 | -0.4 | -172.5 |
| | IRS | 0.875 | 1.7 | 1.2 | 0.4 | 1.1 | 0.6 | 2.2 | 0.0 | 0.0 | -4.6 | 0.0 | -20.8 |
| 四 | 現状値 | — | 2.7 | 1.6 | 0.8 | 2.4 | 1.4 | 0.6 | 928.0 | 77.2 | 34.5 | 3.6 | 320.0 |
| | CCR | 0.238 | 9.4 | 6.2 | 2.9 | 8.7 | 4.6 | 15.6 | -789.6 | 0.0 | -17.1 | 0.0 | -90.4 |
| | IRS | 0.818 | 1.8 | 1.2 | 0.4 | 1.3 | 0.6 | 2.2 | -134.6 | 0.0 | -4.2 | 0.0 | 0.0 |
| 九 | 現状値 | — | 18.6 | 5.6 | 1.8 | 3.1 | 2.2 | 7.8 | 563.2 | 107.3 | 55.0 | 9.6 | 465.6 |
| | CCR | 0.609 | 9.6 | 6.0 | 2.8 | 9.3 | 4.0 | 13.7 | -387.4 | -2.5 | -15.5 | 0.0 | -58.3 |
| 州 | IRS | 0.734 | 6.7 | 4.1 | 1.6 | 6.3 | 2.7 | 8.8 | -203.5 | 0.0 | -12.6 | 0.0 | -9.8 |
| 沖 | 現状値 | — | 3.8 | 6.7 | 2.9 | 2.9 | 4.9 | 5.0 | 1452.8 | 212.3 | 4.0 | 15.0 | 243.0 |
| | CCR | 0.712 | 10.7 | 2.7 | 1.9 | 9.4 | 2.9 | 14.7 | -1277.7 | -161.9 | 0.0 | -10.0 | -114.4 |
| 縄 | IRS | 1.000 | 0.0 | 0.0 | 0.0 | 0.0 | 0.0 | 0.0 | 0.0 | 0.0 | 0.0 | 0.0 | 0.0 |

注：各項目のデータに関しては附録の表 **A.13** を参照のこと．その他に関しては，表 **3.4** に同じ．

## 3.3 まとめ

　本章では，DEA を援用し，訪日外客の誘致活動に関する一つの評価方法を示した．この手法によって，各地域の外客誘致パフォーマンスを相対的に評価することができること，またインバウンド観光政策に変化があった年の前後において，その効率性に変化が生じることが確認できたように思われる．すなわち，2000, 2004, 2008 年度の効率値は平均的に上昇していたのである．これは，わが国の観光政策の効果と考えることができよう．

　また，筆者は，非効率と判断される地域に対する効率化の一つの改善策を提示した．非効率と判断された地域について，**表 3.4**, **表 3.5**, および **表 3.6** に示された効率化指標の分だけ余剰を減らし，アウトプットの不足分を補うことができたならば，効率的な地域となることになる．

　しかし，何度か指摘してきたように，効率化のためのここで示した改善案は唯一のものではない．ここで用いたインプット項目には，削減が困難なものが含まれている．これゆえ，この計測結果から，単純に，「外客誘致のために投入された項目を削減すれば，アウトプットとしての外客数が増加する」ととってはならないのである．むしろ余剰がある場合には，それを完全利用するように，つまり「アウトプットを増加させる余地がある」と判断すべきであろう．また，各地域にはそれぞれの特徴があり，地域に適した改善策が存在するはずである．この分析結果は，あくまでも，効率的と判断された地域と同じ状態となるための目安として位置付けるべきものなのである．

# 第4章　外客誘致効率性の異時点間における変化

　前章では，DEA の基礎となる CCR とその応用型の一つである IRS の2つのモデルを用いて，訪日外客の誘致活動の効率性を評価する方法を提示した．そして，2003年開始の「ビジット・ジャパン・キャンペーン（VJC）」と2007年施行の「観光立国推進基本法」の前後の3時点について，各都道府県の相対的な外客誘致の効率性を測定した．本章では，CCR モデルに基づく Malmquist 指数を利用し，それらが異時点間に如何に変化したかを，「CCR 効率値の変化」と「技術効率性の変化」の2つの要因に分解して論議することにしたい．

　以下では，先ず効率性の異時点間の変化を示す一つの方法としての，Malmquist 指数について説明する．次に，利用されるデータの内容と Malmquist 指数の計測結果を示し，前述した2つの政策変化年の前後における効率性の変化と，2000年を基準とする通時的な効率性変化について述べる．

## 4.1　CCR モデルに基づく Malmquist 指数

### 4.1.1　Malmquist 指数の概要

　前章において，DEA の基本的フレームワークを説明してきたが，それらはある1時点における各自治体の相対的な効率性を明らかにすることに力点を置くものであった．ここでは1時点の効率性の評価ではなく，異時点間におけるそれの変化に焦点を当てることにしよう．

　効率性の変化要因を捉える一つの手法として，Caves, Christensen and Diewert (1982a, b) が開発した Malmquist 指数がある[38]．これは，ある経済主体のインプット・アウトプットの変換過程の効率が，通時的に如何なる要因からどの程度変化したかを示そうとするものである．

---

[38] ここでの Malmquist 指数の展開については，Coelli, et al. (2005), Cooper, Seiford and Tone (2007) などを参照．

まず Malmquist 指数の概念の直観的理解を得るために，1 投入 1 産出のケースで説明することにしよう．それを概念化したものが図 4.1 である．

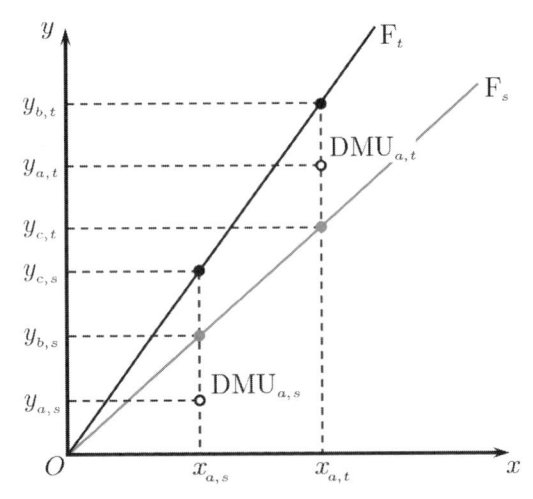

出所：Coelli, et al. (2005) を参考に筆者作成．

**図 4.1　Malmquist 指数**

ここで，直線 $F_s$ は $s$ 期における効率的フロンティアを表す．また，点 $DMU_{a,s}$ は分析対象の $s$ 期における位置であり，$DMU_{a,s}$ が $x_{a,s}$ の投入に対して $y_{a,s}$ だけ産出している，という生産活動 $(x_{a,s}, y_{a,s})$ を示す．$t$ 期についても同様にである．

この図 4.1 では，$s$ 期から $t$ 期にかけて，効率的フロンティアが上方シフトした場合を想定している．また，$y_{b,s}$ は $DMU_{a,s}$ が $s$ 期において，$y_{b,t}$ は $DMU_{a,t}$ が $t$ 期において効率的となるために必要なアウトプットの水準を表す．$y_{c,s}$ $(y_{c,t})$ は，インプットが $x_{a,s}$ $(x_{a,t})$ であったとき，$t$ 期（$s$ 期）において効率的となる産出水準を示している．

Malmquist 指数（$MI$）とは，$s$ 期から $t$ 期にかけての効率性変化を示すものである．そこで，ある $DMU_a$ の効率性が，$s$ 期から $t$ 期にかけて，どのように変化しているかを計測するために，$s$ 期の効率的フロンティア，$F_s$ を基準と

した Malmquist 指数（$MI_s$）を以下のように定義する：

$$MI_s = \frac{y_{a,t}/y_{c,t}}{y_{a,s}/y_{b,s}} \tag{4.1}$$

同様に，$t$ 期の効率的フロンティア，$F_t$ を基準とした指数 $MI_t$ も定義することができる：

$$MI_t = \frac{y_{a,t}/y_{b,t}}{y_{a,s}/y_{c,s}} \tag{4.2}$$

上述の2つの指数では，どちらの時点に基準を置くかによって，当然，その数値は異なり，恣意性が介入する恐れがある．そこで，通常は，Malmquist 指数を各期の指数 $MI_s$，$MI_t$ の幾何平均として以下のように定義する：

$$MI = \left[MI_s \times MI_t\right]^{\frac{1}{2}} = \left[\frac{y_{a,t}/y_{c,t}}{y_{a,s}/y_{b,s}} \frac{y_{a,t}/y_{b,t}}{y_{a,s}/y_{c,s}}\right]^{\frac{1}{2}} \tag{4.3}$$

これは「$DMU_{a,t}$ と $DMU_{a,s}$ を $F_s$ で評価したものの比」と「$DMU_{a,t}$ と $DMU_{a,s}$ を $F_t$ で評価したものの比」の幾何平均である．

また，2期間の効率性変化を表す $MI$ は，以下のように分解することができる：

$$MI = \underbrace{\frac{y_{a,t}/y_{b,t}}{y_{a,s}/y_{b,s}}}_{CU} \times \underbrace{\left[\frac{y_{a,s}/y_{b,s}}{y_{a,s}/y_{c,s}} \frac{y_{a,t}/y_{c,t}}{y_{a,t}/y_{b,t}}\right]^{\frac{1}{2}}}_{FS} \tag{4.4}$$

上式の右辺第1項を，各期の効率性の相対的変化を表す Catch-up 指標（$CU$），そして第2項を，効率的フロンティア自体の相対的変化を表す Frontier-shift 指標（$FS$）と呼ぶ．ここで，図 4.1 から，これら2つの指標のイメージを図 4.2，図 4.3 に示すことにしよう．

出所:図 4.1 に同じ.

図 4.2　Catch-up 指標

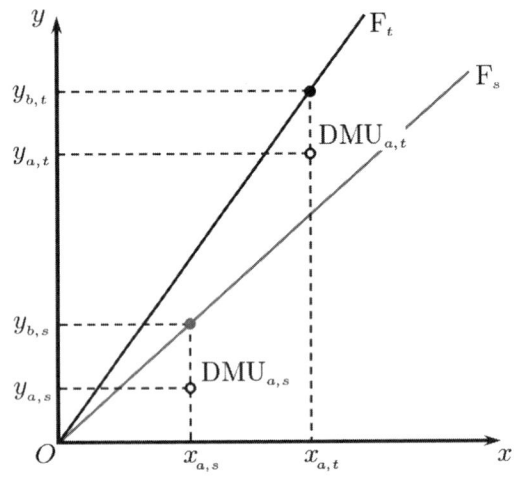

出所:図 4.1 に同じ.

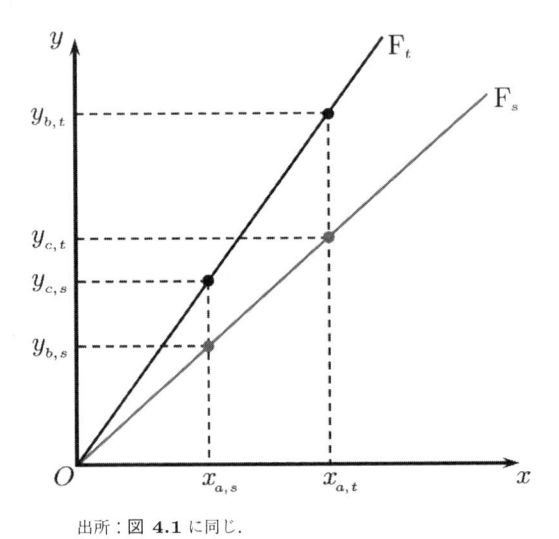

図 4.3　Frontier-shift 指標

$CU$ 指標は，$t$ 期における効率値 $y_{a,t}/y_{b,t}$ と，$\text{DMU}_{a,s}$ の $s$ 期におけるそれ $y_{a,s}/y_{b,s}$ との比率である．これは，各期における効率的フロンティアからの距離がどの程度変化したかを示しており，効率値の変化を表す部分である．

また，$FS$ 指標は，式 (4.4) の第 2 項を整理することによって，以下のように書き直すことができる：

$$FS = \left[ \frac{y_{c,s}}{y_{b,s}} \frac{y_{b,t}}{y_{c,t}} \right]^{\frac{1}{2}}$$

これは，$s$ 期から $t$ 期にかけての効率的フロンティアの変化を表しており，通常，技術進歩の影響として捉えられる．

### 4.1.2 CCR モデルに基づく MI

ここでは，以上の議論を一般化し，Malmquist 指数（$MI$）を，前章で展開した DEA の基本となる CCR モデルに組み込むことを考えよう[39]．効率性計測の基礎となる CCR モデルを，以下のように表現することにしよう：

$$\begin{aligned}
\left[d_s(\boldsymbol{x}_t, \boldsymbol{y}_t)\right]^{-1} &= \max_{\eta_{k,st},\, \boldsymbol{\mu}} \eta_{k,st} \\
\text{s.t.} \quad & \boldsymbol{x}_{k,t} - \boldsymbol{X}_s \boldsymbol{\mu} \geq \boldsymbol{0}, \\
& \eta_{k,st} \boldsymbol{y}_{k,t} - \boldsymbol{Y}_s \boldsymbol{\mu} \leq \boldsymbol{0}, \\
& \boldsymbol{\mu} \geq \boldsymbol{0}.
\end{aligned} \quad (4.5)$$

ただし，$d_s(\boldsymbol{x}_t, \boldsymbol{y}_t)$ は，$t$ 期における $\text{DMU}_k$ の生産活動 $(\boldsymbol{x}_t, \boldsymbol{y}_t)$ を，$s$ 期の効率的フロンティアで評価したときの距離を表す．$t = s$ とすれば，$s$ 期についてのアウトプット指向型 CCR モデル (3.5) となる[40]．

Malmquist 指数とは，基準となる時点の技術水準，すなわち効率的フロンティアを固定し，その水準の下で各期の効率性を評価するものであった．そこ

---

[39] 規模に関して収穫一定を仮定する CCR モデルでなく，規模に関して収穫可変のモデル（BCC モデル）を用いることも考えられよう．近年，Zofio (2007) によって，BCC モデルに基づく Malmquist 指数が提案された．この Zofio (2007) の方法に基づく分析は，拙著平井 (2011c) を参照されたい．

[40] 本章で用いる記号については，前章と同様である．

で，ある DMU$_k$ の効率性が，$s$ 期から $t$ 期にかけて，どのように変化しているかを計測するために，$s$ 期を基準とした Malmquist 指数 ($MI_s$) を以下のように定義しよう：

$$MI_s = \frac{d_s(\boldsymbol{x}_t, \boldsymbol{y}_t)}{d_s(\boldsymbol{x}_s, \boldsymbol{y}_s)}$$

これは，式 (4.1) に対応するものである．また同様に，$t$ 期を基準とした指数も以下のように定義することができる：

$$MI_t = \frac{d_t(\boldsymbol{x}_t, \boldsymbol{y}_t)}{d_t(\boldsymbol{x}_s, \boldsymbol{y}_s)}$$

この式は，式 (4.2) に対応する．

Malmquist 指数を上の 2 つの指数 $MI_s$，$MI_t$ の幾何平均として以下のように定義しよう：

$$\begin{aligned} MI &\equiv \left(MI_s \times MI_t\right)^{\frac{1}{2}} \\ &= \left[\frac{d_s(\boldsymbol{x}_t, \boldsymbol{y}_t)}{d_s(\boldsymbol{x}_s, \boldsymbol{y}_s)} \frac{d_t(\boldsymbol{x}_t, \boldsymbol{y}_t)}{d_t(\boldsymbol{x}_s, \boldsymbol{y}_s)}\right]^{\frac{1}{2}} \end{aligned} \quad (4.6)$$

つまり，$t$ 期の DMU$_k$ の生産活動 $(\boldsymbol{x}_t, \boldsymbol{y}_t)$ と $s$ 期のそれ $(\boldsymbol{x}_s, \boldsymbol{y}_s)$ を $s$ 期の効率的フロンティアで評価したものの比率と，$t$ 期の効率的フロンティアで評価したものの比率の「幾何平均」である．従って，$MI$ は，$s$ 期から $t$ 期にかけての実質的な効率性の変化を表す定量的な指標であるといえる．計測された結果が $MI > 1$ であれば，その 2 期間において効率性が向上したことを意味し，$MI = 1$ であれば変化がないこと，$MI < 1$ であれば低下していることを示す．

また，式 (4.6) は，以下のように分解することができる：

$$MI = \frac{d_t(\boldsymbol{x}_t, \boldsymbol{y}_t)}{d_s(\boldsymbol{x}_s, \boldsymbol{y}_s)} \left[\frac{d_s(\boldsymbol{x}_s, \boldsymbol{y}_s)}{d_t(\boldsymbol{x}_s, \boldsymbol{y}_s)} \frac{d_s(\boldsymbol{x}_t, \boldsymbol{y}_t)}{d_t(\boldsymbol{x}_t, \boldsymbol{y}_t)}\right]^{\frac{1}{2}} \quad (4.7)$$

式 (4.7) の右辺第 1 項は Catch-up 指標 ($CU$)，そして第 2 項は Frontier-shift 指標 ($FS$) である．

$CU$ 指標は，$t$ 期における CCR 効率値と $s$ 期におけるそれとの比率であり，$CU > 1$ であれば，DMU$_k$ は，$s$ 期から $t$ 期にかけて，より効率的フロンティ

アに近づいたこと,すなわち効率的となったことを意味する.また,*FS* 指標は,*s* 期における $\mathrm{DMU}_k$ の活動 $(\boldsymbol{x}_s, \boldsymbol{y}_s)$ と *t* 期におけるそれ $(\boldsymbol{x}_t, \boldsymbol{y}_t)$ をそれぞれ各期の効率的フロンティアで評価したものの比率の幾何平均として表現されており,*FS* $> 1$ であれば,効率的フロンティアが上方にシフトしていることを示す.

式 (4.7) における *MI*,*CU*,*FS* の各指標は,アウトプット指向型 CCR モデル (4.5) を基に計測することができる.つまり,以下の LP 問題を解くことで 3 つの指標を求めるのである:

$$\left[d_s(\boldsymbol{x}_s, \boldsymbol{y}_s)\right]^{-1} = \max_{\eta_{k,ss}, \boldsymbol{\mu}} \eta_{k,ss}$$
$$\text{s.t.} \quad \boldsymbol{x}_{k,s} - \boldsymbol{X}_s \boldsymbol{\mu} \geq \boldsymbol{0}, \tag{4.8}$$
$$\eta_{k,ss}\, \boldsymbol{y}_{k,s} - \boldsymbol{Y}_s \boldsymbol{\mu} \leq \boldsymbol{0},$$
$$\boldsymbol{\mu} \geq \boldsymbol{0},$$

$$\left[d_t(\boldsymbol{x}_t, \boldsymbol{y}_t)\right]^{-1} = \max_{\eta_{k,tt}, \boldsymbol{\mu}} \eta_{k,tt}$$
$$\text{s.t.} \quad \boldsymbol{x}_{k,t} - \boldsymbol{X}_t \boldsymbol{\mu} \geq \boldsymbol{0}, \tag{4.9}$$
$$\eta_{k,tt}\, \boldsymbol{y}_{k,t} - \boldsymbol{Y}_t \boldsymbol{\mu} \leq \boldsymbol{0},$$
$$\boldsymbol{\mu} \geq \boldsymbol{0},$$

$$\left[d_t(\boldsymbol{x}_s, \boldsymbol{y}_s)\right]^{-1} = \max_{\eta_{k,st}, \boldsymbol{\mu}} \eta_{k,st}$$
$$\text{s.t.} \quad \boldsymbol{x}_{k,s} - \boldsymbol{X}_t \boldsymbol{\mu} \geq \boldsymbol{0}, \tag{4.10}$$
$$\eta_{k,st}\, \boldsymbol{y}_{k,s} - \boldsymbol{Y}_t \boldsymbol{\mu} \leq \boldsymbol{0},$$
$$\boldsymbol{\mu} \geq \boldsymbol{0},$$

$$\left[d_s(\boldsymbol{x}_t, \boldsymbol{y}_t)\right]^{-1} = \max_{\eta_{k,ts}, \boldsymbol{\mu}} \eta_{k,ts}$$
$$\text{s.t.} \quad \boldsymbol{x}_{k,t} - \boldsymbol{X}_s \boldsymbol{\mu} \geq \boldsymbol{0}, \tag{4.11}$$
$$\eta_{k,ts}\, \boldsymbol{y}_{k,t} - \boldsymbol{Y}_s \boldsymbol{\mu} \leq \boldsymbol{0},$$
$$\boldsymbol{\mu} \geq \boldsymbol{0}.$$

LP 問題 (4.8) および (4.9) はそれぞれ, $s$ 期および $t$ 期におけるアウトプット指向型 CCR モデル (3.5) に対応する. また, LP 問題 (4.10) は $s$ 期の当該 DMU を $t$ 期の全 DMU から生成される効率的フロンティアに基づいて評価した値が計算され, LP 問題 (4.11) はその逆となる.

## 4.2 データと分析結果

### 4.2.1 データ

Malmquist 指数を求めるために用いるデータは,基本的に前章と同じである.以下では,前章のデータから,2000 から 2004 年度と 2004 から 2008 年度の 2 期間における Malmquist 指数をまず計測する,そして,より詳細な分析のために,上のデータを含めた 9 時点 (2000 から 2008 年度) のデータを用いた分析を加えることにする.そこでは,2000 年度を基準とした Malmquist 指数を計測して,外客誘致の効率性の通時的な変化を示す[41]. 表 **4.1** は,この分析に利用するデータの基本統計量を示したものである[42].

### 4.2.2 政策変化年における効率性変化

前述したように, Malmquist 指数 ($MI$) は, Catch-up 指標 ($CU$) と Frontier-shift 指標 ($FS$) との積として表現される. $CU$ は各期の CCR 効率値の変化を表し, $FS$ は技術的な変化を示すものであった.

ここでは, $CU$ 指標は効率性の変化を 2 時点間の効率値の比率として表したものであり,それを「外客誘致パフォーマンスの変化」として捉えることにしよう.また, $FS$ 指標を観光資源や費用を投入し,訪日外客を誘致する活動プロセスにおける技術的変化 (「誘致プロセスの技術的効率の変化」) を表すものとする.つまり,それらの 2 つの効果によって異時点間の効率性変化を示す $MI$ は,「総合的な異時点間における外客誘致効率の変化」を示すものであると

---

[41] これに関しては,後述の 4.2.3 節を参照されたい.
[42] 2000 から 2008 年度のインプットおよびアウトプットに関するデータは,それぞれ附録 A.2 の表 **A.5** から表 **A.13** を参照のこと.

捉えることができよう．

　以下では，前章の議論に加えて，訪日外客誘致の効率性が異時点間において，実際にどのような変化を辿ってきたかを示す．確認すると，前述のように，$MI$, $CU$, $FS$ の数値は，1より大きいときポジティブな効果，1であれば変化なし，1より小さいときにはネガティブな効果があることを示す．なおここでは，直観的な理解を得ることを重視して，$MI$, $CU$, $FS$ の各々の自然対数をとり，上の効果をそれぞれ正，ゼロ，負の値とすることにしよう．**表 4.2** は，このような観点からの計測結果を示したものである．

　訪日外客誘致に関する効率性変化（$MI$）が向上した地域は，2000から2004年度にかけては，全47都道府県の中で44地域，また2004年度から2008年度にかけて43地域であった．以下では，$MI$ を $CU$ と $FS$ に分解して，2つの期間に分けて考察することにしよう．

　先ず，**表 4.2** の 2000–2004 期間を見てみよう．ここでは，$MI$ が向上した44地域のうち26道県で，$CU > 0$ かつ $FS > 0$ によって $MI > 0$ となっている．千葉・東京・神奈川・愛知・京都・大阪においては，前章で見たように，2000, 2004 年度の効率値が1であったために，$CU$ は不変，すなわちその効果はゼロである．しかし，この6地域についても $FS$ 効果が正であったため，$MI > 0$ となる．

　上述以外の12地域は，$CU < 0$ かつ $FS > 0$ によって $MI > 0$ を実現している．これらの地域では，$CU$ の負の効果よりも $FS$ の正の効果が上回ったため，$MI$ が向上したのである．また，$MI$ が低下したのは以下の3地域，すなわち宮崎・鹿児島・沖縄である．この3県では，$FS$ の正の効果を享受しつつも，効率値の低下が大きく，$MI$ は負となる結果となっている．

　次に，**表 4.2** の 2004–2008 期間を見よう．ここでは，43の道府県において $MI$ が正であった．そのうち21地域では，$CU$ および $FS$ の正の効果によって，$MI$ は向上したことがわかる．また，上以外の14県において，$CU < 0$ であるものの，その効果を上回る $FS > 0$ によって，$MI > 0$ となる．

表 4.1 分析データの基本統計量

| 2000 | $y_{KOR}$ | $y_{TWN}$ | $y_{HKG}$ | $y_{CHN}$ | $y_{USA}$ | $y_{OTH}$ | $x_{KE}$ | $x_{HO}$ | $x_{ON}$ | $x_{RE}$ | $x_{SH}$ |
|---|---|---|---|---|---|---|---|---|---|---|---|
| 平　均 | 5.1 | 5.5 | 1.7 | 2.5 | 3.9 | 6.4 | 1597.7 | 98.6 | 63.6 | 10.4 | 554.9 |
| 標準偏差 | 8.4 | 7.8 | 3.0 | 3.8 | 7.2 | 13.5 | 1772.2 | 55.6 | 49.7 | 7.4 | 291.4 |
| 最大値 | 47.5 | 43.9 | 19.5 | 23.9 | 48.9 | 83.4 | 10255.6 | 310.3 | 245.0 | 32.2 | 1823.0 |
| 最小値 | 1.2 | 1.2 | 0.4 | 0.7 | 1.1 | 0.3 | 92.0 | 49.0 | 4.0 | 1.4 | 228.0 |

| 2001 | $y_{KOR}$ | $y_{TWN}$ | $y_{HKG}$ | $y_{CHN}$ | $y_{USA}$ | $y_{OTH}$ | $x_{KE}$ | $x_{HO}$ | $x_{ON}$ | $x_{RE}$ | $x_{SH}$ |
|---|---|---|---|---|---|---|---|---|---|---|---|
| 平　均 | 5.8 | 4.3 | 1.6 | 2.7 | 4.3 | 6.5 | 1269.4 | 99.4 | 64.3 | 10.4 | 592.1 |
| 標準偏差 | 9.1 | 6.3 | 2.9 | 4.4 | 7.5 | 13.8 | 1117.8 | 56.2 | 49.2 | 7.4 | 344.6 |
| 最大値 | 45.7 | 35.6 | 17.8 | 26.8 | 49.8 | 84.6 | 4226.6 | 311.3 | 243.0 | 32.2 | 1913.0 |
| 最小値 | 1.3 | 0.9 | 0.4 | 0.6 | 1.1 | 0.3 | 85.4 | 49.0 | 3.0 | 1.4 | 239.0 |

| 2002 | $y_{KOR}$ | $y_{TWN}$ | $y_{HKG}$ | $y_{CHN}$ | $y_{USA}$ | $y_{OTH}$ | $x_{KE}$ | $x_{HO}$ | $x_{ON}$ | $x_{RE}$ | $x_{SH}$ |
|---|---|---|---|---|---|---|---|---|---|---|---|
| 平　均 | 6.4 | 5.0 | 1.6 | 3.8 | 4.1 | 7.3 | 1120.2 | 99.5 | 66.0 | 10.4 | 593.6 |
| 標準偏差 | 9.8 | 7.2 | 2.9 | 6.0 | 6.8 | 14.6 | 1095.0 | 56.1 | 49.1 | 7.4 | 338.8 |
| 最大値 | 51.2 | 39.1 | 17.6 | 31.5 | 44.5 | 86.2 | 5299.2 | 315.2 | 245.0 | 32.2 | 1880.0 |
| 最小値 | 1.6 | 1.0 | 0.4 | 0.9 | 1.1 | 0.3 | 74.4 | 49.1 | 4.0 | 1.4 | 239.0 |

| 2003 | $y_{KOR}$ | $y_{TWN}$ | $y_{HKG}$ | $y_{CHN}$ | $y_{USA}$ | $y_{OTH}$ | $x_{KE}$ | $x_{HO}$ | $x_{ON}$ | $x_{RE}$ | $x_{SH}$ |
|---|---|---|---|---|---|---|---|---|---|---|---|
| 平　均 | 8.1 | 4.5 | 1.2 | 3.6 | 3.5 | 6.9 | 1120.8 | 100.2 | 66.5 | 10.4 | 611.4 |
| 標準偏差 | 12.9 | 6.6 | 2.4 | 5.7 | 6.3 | 14.8 | 1218.4 | 56.6 | 50.2 | 7.4 | 366.1 |
| 最大値 | 69.7 | 38.1 | 14.0 | 31.9 | 41.6 | 88.8 | 6406.3 | 318.0 | 247.0 | 32.2 | 2146.0 |
| 最小値 | 1.9 | 1.0 | 0.3 | 0.8 | 0.9 | 0.2 | 82.7 | 51.7 | 4.0 | 1.4 | 252.0 |

| 2004 | $y_{KOR}$ | $y_{TWN}$ | $y_{HKG}$ | $y_{CHN}$ | $y_{USA}$ | $y_{OTH}$ | $x_{KE}$ | $x_{HO}$ | $x_{ON}$ | $x_{RE}$ | $x_{SH}$ |
|---|---|---|---|---|---|---|---|---|---|---|---|
| 平　均 | 8.2 | 6.4 | 2.0 | 4.3 | 4.4 | 8.2 | 1006.2 | 100.4 | 66.3 | 10.5 | 611.4 |
| 標準偏差 | 12.7 | 9.0 | 3.7 | 6.8 | 7.7 | 17.2 | 955.8 | 56.6 | 52.2 | 7.4 | 366.1 |
| 最大値 | 74.1 | 50.6 | 23.4 | 39.8 | 50.4 | 107.2 | 4395.3 | 319.5 | 249.0 | 32.7 | 2146.0 |
| 最小値 | 1.9 | 1.3 | 0.5 | 1.0 | 1.3 | 0.2 | 83.6 | 51.5 | 4.0 | 1.4 | 252.0 |

第 4 章 外客誘致効率性の異時点間における変化

| 2005 | $y_{KOR}$ | $y_{TWN}$ | $y_{HKG}$ | $y_{CHN}$ | $y_{USA}$ | $y_{OTH}$ | $x_{KE}$ | $x_{HO}$ | $x_{ON}$ | $x_{RE}$ | $x_{SH}$ |
|---|---|---|---|---|---|---|---|---|---|---|---|
| 平　均 | 9.6 | 7.9 | 1.8 | 6.0 | 4.7 | 9.0 | 886.9 | 100.0 | 67.3 | 10.5 | 600.9 |
| 標準偏差 | 15.3 | 10.4 | 3.0 | 9.8 | 8.2 | 18.4 | 916.0 | 55.8 | 51.6 | 7.4 | 343.7 |
| 最大値 | 92.3 | 50.7 | 18.3 | 50.8 | 54.2 | 111.7 | 4332.0 | 319.9 | 251.0 | 32.7 | 1924.0 |
| 最小値 | 2.2 | 1.5 | 0.4 | 1.4 | 1.2 | 0.2 | 73.0 | 52.4 | 4.0 | 1.4 | 246.0 |
| 2006 | $y_{KOR}$ | $y_{TWN}$ | $y_{HKG}$ | $y_{CHN}$ | $y_{USA}$ | $y_{OTH}$ | $x_{KE}$ | $x_{HO}$ | $x_{ON}$ | $x_{RE}$ | $x_{SH}$ |
| 平　均 | 12.3 | 8.3 | 2.1 | 6.7 | 5.1 | 9.9 | 811.3 | 100.3 | 67.2 | 10.5 | 600.3 |
| 標準偏差 | 18.5 | 11.0 | 3.6 | 10.7 | 8.4 | 18.9 | 804.2 | 56.2 | 50.8 | 7.4 | 358.4 |
| 最大値 | 107.2 | 63.7 | 22.7 | 56.7 | 54.3 | 113.7 | 4065.7 | 323.0 | 247.0 | 32.7 | 2082.0 |
| 最小値 | 2.7 | 1.6 | 0.5 | 1.6 | 1.3 | 0.4 | 88.1 | 53.6 | 4.0 | 1.4 | 229.0 |
| 2007 | $y_{KOR}$ | $y_{TWN}$ | $y_{HKG}$ | $y_{CHN}$ | $y_{USA}$ | $y_{OTH}$ | $x_{KE}$ | $x_{HO}$ | $x_{ON}$ | $x_{RE}$ | $x_{SH}$ |
| 平　均 | 15.0 | 7.9 | 2.8 | 8.8 | 5.2 | 11.1 | 686.2 | 100.5 | 66.8 | 10.7 | 587.3 |
| 標準偏差 | 22.1 | 10.4 | 4.5 | 14.4 | 8.8 | 21.5 | 590.8 | 56.4 | 51.1 | 7.5 | 352.5 |
| 最大値 | 124.1 | 61.5 | 28.9 | 75.4 | 57.3 | 129.8 | 3383.5 | 327.2 | 247.0 | 32.2 | 1979.0 |
| 最小値 | 3.2 | 1.8 | 0.7 | 2.2 | 1.4 | 0.2 | 65.1 | 53.6 | 4.0 | 1.4 | 225.0 |
| 2008 | $y_{KOR}$ | $y_{TWN}$ | $y_{HKG}$ | $y_{CHN}$ | $y_{USA}$ | $y_{OTH}$ | $x_{KE}$ | $x_{HO}$ | $x_{ON}$ | $x_{RE}$ | $x_{SH}$ |
| 平　均 | 11.1 | 7.6 | 3.0 | 8.9 | 4.5 | 10.8 | 686.8 | 100.0 | 66.7 | 10.7 | 586.9 |
| 標準偏差 | 16.6 | 10.2 | 4.9 | 15.1 | 7.7 | 21.1 | 606.4 | 56.5 | 51.6 | 7.5 | 351.6 |
| 最大値 | 94.5 | 61.3 | 30.9 | 80.2 | 50.4 | 128.0 | 3002.0 | 327.3 | 254.0 | 32.2 | 1957.0 |
| 最小値 | 2.4 | 1.5 | 0.7 | 2.2 | 1.2 | 0.2 | 58.0 | 53.7 | 4.0 | 1.4 | 223.0 |

出所：日本政府観光局（JNTO）『JNTO 訪日外客訪問地調査』，総務省自治財政局編『都道府県決算状況調』，日本観光協会『数字でみる観光』（創成社）を基に筆者作成．

表 4.2 *CU*, *FS*, *MI* 指標 (都道府県別)

|  | | 2000 – 2004 | | | 2004 – 2008 | | | 2000 – 2004 | | | 2004 – 2008 | |
|---|---|---|---|---|---|---|---|---|---|---|---|---|
|  | *CU* | *FS* | *MI* | *CU* | *FS* | *MI* | | *CU* | *FS* | *MI* | *CU* | *FS* | *MI* |
| 1 北海道 | 0.466 | 0.265 | 0.731 | 0.493 | 0.183 | 0.677 | 25 滋賀 | -0.188 | 0.287 | 0.100 | 0.079 | 0.268 | 0.347 |
| 2 青森 | 0.066 | 0.092 | 0.157 | 0.339 | 0.221 | 0.560 | 26 京都 | 0.000 | 0.344 | 0.344 | 0.000 | 0.474 | 0.474 |
| 3 岩手 | 0.102 | 0.208 | 0.310 | 0.212 | 0.064 | 0.276 | 27 大阪 | 0.000 | 0.290 | 0.290 | 0.000 | 0.688 | 0.688 |
| 4 宮城 | 0.469 | 0.093 | 0.562 | 0.369 | 0.220 | 0.589 | 28 兵庫 | 0.226 | 0.268 | 0.495 | 0.000 | 0.269 | 0.269 |
| 5 秋田 | -0.071 | 0.151 | 0.079 | 0.255 | 0.182 | 0.438 | 29 奈良 | -0.202 | 0.414 | 0.213 | 0.209 | 0.345 | 0.554 |
| 6 山形 | 0.018 | 0.245 | 0.262 | 0.327 | 0.233 | 0.561 | 30 和歌山 | 0.293 | 0.128 | 0.421 | -0.086 | 0.218 | 0.132 |
| 7 福島 | 0.319 | 0.214 | 0.534 | -0.142 | 0.407 | 0.266 | 31 鳥取 | 0.043 | 0.365 | 0.408 | -0.205 | 0.462 | 0.258 |
| 8 茨城 | 0.226 | 0.150 | 0.376 | -0.241 | 0.093 | -0.149 | 32 島根 | -0.198 | 0.283 | 0.084 | 0.230 | 0.286 | 0.515 |
| 9 栃木 | 0.116 | 0.166 | 0.282 | -0.062 | 0.051 | -0.012 | 33 岡山 | 0.015 | 0.217 | 0.231 | 0.029 | 0.295 | 0.323 |
| 10 群馬 | -0.457 | 0.540 | 0.083 | -0.189 | 0.498 | 0.309 | 34 広島 | 0.347 | 0.093 | 0.440 | 0.000 | 0.032 | 0.032 |
| 11 埼玉 | 0.083 | 0.434 | 0.518 | -0.057 | 0.173 | 0.116 | 35 山口 | -0.380 | 0.451 | 0.070 | -0.136 | 0.438 | 0.302 |
| 12 千葉 | 0.000 | 0.258 | 0.258 | 0.000 | 0.209 | 0.209 | 36 徳島 | 0.056 | 0.259 | 0.316 | -0.182 | 0.408 | 0.227 |
| 13 東京 | 0.000 | 0.310 | 0.310 | 0.000 | -0.009 | -0.009 | 37 香川 | 0.133 | 0.032 | 0.165 | 0.088 | 0.112 | 0.199 |
| 14 神奈川 | 0.000 | 0.331 | 0.331 | 0.000 | 0.474 | 0.474 | 38 愛媛 | -0.037 | 0.167 | 0.129 | -0.167 | 0.190 | 0.023 |
| 15 新潟 | -0.311 | 0.501 | 0.190 | 0.100 | 0.355 | 0.455 | 39 高知 | -0.119 | 0.199 | 0.081 | -0.020 | 0.230 | 0.209 |
| 16 富山 | 0.208 | 0.273 | 0.482 | 0.316 | 0.180 | 0.495 | 40 福岡 | 0.036 | 0.415 | 0.451 | 0.000 | 0.454 | 0.454 |
| 17 石川 | -0.040 | 0.199 | 0.159 | 0.325 | 0.057 | 0.383 | 41 佐賀 | 0.279 | 0.008 | 0.287 | -0.057 | 0.126 | 0.070 |
| 18 福井 | 0.000 | 0.344 | 0.344 | -0.006 | 0.313 | 0.307 | 42 長崎 | 0.010 | 0.268 | 0.278 | 0.011 | 0.296 | 0.307 |
| 19 山梨 | 0.054 | 0.299 | 0.353 | -0.029 | 0.624 | 0.594 | 43 熊本 | 0.360 | 0.286 | 0.646 | 0.358 | 0.301 | 0.659 |
| 20 長野 | 0.115 | 0.193 | 0.309 | 0.315 | 0.188 | 0.503 | 44 大分 | 0.335 | 0.287 | 0.623 | 0.300 | 0.477 | 0.777 |
| 21 岐阜 | -0.320 | 0.331 | 0.012 | 0.846 | 0.083 | 0.929 | 45 宮崎 | -1.155 | 0.147 | -1.008 | -0.015 | 0.285 | 0.270 |
| 22 静岡 | -0.135 | 0.302 | 0.167 | 0.048 | 0.358 | 0.405 | 46 鹿児島 | -0.899 | 0.192 | -0.707 | 0.302 | 0.114 | 0.416 |
| 23 愛知 | 0.000 | 0.610 | 0.610 | 0.000 | 0.491 | 0.491 | 47 沖縄 | -0.411 | 0.039 | -0.371 | 0.070 | -0.073 | -0.002 |
| 24 三重 | 0.006 | 0.425 | 0.431 | -0.106 | 0.358 | 0.252 |  |  |  |  |  |  |  |

注：表中の数値は，計測された *MI*, *CU*, *FS* に対して自然対数をとったもの． *MI* = *CU* × *FS* より，ln *MI* = ln *CU* + ln *FS* である．

千葉・東京・神奈川・愛知・京都・大阪・兵庫・広島・福岡では，2004と2008の各年度で効率値が1であったために，上述のように，$CU$ 効果はゼロである．東京以外の7府県では，$FS$ 効果が正であったため，$MI>0$ となるが，東京では $CU$ 効果ゼロと $FS$ の負の効果によって，$MI$ は低下している．沖縄に関しては，$CU$ の正の効果を上回る $FS$ の負の効果によって，$MI$ は低下した．また，$FS$ の正の効果が $CU$ の負の効果を下回った結果，$MI$ の低下を招いた地域は，先の東京に加えて，茨城・栃木となる．

表 4.3 $CU$, $FS$, $MI$ 指標（地域別）

|  | 2000 − 2004 |  |  | 2004 − 2008 |  |  |
|---|---|---|---|---|---|---|
|  | $CU$ | $FS$ | $MI$ | $CU$ | $FS$ | $MI$ |
| 1 北海道 | 0.466 | 0.265 | 0.731 | 0.493 | 0.183 | 0.677 |
| 2 東 北 | 0.150 | 0.167 | 0.317 | 0.227 | 0.221 | 0.448 |
| 3 北関東 | -0.039 | 0.286 | 0.247 | -0.164 | 0.214 | 0.049 |
| 4 東 京 | 0.000 | 0.310 | 0.310 | 0.000 | -0.009 | -0.009 |
| 5 南関東 | 0.028 | 0.341 | 0.369 | -0.019 | 0.286 | 0.267 |
| 6 中 部 | -0.048 | 0.339 | 0.292 | 0.213 | 0.294 | 0.507 |
| 7 大 阪 | 0.000 | 0.290 | 0.290 | 0.000 | 0.688 | 0.688 |
| 8 近 畿 | 0.023 | 0.311 | 0.334 | 0.016 | 0.322 | 0.338 |
| 9 中 国 | -0.035 | 0.282 | 0.247 | -0.016 | 0.303 | 0.286 |
| 10 四 国 | 0.008 | 0.164 | 0.173 | -0.070 | 0.235 | 0.165 |
| 11 九 州 | -0.148 | 0.229 | 0.081 | 0.128 | 0.293 | 0.422 |
| 12 沖 縄 | -0.411 | 0.039 | -0.371 | 0.070 | -0.073 | -0.002 |
| 全国平均 | -0.011 | 0.263 | 0.252 | 0.083 | 0.270 | 0.353 |

注：地域区分は前章で示した通り（脚注36）を参照のこと）．計測結果に関しては表 4.2 に同じ．

表 4.2 の結果を，前章で定義した地域区分にまとめたものを表 4.3 として示す．地域レベルでは，その平均的な傾向の違いが顕著であることが理解できる．表 4.3 の 2000 − 2004 期間では，北海道・東北・南関東・近畿・四国地方において，$CU$ と $FS$ 効果とも正である．北関東・中部・中国・九州地方では，効率値の低下があるものの，その低下率を上回る $FS$ によって，効率性変化（$MI$）は向上した．東京，大阪，沖縄については，上述の都道府県レベル

の結果と同じである．ここで，全国平均を見ると，$MI > 0$ であるが，それは $CU < 0$ および $FS > 0$ による結果である．

また，**表 4.3** の 2004 – 2008 期間では，北海道・東北・中国・近畿・九州地方において $CU, FS > 0$，北関東・南関東・中国・四国地方では $CU < 0$ であるが，$FS > 0$ の数値が上回り，$MI > 0$ となっている．

全体として，2000 年度から 2004 年度にかけて，訪日外客誘致パフォーマンスの低下（$CU$ による負の影響）が見られるものの，効率的フロンティアの拡大的シフト（$FS$ の正の影響）によって，外客誘致の効率性変化（$MI$）は向上していたことになる．そして，その後，2004 から 2008 年度では，誘致パフォーマンスと誘致プロセスの技術的な向上とが相まって，総合的な外客誘致効率性が向上していることがわかる．

### 4.2.3 2000 年度基準の効率性変化

本節の最後に，2000 年度を基準とした Malmquist 指数（$MI$）を示すことにしよう．ここでの $MI$ とは，式 (4.7) において，$s$ を基準時点，$t$ を比較時点として計測するものをいう．つまり，$s = 00$ (2000 年度)，$t = 00$ (2000 年度), 01 (2001 年度), $\cdots$, 08 (2008 年度) として，以下の式 (4.12) から $MI, CU, FS$ を求めることになる：

$$\begin{aligned} MI &= \frac{d_t(\boldsymbol{x}_t, \boldsymbol{y}_t)}{d_{00}(\boldsymbol{x}_{00}, \boldsymbol{y}_{00})} \left[ \frac{d_{00}(\boldsymbol{x}_{00}, \boldsymbol{y}_{00})}{d_t(\boldsymbol{x}_{00}, \boldsymbol{y}_{00})} \frac{d_{00}(\boldsymbol{x}_t, \boldsymbol{y}_t)}{d_t(\boldsymbol{x}_t, \boldsymbol{y}_t)} \right]^{\frac{1}{2}} \\ &= CU \times FS \end{aligned} \quad (4.12)$$

前述のように，ここでも便宜上，計測された各指標の自然対数値を用いる．各地域区分における結果を**図 4.4** から**図 4.15** に示す．

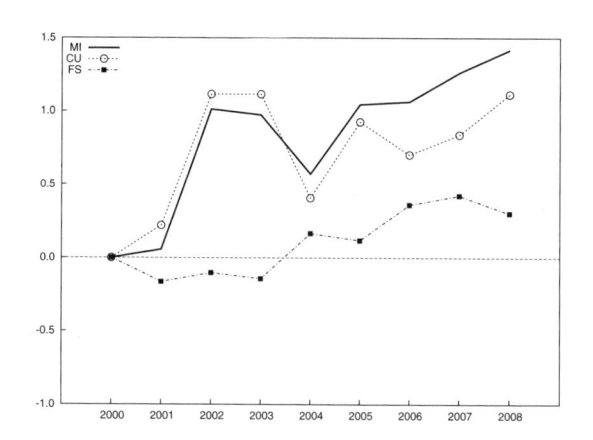

注：図中の $CU$, $FS$, $MI$ はそれぞれ自然対数値.

**図 4.4　$MI$ の推移（北海道）**

注：図 4.4 に同じ.

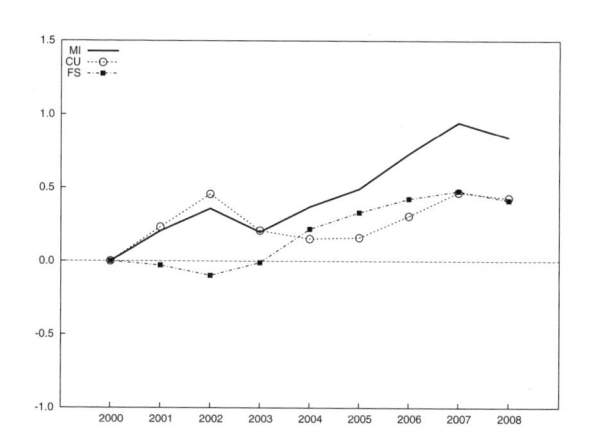

**図 4.5　$MI$ の推移（東北地方）**

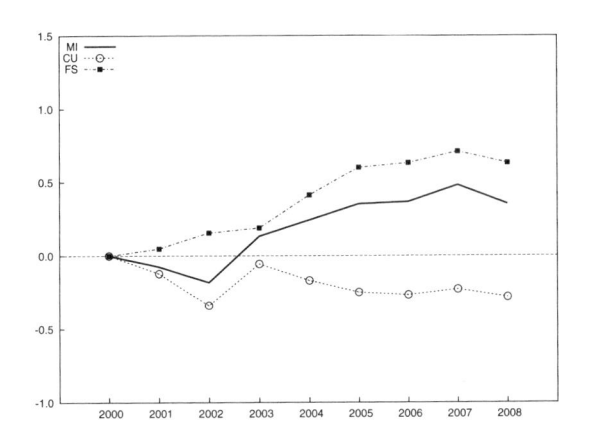

注：図 4.4 に同じ．

図 4.6　*MI* の推移（北関東）

注：図 4.4 に同じ．

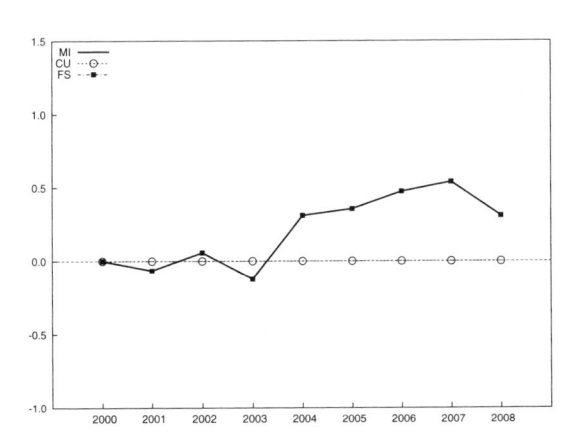

図 4.7　*MI* の推移（東京）

第 4 章　外客誘致効率性の異時点間における変化　83

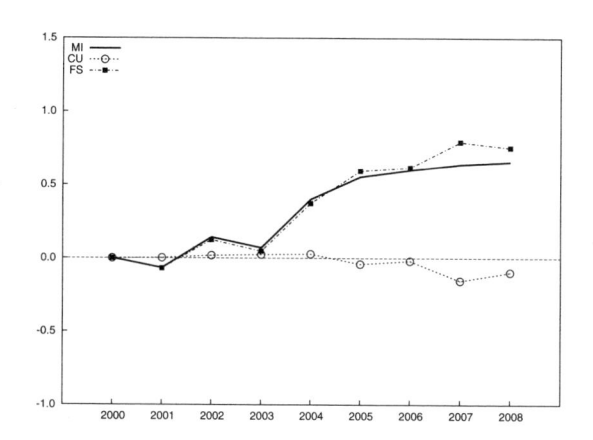

注：図 4.4 に同じ.

図 4.8　*MI* の推移（南関東）

注：図 4.4 に同じ.

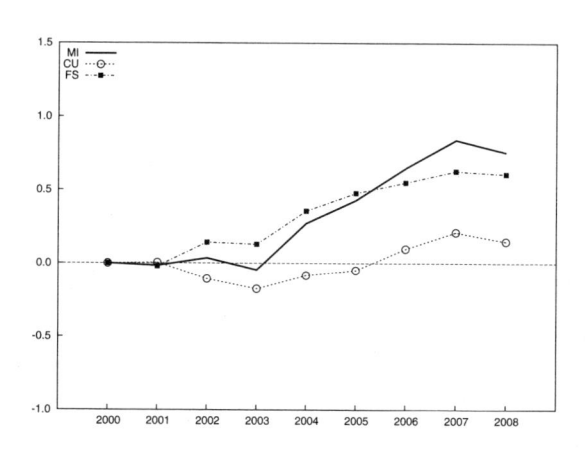

図 4.9　*MI* の推移（中部地方）

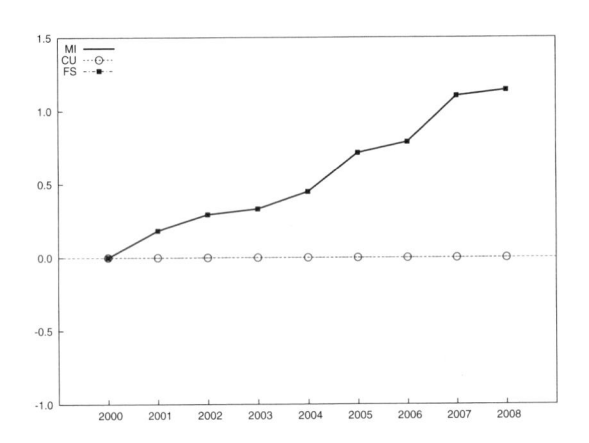

注：図 4.4 に同じ．

図 4.10　*MI* の推移（大阪）

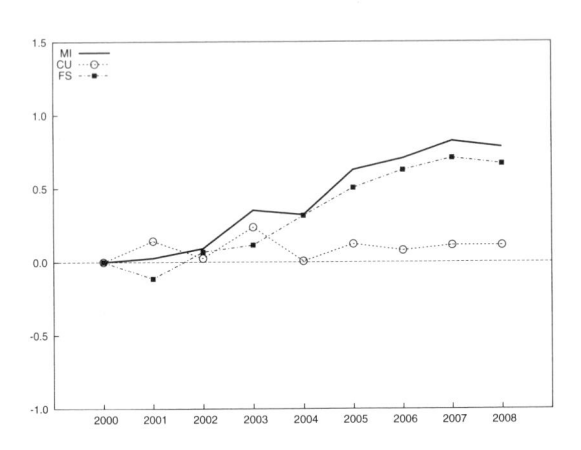

注：図 4.4 に同じ．

図 4.11　*MI* の推移（近畿地方）

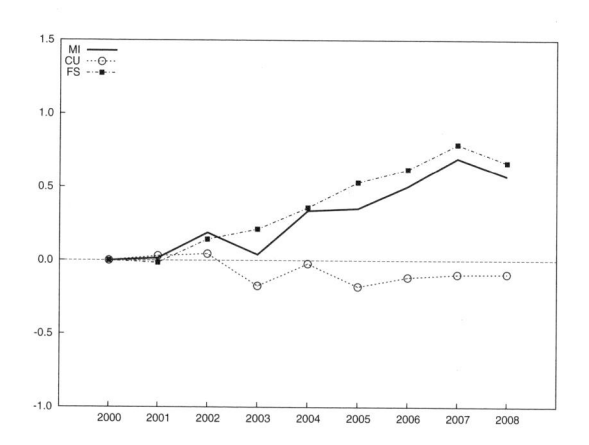

注：図 4.4 に同じ．

**図 4.12　*MI* の推移（中国地方）**

注：図 4.4 に同じ．

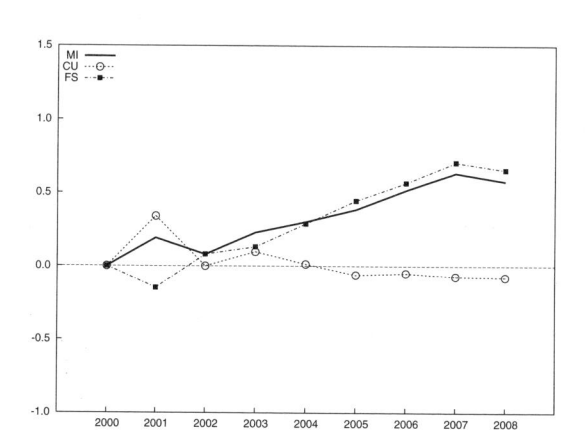

**図 4.13　*MI* の推移（四国地方）**

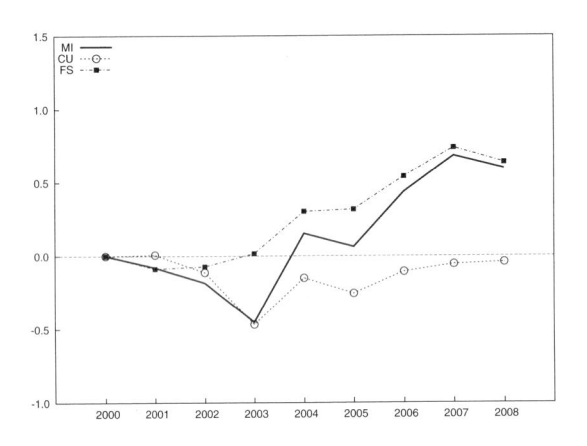

注：図 4.4 に同じ．

図 4.14　$MI$ の推移（九州地方）

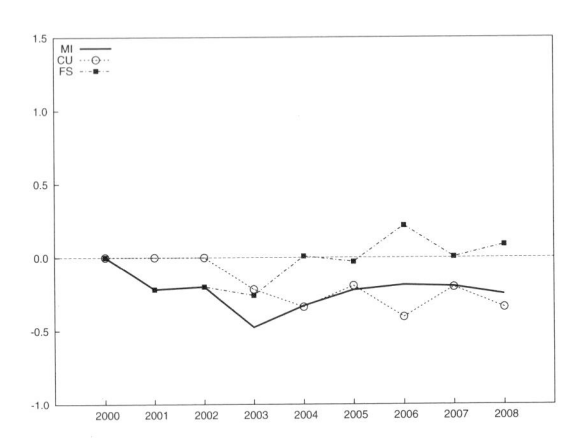

注：図 4.4 に同じ．

図 4.15　$MI$ の推移（沖縄）

これらを要約すると次のように整理できる.

1. 北海道では，各期の $MI$ は正である．2001 年度に $FS$ が負となるものの，$MI$ は，$CU$ と $FS$ の双方のポジティブな影響を受けて上昇している．図 4.4 を見ると，$MI$ の向上には $FS$ よりも $CU$ の方が強く影響していることがわかる．つまり，北海道の外客誘致効率の通時的な変化は，誘致プロセスの技術的変化による効果（$FS > 0$）よりも，外客誘致パフォーマンスの改善（$CU > 0$）に拠るところが大きいといえる.

2. 東北，中部，近畿地方では，北海道のそれと同様の推移を示している．東北地方の結果を示す図 4.5 を見ると，2000 年代前半，$FS$ はゼロ付近であったが，2004 年度以降その値は上昇していく．その間，$CU$ は正であり，その合計値である $MI$ は増加していく．東北地方では，その外客誘致パフォーマンスの改善よりも，むしろ誘致プロセスの技術的な向上が外客誘致効率を上昇させている.

3. 中部・近畿地方のそれを示す図 4.9，図 4.11 では，$CU$ を大きく上回る $FS$ 指標を得ており，その結果として $MI$ も増加していることがわかる.

4. 東京（図 4.7）と大阪（図 4.10）の $MI$ の上昇は，上の 3 地域，すなわち東北，中部および近畿地方と同様に $FS$ の影響を強く受けている．この 2 大都市は，どの時点においても効率的と判断されるために，効率値の変化を表す $CU$ はゼロ，すなわち変化がない．従って，$FS$ の推移が即 $MI$ のそれになっているのである.

5. 北関東，南関東，中国，四国，そして九州地方においても，同じ傾向性を示している．5 地域の各々の結果である図 4.6，図 4.8，図 4.12，図 4.13，および図 4.14 をみると，やはり 2000 年代前半には $MI$ の水準が低いこと，そして 2004 年度以降，それは上昇傾向にあることがわかる．前述の地域と同様に，$FS$ の上昇，すなわち外客誘致の技術的向上が全体としての外客誘致効率を押し上げていることになる．しかし，これらの地域では外客誘致パフォーマンスの変化を示す $CU$ 指標が負

の効果を有するという点において，前述の地域とは異なる．
6. 沖縄のそれを示した図 4.15 では，他の地域の結果とは全く異なる推移を示す．沖縄の外客誘致効率は，通時的に低下している．それは，誘致パフォーマンス，技術的効率性ともに低下していることの結果といえる[43]．

さらに日本全体の傾向性を把握するために，都道府県平均を図 4.16 に示すことにしよう．

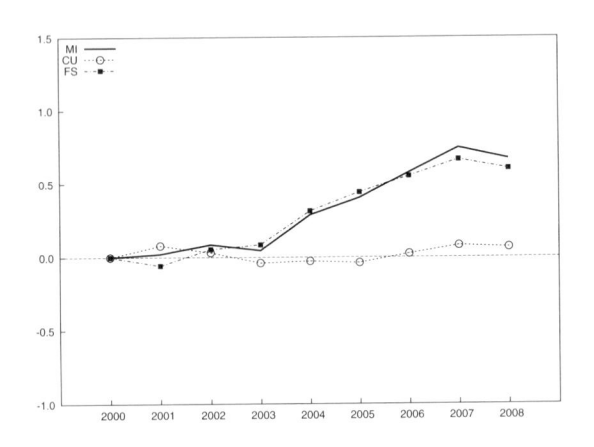

注：図 4.4 に同じ．

図 4.16 *MI* の推移（全国平均）

*CU* 指標の推移をみると，2001 年度に上昇するものの，2002 – 2005 間で負の値，すなわち 2000 年度に比して効率性は低下している．2006・07・08 年度のそれは正であり，効率性の向上を示す．また，*FS* 指標では，2001 年度に一度だけ負の値をとるが，それ以降は正となる．通時的に，効率的フロンティアの拡大的なシフトが生じていたといえる．2つの指標の和として表現される

---

43) この問題は沖縄の外客数があまり大きく増大しないことに関係しているように思われる．これは，沖縄は空港から那覇市内に至るまでのモノレール以外，鉄道が整備されておらず，外客はどうしてもレンタカーに依存した観光をせざるを得ないということが考えられる．また，その場合，日本で使用可能な運転免許が必要であり，これが外客を敬遠させる要因となっている．

$MI$ 指標は，2003 年度の $CU$ 指標の負の効果によって一時的に低下するが，その後 $FS$ の正の影響により上昇している．

本節の最後に，各指標 $CU$，$FS$，$MI$ の平均的な変化を**表 4.4** に示す．これは，前述の指標に対して地域ごとに平均値をとり，2000 から 2008 年度にかけて如何なる効果，すなわち正，ゼロ，負の影響を与えていたかを示すものである．

表 4.4　$MI$ の 2000 – 2008 年平均変化

|  | $CU$ | $FS$ | $MI$ |
|---|---|---|---|
| 1 北海道 | 0.790 | 0.232 | 1.022 |
| 2 東北地方 | 0.257 | 0.205 | 0.462 |
| 3 北関東 | -0.158 | 0.337 | 0.179 |
| 4 東京 | 0.000 | 0.229 | 0.229 |
| 5 南関東 | -0.007 | 0.395 | 0.388 |
| 6 中部地方 | 0.023 | 0.358 | 0.381 |
| 7 大阪 | 0.000 | 0.507 | 0.507 |
| 8 近畿地方 | 0.075 | 0.379 | 0.453 |
| 9 中国地方 | -0.068 | 0.373 | 0.305 |
| 10 四国地方 | -0.051 | 0.293 | 0.242 |
| 11 九州地方 | -0.159 | 0.264 | 0.104 |
| 12 沖縄 | -0.245 | -0.047 | -0.293 |
| 全国平均 | 0.013 | 0.313 | 0.326 |

注：地域区分については，前章で示した通り（脚注 36）を参照のこと）．各地域における $CU$，$FS$，$MI$ 指標の 2000 から 2008 年度の平均値．

**表 4.4** から，各地域の特徴を以下のように分類することができる：

ケース (1)：$CU > 0$, $FS > 0$ （$CU > FS$）の結果，$MI > 0$.

ケース (2)：$CU \geq 0$, $FS > 0$ （$FS > CU$）の結果，$MI > 0$.

ケース (3)：$CU < 0$, $FS > 0$ の結果，$MI > 0$.

ケース (4)：$CU < 0$, $FS < 0$ の結果，$MI < 0$.

ケース (1) は，北海道と東北である．そこでは，総合的な「外客誘致効率」($MI$) が「外客誘致パフォーマンス」($CU$) と「誘致プロセスの技術的効率性」($FS$) とのポジティブな効果によって向上しており，前者が後者よりも強く影響していることになる．

ケース (2) に含まれるのは東京・中部地方・大阪・近畿地方である．これらは，「外客誘致パフォーマンス」より「誘致プロセスの技術的効率性」の影響が大きい，という点で (1) と異なる．

ケース (3) は北関東・南関東・中国・四国・九州地方の5地域である．そこでは，「外客誘致パフォーマンス」は低下しているものの「誘致プロセスの技術的効率性」の改善によって「外客誘致効率」が向上している．

以上のケースでは「外客誘致効率」の要因に差異があるものの，$MI$ は全て正である．しかし，ケース (4) に分類される沖縄では，その「外客誘致効率」の変化は2000年度から2008年度にかけて低下している，という結果となる．

また表 **4.4** の全国の各指標をみると，全体的な傾向性はケース (2) となることも附記しておきたい．

## 4.3 まとめ

本章では，CCR モデルに基づく Malmquist 指数（$MI$）の定義を，CCR 効率性（$CU$ 指標）と技術効率性（$FS$ 指標）の変化に分解して，異時点間における効率変化をみた．外客誘致活動の効率性が如何なる変化を遂げているのかという視点から，$CU$ を外客誘致パフォーマンスの変化，また $FS$ を誘致活動のプロセスにおける技術的な効率変化として，これらの要因から得られる $MI$ 指標を総合的な「外客誘致効率」の変化を表すものと捉えて分析した．その結果は以下のようにまとめることができる．

先ず，観光政策の変化年の前後において，外客誘致効率は全体的に向上している，ということが明らかとなった．その要因，すなわち $CU$ および $FS$ は様々な結果を示しているが，概ね $FS$ の正の効果によって $MI$ が向上している．

また，2000 年度を基準年とした *MI* を計測してみても同様の結果となるが，年を追うごとにその数値は増加していることがわかる．すなわちインバウンド観光政策以前よりも，外客誘致効率は向上しているが，各都道府県の誘致パフォーマンスが向上したことによる影響というよりはむしろ，効率的フロンティアの拡大的なシフト，すなわちアウトプットとしての外客数の増加によるところが大きい，という事実が示されたことになる．

# 第5章 インバウンド観光と経済成長

　前の3つの章では,外国人観光客の日本への誘致という問題を分析の対象とし,都道府県という地域レベルで,その誘致人数と観光関連の広義のインフラなどがどのような関係にあるか,その平均的な傾向性とDEAによる外客誘致の効率性を明らかにしてきた.それらの分析は,各地域に対して展開されたものであったが,実はその総体が日本全国の姿を示すものでもあったのである.しかし,これまでの分析は2000年以後の年単位の変化に焦点を当てたものであり,時間という視点からは制約されたものであった.これは,何度か指摘してきたように,インバウンド観光に関するデータ,そして政策が近年になってようやく少しずつ整備され,積極化していったという背景によるものである.

　本章では,インバウンド観光が日本経済に如何なる影響を与えるか,あるいは与えうるか,その関連性を探ることにしよう.この問題を明らかにするための統計としては,わが国のインバウンド観光による収入,すなわち国際収支のサービス収支における旅行受取額は整備されている.そこで,以下ではこれを手掛かりに考えることにしよう.もちろんこれは輸出に比してはるかに小さいというのが現状である.そこで,ここでは微かな痕跡のデータ相互の因果関係を探る有力な手法として,時系列分析を用いて,観光と経済成長の関係を探ることにしよう.

## 5.1 経済成長とインバウンド観光の関連性

　近年,インバウンド観光が経済成長あるいは経済発展のエンジンになり得るという仮説,すなわち観光主導型成長(Tourism-Led Growth:TLG)仮説について,理論的また実証的側面から接近しようとする研究が増加している.時系列分析を用いた実証的側面からの先行研究について,紹介すると以下のようになる.

まず先駆的研究の一つとして，Balaguer and Cantavella-Jordá (2002) を挙げることができる．この論文は，スペインを分析対象とし，1975年の第1四半期から1997年の第1四半期までの期間における，GDP，国際観光収入，および実質実効為替レートの関連性を論究したものである．彼らは，後述するJohansenの共和分検定を行い，3変量の間には一つの共和分関係が存在することを示したのである．

また，Dritsakis (2004) はギリシャ，Gunduz and Hatemi-J (2005) はトルコ，Oh (2005) は韓国，Kim, Chen and Jang (2006) は台湾，Louca (2006) はキプロス，Brida, Carrera and Risso (2008) はメキシコについて同様な視点から分析を行っている．そして，それらは，主にGrangerの因果性テストやJohansenの共和分分析を用いて，その仮説を検証するものである[44]．

しかしわが国に関しては，このような視点からの分析・研究はほとんどなされていない[45]．そこで，わが国のインバウンド観光による収入と経済成長との関連性を，利用可能な月次データを用いて，時系列分析の観点から探ることにしよう．すなわち，日本経済の発展とインバウンド観光との間に長期的な関連性が存在するか否かという問題である．

## 5.2 時系列分析の概要

最初に，時系列分析を行う上で重要な検定，すなわち単位根の有無を判断する単位根検定の方法と，長期的な関連性の有無を検証する共和分検定，そして因果関係を明らかにするためのGranger因果性検定について確認しておこ

---

[44] 直近の研究として，Katircioglu (2009), Belloumi (2010), Brida, Barquet and Risso (2010), Katircioglu (2010) なども挙げられる．また，観光収入と国際貿易の関係を検証したものとして，Shan and Wilson (2001), Fry, Saayman and Saayman (2010), Wong and Tang (2010) などを参照．

[45] 参考として，奄美諸島を対象とした研究 (Ishikawa and Fukushige, 2007) が挙げられる．これは，本文中の論文とは異なる手法を扱っている．それは説明変数の中にそのラグ付き変数を含む分布ラグモデルを用いたものである．

う[46].

### 5.2.1 単位根検定

時系列分析を行う際には，その分析対象となる変数に単位根が含まれるか否かを調べなければならない．単位根が含まれる変数に対して回帰分析を行うと，「見せかけの回帰」という現象が生じてしまうからである．

単位根検定には，幾つかの方法が提案されているが，ここでは以下の2つの検定について述べる．第一は，「単位根が存在する」という帰無仮説について検定する ADF 検定（Dickey and Fuller, 1979, 1981）であり，第二は，ADF 検定とは逆に，帰無仮説を「単位根が存在しない」とする KPSS 検定（Kwiatkowski et al., 1992）である．

これら2つの検定によって，分析対象の各変数が定常過程に従うのか，または単位根過程に従うのかを判断できることが知られている．

先ず，ADF 検定について説明しよう．この検定では，以下の3つのモデルを想定する：

$$\Delta y_t = \alpha_0 + \alpha_1 t + \gamma y_{t-1} + \sum_{i=1}^{p} \beta_i \Delta y_{t-i} + u_t, \tag{5.1}$$

$$\Delta y_t = \alpha_0 + \gamma y_{t-1} + \sum_{i=1}^{p} \beta_i \Delta y_{t-i} + u_t, \tag{5.2}$$

$$\Delta y_t = \gamma y_{t-1} + \sum_{i=1}^{p} \beta_i \Delta y_{t-i} + u_t. \tag{5.3}$$

ただし $y_t$ は分析対象の系列であり，添字 $t$ は時間を示す．また $\alpha_0$ はドリフト項と呼ばれる定数項，$\alpha_1$ はトレンド項，$u_t$ は期待値ゼロ，一定の分散を持つホワイト・ノイズである．ADF 検定とは，モデル (5.1), (5.2), (5.3) において，$\gamma = 0$ という帰無仮説が $\gamma < 0$ となる対立仮説に対して棄却された場合，

---

[46] 時系列分析の理論的展開については，Hamilton (1994), Enders (2004), Lütkepohl and Kräetzig (2004), 山本 (1988) などを参照されたい．

分析対象系列は定常過程に従うと判断するものである．

検定の手順としては，先ず，ドリフト項とトレンド項を含むモデル (5.1) で検定を行い，帰無仮説 $\gamma = 0$ の下で $\alpha_0 = 0$ と $\alpha_1 = 0$ の検定統計量が有意であるか否かについて調べる．そして，トレンド項の係数 $\alpha_1 = 0$ が棄却されないならば，ドリフト項のみを含むモデル (5.2) を用いて再度検定する．モデル (5.2) において，$\gamma = 0$ の下でドリフト項 $\alpha_0 = 0$ の検定統計量が有意であるか否かを検証し，$\alpha_0 = 0$ が棄却されないならば，モデル (5.3) を用いて検定を行う．

次の KPSS 検定は，上述の ADF 検定とは逆に，帰無仮説を「単位根が存在しない」とする点に特徴がある．ここで，系列 $y_t$ のデータ生成過程を以下のように仮定しよう：

$$y_t = \alpha_1 t + x_t + z_t \tag{5.4}$$

ただし $t$ はトレンド項，$x_t$ はランダム・ウォーク ($x_t = x_{t-1} + u_t$, $u_t \sim \text{iid}(0, \sigma_u^2)$) であり，$z_t \sim \text{I}(0)$ とする．

系列 $y_t$ がモデル (5.4) に従うならば，上述の仮説は $H_0 : \sigma_u^2 = 0$ 対 $H_1 : \sigma_u^2 > 0$ と同値となる．ここで，系列 $y_t$ がレベル定常過程に従うと考えられるならば，以下の回帰の残差を用いて KPSS 検定統計量を求める：

$$y_t = \alpha_0 + v_t$$

また，系列 $y_t$ がトレンド定常過程に従うと考えられるならば，以下の回帰式の残差を用いる：

$$y_t = \alpha_0 + \alpha_1 t + v_t$$

帰無仮説が棄却されないならば，系列 $y_t$ のデータ生成過程 (5.4) は，定常過程に従う $z_t$ から成り立つことになる．従って，系列 $y_t$ は定常であるとみなされるのである．

## 5.2.2 共和分と誤差修正モデル

分析対象が定常であるか否かについての検定を踏まえて，通常以下で説明する共和分検定を行う．この「共和分」とは，Engle and Granger (1987) によって導入された，長期均衡における変数間の関係を示す概念である．非定常な系列の間での均衡関係は，それらの確率的トレンドが互いに結びついていることを示し，それによって，各変数は共和分の関係を持つことになるのである．共和分関係を有する変数のダイナミックな経路は，均衡関係からの乖離に対して一定の関係を持つのである．

このような関係にある変数を分析する際に，通常のベクトル自己回帰（Vector Autoregressive：VAR）モデルを用いることは適切な方法ではなく，均衡からの乖離を示す誤差修正項を含む，ベクトル誤差修正（Vector Error Correction：VEC）モデルを利用して分析することが望ましいとされる．

ここで，非定常な $m$ 次元単位根系列 $y_t$ に対して，$p$ 次の VAR モデルを以下のように設定しよう：

$$y_t = \mu + \sum_{i=1}^{p} \Phi_i y_{t-i} + u_t. \tag{5.5}$$

ただし $\mu$ は $m$ 次元定数項ベクトル，$\Phi_i$ ($i=1, \cdots, p$) は $m \times m$ 係数行列，そして $u_t$ は $m$ 次元ホワイト・ノイズ・ベクトルである．この VAR モデル (5.5) において，$y_t$ に対する 1 階の階差をとり整理すると，以下の VEC モデルを導出することができる：

$$\Delta y_t = \mu + \Pi y_{t-1} + \sum_{i=1}^{p-1} \Gamma_i \Delta y_{t-i} + u_t. \tag{5.6}$$

ただし $\Pi = \sum_{i=1}^{p} \Phi_i - I$，$\Gamma_i = -\sum_{j=i+1}^{p} \Phi_j$．ここで，VEC モデル (5.6) の左辺は，単位根系列に対して 1 階の階差をとっているため定常である．右辺の第 3 項も同様であり，$u_t$ はホワイト・ノイズなので定常となる．しかし，問題は右辺第 2 項である．右辺全体が左辺と釣り合う，すなわち定常となるため

には，(i) $\Pi$ が零行列である，あるいは (ii) $\Pi$ と $y_{t-1}$ とを掛け合わせたベクトルの各成分が定常となる必要がある．前者の場合，各変数について階差をとり，VAR モデル (5.5) を適応すればよい．しかし，後者の場合，すなわち $\Pi y_{t-1}$ の各成分が定常であるときには，以下のように分解可能であることをEngle and Granger（1987）が示した：

$$\Pi y_{t-1} = \alpha \beta' y_{t-1}$$

ここで $\alpha$ は調整係数ベクトル，$\beta'$ は共和分ベクトル，そして $\beta' y_{t-1}$ は誤差修正項と呼ばれるものである．

Engle and Granger（1987）では，共和分ベクトルが未知である場合の共和分検定の方法を提示した．この手法は，応用に適しているものの，幾つかの問題点も存在する．一方は，各系列を入れ替えることで検定結果が変化してしまうという点，他方は，3 変量以上の分析において 2 つ以上の共和分関係が生じうる点である．

そこで，以下では，Johansen（1988）が提案した手法を展開することにしよう．VEC モデル (5.6) における行列 $\Pi$ のランク（rank($\Pi$) = $r$）は，一般にゼロでない固有値の数に等しいため，そのモデルを推定して得られた $\Pi$ の固有値に基づいて共和分ランクの検定を行えばよいことになる．Johansen の方法としては，トレース検定と最大固有値検定の 2 つの検定方法が用意されている．

先ず，トレース検定では以下の仮説を設定する：

- 帰無仮説 $H_0$：$r$ 個以下の共和分ベクトルが存在する．
- 対立仮説 $H_1$：$r$ 個より多い共和分ベクトルが存在する．

そして，その検定統計量は以下の通りである：

$$\lambda_{\text{trace}} = -T \sum_{i=r+1}^{n} \ln(1 - \hat{\lambda}_i).$$

ただし $\hat{\lambda}_i$ は固有値の推定値である（$0 \leq r < m$）．

次に，最大固有値検定は，以下の仮説の下で検定を行う：

- 帰無仮説 $H_0$：$r$ 個の共和分ベクトルが存在する．
- 対立仮説 $H_1$：$r+1$ 個の共和分ベクトルが存在する．

この検定のためには，以下の統計量が用いられる：

$$\lambda_{\max} = -T \ln(1 - \hat{\lambda}_{r+1}).$$

### 5.2.3 因果性検定

ここでは，Granger (1969) が提唱した因果性の概念について簡単に説明することにしよう．「Granger の因果性」とは，ある系列 $y_1$ があり，その最適な予測を，過去の $y_2$ の情報が $y_1$ の予測に影響を与えない場合，$y_2$ から $y_1$ への因果関係はないとするものである．例えば，2 変量 $y_1, y_2$ についての VAR($p$) モデル (5.5) の第 1 式を抜き出すと以下となる：

$$y_{1t} = \mu_1 + \sum_{i=1}^{p} \phi_{11,i} y_{1,t-i} + \sum_{i=1}^{p} \phi_{12,i} y_{2,t-i} + u_{1t}, \tag{5.7}$$

ただし $\mu_1$ は定数項，$\phi_{11,i}, \phi_{12,i}$ ($i = 1, \cdots, p$) は各系列の係数，そして $u_{1t}$ はホワイト・ノイズである．上述の「$y_2$ から $y_1$ への因果関係はない」ことに対する必要十分条件は，以下の通りである：

$$\phi_{12,i} = 0, \quad i = 1, \cdots, p.$$

Granger の因果性検定とは，この制約式を帰無仮説として，因果関係の有無を調べるものである．その検定は，以下の手順で進める．先ず，係数に制約を課さないモデル (5.7) を最小 2 乗法によって推定し，残差平方和（$USS$）を求める．次に，制約を考慮した以下のモデルについて，同じく残差平方和（$RSS$）を計算する．

$$y_{1t} = \mu_1 + \sum_{i=1}^{p} \phi_{11,i} y_{1,t-i} + u_{1t}.$$

最後に，以下の統計量によって検定すればよいことになる：

$$F = \frac{(RSS - USS)/p}{USS/(T - 2p - 1)}$$

ここで，$T$ は標本数であり，$F$ 統計量は自由度 $(p, T-2p-1)$ の $F$ 分布に従う．

多変量のケースについても，この手順で検定することは，基本的には可能である．しかし，例えば分析対象が $y_1, y_2, y_3$ の3変量になると，$y_2$ から $y_1$ への因果性を，前述の帰無仮説 $\phi_{12,i} = 0, (i = 1, \cdots, p)$ に対して検定することは，2変量のときのそれとは同値ではない[47]．つまり，$y_2$ は $y_1$ のみに影響を与えるだけでなく，$y_1$ を介して $y_3$ に対しても間接的に影響すると考えられるためである．

## 5.3 データと推定結果

さて前節で展開した3つの検定に基づいて，以下では日本経済とインバウンド観光の関連性を探ることにしよう．

### 5.3.1 データ

本節の目的は，インバウンド観光が日本経済に如何に影響しているか，その長期的な関係を探ることにある．そのために，わが国の経済指標として，(1) 全産業活動指数, (2) 鉱工業生産指数, (3) 第3次産業活動指数，そして (4) 観光関連産業指数を用いる[48]．

また，前述の先行研究においてもそうであるように，(5) 実質実効為替レート指数を含めることとする．そして，インバウンド観光に関する指標には，(6) 国際旅行収支の受取額を用いることにしよう．この系列は指数化されていないので，上の5つの指数に合わせるために，季節調整系列を用いて季節性を取り除き，2005年平均を100とする指数に変換する（この系列を国際観光収入指

---

[47) これに関しては，Lütkepohl (2004) を参照．
48) ここでの，観光関連産業指数とは，第3次産業活動指数に含まれる以下の15項目の荷重和を指数化したものをいう．「鉄道旅客運送業 (JR)」，「鉄道旅客運送業 (JR を除く)」，「バス業」，「タクシー業」，「水運旅客運送業」，「国際航空旅客運送業」，「国内航空旅客運送業」，「道路施設提供業」，「自動車レンタル業」，「旅館」，「ホテル」，「国内旅行」，「海外旅行」，「外人旅行」，「公園・遊園地」である．

数と呼ぶことにする).これらのデータは,経済産業省および日本銀行で推計しているものである[49].

これら6つの月次データのプロットを図 5.1 から図 5.6 に示す.標本期間は 2000 年 1 月から 2009 年 12 月で,標本数は $T = 120$ である.これらの図を見ると,トレンドが存在していると考えられる.また,標本期間の後半では,分散の変化も確認できる.

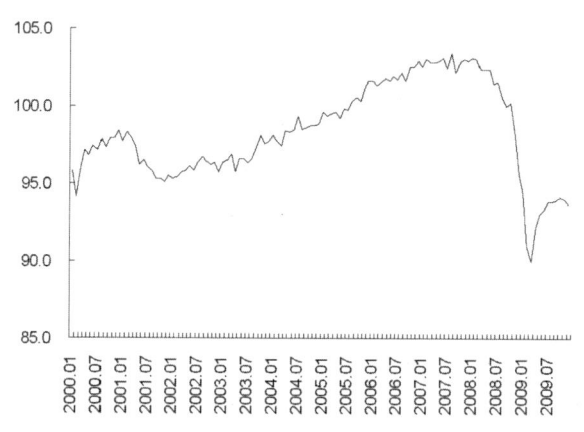

出所:経済産業省「全産業活動指数」より筆者作成.
注:季節調整済み(2005 年平均を基準).

**図 5.1　全産業活動指数**

---

[49] ここで,2003 年 1 月および 2006 年 1 月に,日本銀行は国際旅行収支に関する算出方法を改正している.そのため,分析上,その系列に構造変化が生じている点に注意しなければならない.

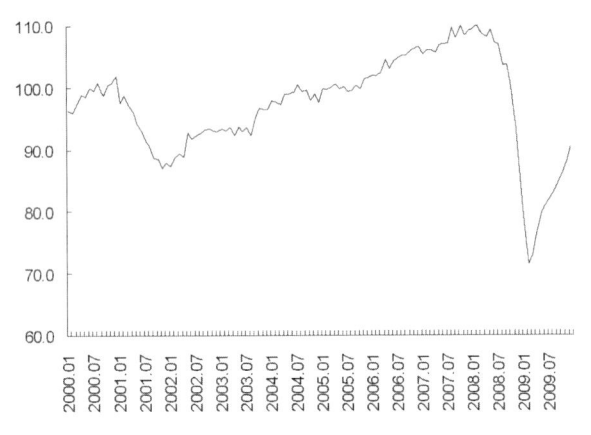

出所：経済産業省「鉱工業生産指数」より筆者作成．
注：図 5.1 に同じ．

図 5.2　鉱工業生産指数

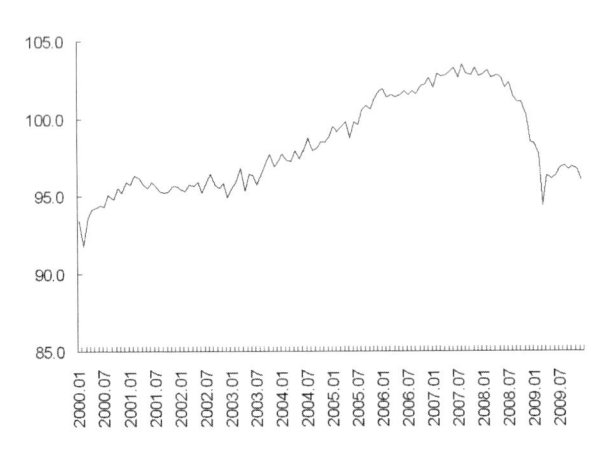

出所：経済産業省「第 3 次産業活動指数」より筆者作成．
注：図 5.1 に同じ．

図 5.3　第 3 次産業活動指数

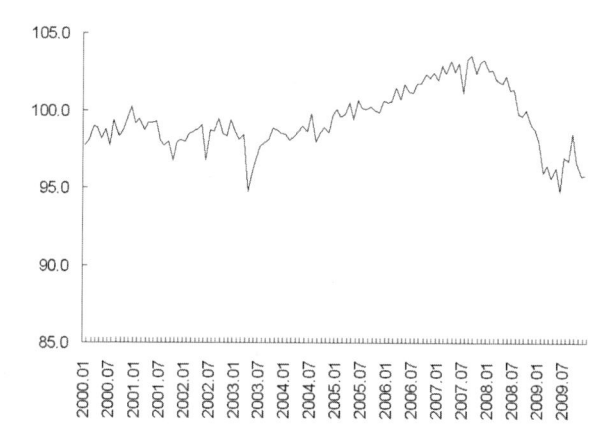

出所および注：図 5.3 に同じ．

**図 5.4　観光関連産業指数**

出所：日本銀行「時系列統計データ検索サイト」より抽出．
注：2005 年平均を基準として指数化したもの．

**図 5.5　実質実効為替レート指数**

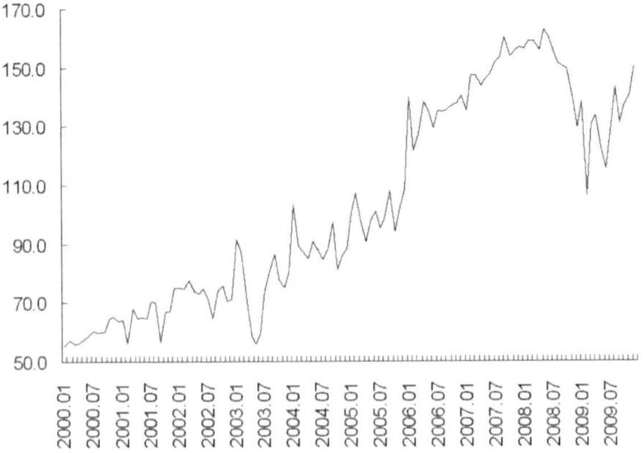


出所：図 **5.5** に同じ.
注：季節調整済み（2005 年平均を基準）.

**図 5.6　国際観光収入指数**

### 5.3.2　ADF および KPSS 検定の結果

次に, (1) 全産業活動指数, (2) 鉱工業生産指数, (3) 第 3 次産業活動指数, (4) 観光関連産業指数, (5) 実質実効為替レート指数，および (6) 国際観光収入指数の各々に対して，対数変換を行い，以下では前述の時系列分析の手順に従って分析する．ここで，各指数の対数系列をそれぞれ $y_{\mathrm{ZEN}}$，$y_{\mathrm{IIP}}$，$y_{\mathrm{SAN}}$，$y_{\mathrm{KAN}}$，$y_{\mathrm{REE}}$，$y_{\mathrm{INT}}$ としよう．6 系列がそれぞれ，定常あるいは非定常（単位根）過程であるのかを調べるために，単位根検定を行う[50)]．ADF および KPSS 検定の結果を**表 5.1**，**表 5.2** に示す．ADF 検定では，各モデル (5.1)，(5.2)，および (5.3) のラグ次数を，赤池情報量基準（AIC）に基づいて選択した（Akaike, 1973）．また，KPSS 検定では，$4(T/100)^{1/4}$ によって，ラグ次数を 4 とする（Schwert，1989）．

---

50)　ここでの検定および推定は，統計ソフト “EViews6”，および “JMulTi4” を用いた．後者の統計パッケージに関しては，Krätzig (2004) を参照.

## 表 5.1 単位根検定（レベル系列）

|  | ADF 検定 |  | KPSS 検定 |  |  |
|---|---|---|---|---|---|
|  | ラグ | $\hat{\tau}$ | ラグ | $\hat{\eta}_\mu$ | $\hat{\eta}_\tau$ |
| $y_{\text{ZEN}}$ | 6 | -0.293 | 4 | 0.558* | 0.311** |
| $y_{\text{IIP}}$ | 3 | -0.247 | 4 | 0.259 | 0.248** |
| $y_{\text{SAN}}$ | 4 | 0.043 | 4 | 1.540** | 0.339** |
| $y_{\text{KAN}}$ | 1 | -0.357 | 4 | 0.539* | 0.267** |
| $y_{\text{REE}}$ | 5 | -1.027 | 4 | 1.716** | 0.228** |
| $y_{\text{INT}}$ | 3 | 1.727 | 4 | 2.344** | 0.214* |

注：**，* はそれぞれ 1%，5% 水準で有意であることを示す．
[ADF 検定] $\hat{\tau}$ はモデル (5.3) における検定統計量を表し，その有意水準 5%，1% 臨界値はそれぞれ $-1.95$，$-2.66$ である．
[KPSS 検定] $\hat{\eta}_\mu$，$\hat{\eta}_\tau$ はそれぞれレベル定常，トレンド定常のモデルに対する検定統計量．$\hat{\eta}_\mu$ の有意水準 5%，1% 臨界値はそれぞれ 0.463, 0.739，$\hat{\eta}_\tau$ のそれは 0.146, 0.216 である．

## 表 5.2 単位根検定（階差系列）

|  | ADF 検定 |  | KPSS 検定 |  |  |
|---|---|---|---|---|---|
|  | ラグ | $\hat{\tau}$ | ラグ | $\hat{\eta}_\mu$ | $\hat{\eta}_\tau$ |
| $\Delta y_{\text{ZEN}}$ | 5 | -3.808** | 4 | 0.259 | 0.100 |
| $\Delta y_{\text{IIP}}$ | 2 | -4.843** | 4 | 0.077 | 0.058 |
| $\Delta y_{\text{SAN}}$ | 3 | -4.005** | 4 | 0.483* | 0.143 |
| $\Delta y_{\text{KAN}}$ | 0 | -16.779** | 4 | 0.242 | 0.101 |
| $\Delta y_{\text{REE}}$ | 4 | -5.669** | 4 | 0.180 | 0.053 |
| $\Delta y_{\text{INT}}$ | 2 | -9.235** | 4 | 0.054 | 0.042 |

注：表 5.1 に同じ．

表 5.1 のレベル系列に対する検定結果を見ると，各系列で選択された次数は異なるものの，どの系列も「単位根が存在する」という帰無仮説を棄却できない，すなわち単位根がありそうである，ということがわかる．他方，KPSS 検定では，その検定統計量は概ね棄却される，すなわち「単位根が存在しない」という帰無仮説が棄却されているので，やはり単位根がありそうであるということが示されている．

次に，前述の系列に，1階の階差をとったものに対する単位根検定の結果を見てみよう．表 5.2 では，表 5.1 とは反対に，「単位根が存在する」という仮説を棄却し，「単位根が存在しない」というそれを棄却することができない．つまり，対数階差系列の各々は単位根を持つとはいえそうにないのである．

このことから，レベル系列 $y_{ZEN}$, $y_{IIP}$, $y_{SAN}$, $y_{KAN}$, $y_{REE}$, $y_{INT}$ は単位根を有する非定常過程に従うものと判断することができる．

### 5.3.3 共和分検定の結果

前述したように，非定常な系列どうしの関連を明らかにするためには，ベクトル誤差修正（VEC）モデルを用いる必要がある．そこで，インバウンド観光と経済成長との関連性を探るという観点から，以下の関係を検証することとする：

**ケース (1)**： 全産業活動とインバウンド観光の関係（$y_{ZEN}$, $y_{INT}$, $y_{REE}$）

**ケース (2)**： 鉱工業生産とインバウンド観光の関係（$y_{IIP}$, $y_{INT}$, $y_{REE}$）

**ケース (3)**： 第3次産業とインバウンド観光の関係（$y_{SAN}$, $y_{INT}$, $y_{REE}$）

**ケース (4)**： 観光関連産業とインバウンド観光の関係（$y_{KAN}$, $y_{INT}$, $y_{REE}$）

各ケースにおける共和分検定の結果を表 5.3 に示す．

**表 5.3　共和分検定の結果**

| | | トレース検定 | | | | |
|---|---|---|---|---|---|---|
| $H_0$ | $H_1$ | ケース (1) | ケース (2) | ケース (3) | ケース (4) | 臨界値 |
| $r=0$ | $r \geq 1$ | 22.45 | 26.85 | 17.55 | 24.56 | 35.19 |
| $r \leq 1$ | $r \geq 2$ | 9.76 | 12.37 | 7.65 | 11.21 | 20.26 |
| $r \leq 2$ | $r = 3$ | 2.63 | 3.99 | 2.83 | 2.50 | 9.16 |
| | | 最大固有値検定 | | | | |
| $H_0$ | $H_1$ | ケース (1) | ケース (2) | ケース (3) | ケース (4) | 臨界値 |
| $r=0$ | $r = 1$ | 12.48 | 14.48 | 9.90 | 13.34 | 22.30 |
| $r=1$ | $r = 2$ | 7.34 | 8.38 | 4.82 | 8.71 | 15.89 |
| $r=2$ | $r = 3$ | 2.63 | 3.99 | 2.83 | 2.50 | 9.16 |

注：臨界値は 5% 水準のもの．

表 5.3 の結果を見ると，どのケースについても共和分関係を見出すことができなかったことがわかる．そこで，以下では，各系列に対して1階の階差をとったものについて，因果関係を探ることにしよう．

### 5.3.4 因果性検定の結果

これまでの分析結果を踏まえて，前述の 4 つのケースについて，Grangerの因果性検定を行う．ここで，各系列に対して階差をとったものを，それぞれ $\Delta y_{\text{ZEN}}, \Delta y_{\text{IIP}}, \Delta y_{\text{SAN}}, \Delta y_{\text{KAN}}, \Delta y_{\text{REE}}, \Delta y_{\text{INT}}$ と表記する．また，「$y_2$ から $y_1$ への因果関係はない」という仮説を $y_2 \overset{\text{Gr}}{\not\to} y_1$ とすることにしよう．以下では，3 変量間，2 変量間の Granger 因果性検定の結果をそれぞれ表 5.4，表 5.5 に示す．

表 5.4 3 変量間の Granger 因果性検定

| | ケース (1) | | | ケース (2) | |
|---|---|---|---|---|---|
| | $H_0$ | VAR(3) | | $H_0$ | VAR(3) |
| 1 | $\Delta y_{\text{INT}} \overset{\text{Gr}}{\not\to} (\Delta y_{\text{ZEN}}, \Delta y_{\text{REE}})$ | 0.471 | 1 | $\Delta y_{\text{INT}} \overset{\text{Gr}}{\not\to} (\Delta y_{\text{IIP}}, \Delta y_{\text{REE}})$ | 0.389 |
| 2 | $(\Delta y_{\text{ZEN}}, \Delta y_{\text{REE}}) \overset{\text{Gr}}{\not\to} \Delta y_{\text{INT}}$ | 0.743 | 2 | $(\Delta y_{\text{IIP}}, \Delta y_{\text{REE}}) \overset{\text{Gr}}{\not\to} \Delta y_{\text{INT}}$ | 0.748 |
| 3 | $\Delta y_{\text{REE}} \overset{\text{Gr}}{\not\to} (\Delta y_{\text{ZEN}}, \Delta y_{\text{INT}})$ | 4.866** | 3 | $\Delta y_{\text{REE}} \overset{\text{Gr}}{\not\to} (\Delta y_{\text{IIP}}, \Delta y_{\text{INT}})$ | 4.185** |
| 4 | $(\Delta y_{\text{ZEN}}, \Delta y_{\text{INT}}) \overset{\text{Gr}}{\not\to} \Delta y_{\text{REE}}$ | 0.679 | 4 | $(\Delta y_{\text{IIP}}, \Delta y_{\text{INT}}) \overset{\text{Gr}}{\not\to} \Delta y_{\text{REE}}$ | 0.440 |
| 5 | $\Delta y_{\text{ZEN}} \overset{\text{Gr}}{\not\to} (\Delta y_{\text{INT}}, \Delta y_{\text{REE}})$ | 1.059 | 5 | $\Delta y_{\text{IIP}} \overset{\text{Gr}}{\not\to} (\Delta y_{\text{INT}}, \Delta y_{\text{REE}})$ | 0.835 |
| 6 | $(\Delta y_{\text{INT}}, \Delta y_{\text{REE}}) \overset{\text{Gr}}{\not\to} \Delta y_{\text{ZEN}}$ | 5.233** | 6 | $(\Delta y_{\text{INT}}, \Delta y_{\text{REE}}) \overset{\text{Gr}}{\not\to} \Delta y_{\text{IIP}}$ | 4.339** |
| | ケース (3) | | | ケース (4) | |
| | $H_0$ | VAR(3) | | $H_0$ | VAR(3) |
| 1 | $\Delta y_{\text{INT}} \overset{\text{Gr}}{\not\to} (\Delta y_{\text{SAN}}, \Delta y_{\text{REE}})$ | 1.231 | 1 | $\Delta y_{\text{INT}} \overset{\text{Gr}}{\not\to} (\Delta y_{\text{KAN}}, \Delta y_{\text{REE}})$ | 1.868 |
| 2 | $(\Delta y_{\text{SAN}}, \Delta y_{\text{REE}}) \overset{\text{Gr}}{\not\to} \Delta y_{\text{INT}}$ | 0.906 | 2 | $(\Delta y_{\text{KAN}}, \Delta y_{\text{REE}}) \overset{\text{Gr}}{\not\to} \Delta y_{\text{INT}}$ | 3.932** |
| 3 | $\Delta y_{\text{REE}} \overset{\text{Gr}}{\not\to} (\Delta y_{\text{SAN}}, \Delta y_{\text{INT}})$ | 2.564* | 3 | $\Delta y_{\text{REE}} \overset{\text{Gr}}{\not\to} (\Delta y_{\text{KAN}}, \Delta y_{\text{INT}})$ | 1.109 |
| 4 | $(\Delta y_{\text{SAN}}, \Delta y_{\text{INT}}) \overset{\text{Gr}}{\not\to} \Delta y_{\text{REE}}$ | 1.365 | 4 | $(\Delta y_{\text{KAN}}, \Delta y_{\text{INT}}) \overset{\text{Gr}}{\not\to} \Delta y_{\text{REE}}$ | 1.453 |
| 5 | $\Delta y_{\text{SAN}} \overset{\text{Gr}}{\not\to} (\Delta y_{\text{INT}}, \Delta y_{\text{REE}})$ | 1.781 | 5 | $\Delta y_{\text{KAN}} \overset{\text{Gr}}{\not\to} (\Delta y_{\text{INT}}, \Delta y_{\text{REE}})$ | 4.858** |
| 6 | $(\Delta y_{\text{INT}}, \Delta y_{\text{REE}}) \overset{\text{Gr}}{\not\to} \Delta y_{\text{SAN}}$ | 3.775** | 6 | $(\Delta y_{\text{INT}}, \Delta y_{\text{REE}}) \overset{\text{Gr}}{\not\to} \Delta y_{\text{KAN}}$ | 2.360* |

注：VAR モデルのラグ次数 $p$ は AIC に従って決定した．**，* はそれぞれ 1%，5% 水準で有意であることを示す．自由度 $(6, 318)$ に対する $F$ 分布の 1%，5% 臨界値はそれぞれ 2.859，2.127 である．

まず表 5.4 を見ると，ケース (1)，(2)，(3) では同じ結果を示している．すなわち第 3, 6 番目の帰無仮説が棄却される．つまり，それらの変数間には因果性があると判断することができる．また，ケース (4) では，第 2, 5, 6 番目の因果関係が有意と判断できる．

しかし，3 変量間の結果だけでは，簡単に因果関係を判断することは困難である．例えば，表 5.4 のケース (1) の第 6 番目の因果性は $\Delta y_{\text{INT}}$, $\Delta y_{\text{REE}} \xrightarrow{\text{Gr}} \Delta y_{\text{ZEN}}$ であるが，$\Delta y_{\text{INT}}$ と $\Delta y_{\text{REE}}$ のどちらが直接的に $\Delta y_{\text{ZEN}}$ に影響しているのかが判断できないということである．そこで，2 変量間の結果を示す表 5.5 を見ることにしよう．

**表 5.5　2 変量間の Granger 因果性検定**

| ケース (1) | | ケース (2) | |
|---|---|---|---|
| $H_0$ | VAR(3) | $H_0$ | VAR(3) |
| 1 $\Delta y_{\text{INT}} \xrightarrow{\text{Gr}} \Delta y_{\text{ZEN}}$ | 0.622 | 1 $\Delta y_{\text{INT}} \xrightarrow{\text{Gr}} \Delta y_{\text{IIP}}$ | 0.331 |
| 2 $\Delta y_{\text{ZEN}} \xrightarrow{\text{Gr}} \Delta y_{\text{INT}}$ | 0.861 | 2 $\Delta y_{\text{IIP}} \xrightarrow{\text{Gr}} \Delta y_{\text{INT}}$ | 1.073 |
| 3 $\Delta y_{\text{REE}} \xrightarrow{\text{Gr}} \Delta y_{\text{ZEN}}$ | 10.104** | 3 $\Delta y_{\text{REE}} \xrightarrow{\text{Gr}} \Delta y_{\text{IIP}}$ | 8.288** |
| 4 $\Delta y_{\text{ZEN}} \xrightarrow{\text{Gr}} \Delta y_{\text{REE}}$ | 0.963 | 4 $\Delta y_{\text{IIP}} \xrightarrow{\text{Gr}} \Delta y_{\text{ERR}}$ | 0.588 |
| ケース (3) | | ケース (4) | |
| $H_0$ | VAR(3) | $H_0$ | VAR(3) |
| 1 $\Delta y_{\text{INT}} \xrightarrow{\text{Gr}} \Delta y_{\text{SAN}}$ | 2.803* | 1 $\Delta y_{\text{INT}} \xrightarrow{\text{Gr}} \Delta y_{\text{KAN}}$ | 3.403* |
| 2 $\Delta y_{\text{SAN}} \xrightarrow{\text{Gr}} \Delta y_{\text{INT}}$ | 1.173 | 2 $\Delta y_{\text{KAN}} \xrightarrow{\text{Gr}} \Delta y_{\text{INT}}$ | 6.708** |
| 3 $\Delta y_{\text{REE}} \xrightarrow{\text{Gr}} \Delta y_{\text{SAN}}$ | 5.300** | 3 $\Delta y_{\text{REE}} \xrightarrow{\text{Gr}} \Delta y_{\text{KAN}}$ | 1.247 |
| 4 $\Delta y_{\text{SAN}} \xrightarrow{\text{Gr}} \Delta y_{\text{REE}}$ | 2.371 | 4 $\Delta y_{\text{KAN}} \xrightarrow{\text{Gr}} \Delta y_{\text{REE}}$ | 2.453 |

注：VAR モデルのラグ次数 $p$ は AIC に従って決定した．**，* はそれぞれ 1%，5% 水準で有意であることを示す．自由度 (3, 218) に対する $F$ 分布の 1%，5% 臨界値はそれぞれ 3.873, 2.646 である．

これを見ると，ケース (1), (2), (3) において，実質実効為替レート ($\Delta y_{\text{REE}}$) からの因果性が認められる．またケース (3) では，国際観光収入から第 3 次産業への因果性があることが示されている．

これら 3 つのケースと異なるのが，ケース (4) である．そこでは，観光関連

産業と国際観光収入との間に双方向の因果性が有意であった.

従って，因果性検定の結果を以下のようにまとめることができる：

(1) $\Delta y_{\text{REE}}$ から $(\Delta y_{\text{ZEN}}, \Delta y_{\text{INT}})$ と $(\Delta y_{\text{INT}}, \Delta y_{\text{REE}})$ から $\Delta y_{\text{ZEN}}$ への因果性が認められるが，インバウンド観光収入（$y_{\text{INT}}$）による直接的な影響は認められない.

(2) $\Delta y_{\text{REE}}$ から $(\Delta y_{\text{IIP}}, \Delta y_{\text{INT}})$ と $(\Delta y_{\text{INT}}, \Delta y_{\text{REE}})$ から $\Delta y_{\text{IIP}}$ への因果性が認められるが，インバウンド観光収入（$y_{\text{INT}}$）による直接的な影響は認められない.

(3) $\Delta y_{\text{REE}}$ から $(\Delta y_{\text{SAN}}, \Delta y_{\text{INT}})$ と $(\Delta y_{\text{INT}}, \Delta y_{\text{REE}})$ から $\Delta y_{\text{SAN}}$ への因果性が認められ，それはインバウンド観光収入（$y_{\text{INT}}$）と実質実効為替レート（$y_{\text{REE}}$）の双方からの影響である.

(4) $(\Delta y_{\text{KAN}}, \Delta y_{\text{REE}})$ から $\Delta y_{\text{INT}}$，$\Delta y_{\text{KAN}}$ から $(\Delta y_{\text{INT}}, \Delta y_{\text{REE}})$，および $(\Delta y_{\text{INT}}, \Delta y_{\text{REE}})$ から $\Delta y_{\text{KAN}}$ への因果性が認められる．これらは，観光関連産業（$y_{\text{KAN}}$）とインバウンド観光収入（$y_{\text{INT}}$）との双方向の因果関係によるものである.

## 5.4 まとめ

本章では，時系列分析の手法を用いて，インバウンド観光と日本経済との関係を検証した．経済の成長あるいは発展を測る指標として，全産業活動指数，鉱工業生産指数，第3次産業活動指数，および観光関連産業指数を，またインバウンド観光に関して国際旅行収支の受取額ならびに実質実効為替レート指数を用いて，それらの連動性を探るという手法であった．最初の，**(1)** 全産業とインバウンド観光，**(2)** 鉱工業とインバウンド観光，**(3)** 第3次産業とインバウンド観光，**(4)** 観光関連産業とインバウンド観光の4つの関連性について共和分検定を行った結果では，どのケースにも長期的な均衡関係は見出すことができなかった.

そこで，これらの系列に対して1階の階差をとり，通常のVARモデルを用

いた Granger の因果性検定を行った[51]．その結果，ケース (1)，(2) では，インバウンド観光収入による直接的な因果性はなく，これが全産業，あるいは鉱工業の活動に何らかの影響を与えるとは言い難いことが示された．

しかし，ケース (3) では，インバウンド観光から第 3 次産業への直接的な因果性が，さらにケース (4) では，インバウンド観光と観光関連産業との間には相互の因果性が明らかとなった．

前述したように，わが国における国際観光収入は輸出に比して非常に小さく，様々な国・地域と比較しても，インバウンド観光収入/輸出比率は大きな割合とはいえない．しかし，近年のインバウンド観光急増による影響がより顕著なものになれば，それが日本経済の成長に寄与するということが，他の伝統的な計量分析によっても，ますます明らかになっていくものと思われる．

---

51) これは，通常の独立変数と従属変数の間の関係ではないことに注意する必要がある．

# 終　章　結論と今後の課題

## 本書の要点と結論

　本書の目的は,「外客誘致活動の効率性をどのように計測すべきか,またそれによって誘致活動,あるいは関連政策をどのように評価できるかという問題を探り,それらの結果を示すことにより,観光開発戦略を樹立する際の一つの視座を確立すること」に置かれていた．最後に本書全体を通じて得られた結果を,最初に示した3つの論点の観点から要約して示し,この目的が達成されたか否かを確認することにしたい．

　第1の論点とは,「訪日外客誘致の現状を探り,現有データによって何がいえるのかという観点から,多変量解析の手法（重回帰分析および主成分分析）によって基礎的分析を行い,その結果から,訪日外客誘致に影響を与えると考えられる幾つかの要因を明らかにする」ということであった．この論点に対する回答は,第3章で展開された議論である．
　そこでは,利用可能な観光関連統計を提示し,国内観光に関するデータに比してインバウンド観光のそれがはるかに少ないという現状を明らかにした．また近年わが国では,インバウンド観光に関連する統計整備を進展させているが,まだ試行段階にあることを指摘した．しかし,将来の統計整備という理想は理想として,とにかく現在利用可能なデータから,何が言えるのかという問題意識の下で,外客誘致活動に関連する利用可能な統計を提示した．すなわち,都道府県レベルで比較可能なものとして,訪日外客数については,日本政府観光局（JNTO）『JNTO訪日外客訪問地調査』,観光資源・施設・経費に関しては,環境省自然環境局および文化庁文化財部が公表するデータ,（社）日本観光協会編『数字でみる観光』（創成社）,そして総務省自治財政局編『都道

府県決済状況調』等である．

　またここでは，さらに各地域から成るクロスセクション・データを，被説明変数は訪日外客総数，また説明変数は観光資源（温泉地，歴史的・自然的要素），観光インフラ（宿泊施設，観光関連施設），そして観光経費として，通常の重回帰モデルに当てはめた場合の結果を示した．そこでは，宿泊施設，温泉地，歴史的・自然的要素の標準偏回帰係数が有意となったが，温泉地の係数が負の値であること，観光経費と観光関連施設はモデルから除外されることなどの問題が生じることが確認された．そこで次に，韓国・台湾・香港・中国・アメリカ・その他の国からの6つのデータから主成分スコアを抽出し，それを被説明変数とする重回帰分析を加えた．この結果も，前述のそれと類似したものになることが示された．つまりこの2つの分析結果が，アウトプットとしての訪日外客数をよく説明する重要な要因は「宿泊施設」と「歴史的・自然的要素」の2つの項目であることを明した．ここでの分析は「全国の平均的な傾向性」を示すという点において一定の成果は収めたことになる．しかし，こうした分析手法では，統計的に有意でない変数が除外されてしまうこと，また各地域の個別的な傾向性を見るという点において限界があることも確認された．

　第2の論点とは，「訪日外客誘致のパフォーマンスはどのような状況にあるのか，また非効率な外客誘致活動の改善策とは如何なるものか，そしてパフォーマンスは通時的にどのような変化を遂げ，それは如何なる要因によってもたらされたのか，それに対して観光政策の変化が如何なる効果を与えたかという諸問題を，一国全体と地方自治体レベルから，1時点での効率性評価と異時点間の効率変化を検証すること」であった．第2論点への回答は，第4章および第5章の論究として示した．つまり，2003年の「ビジット・ジャパン・キャンペーン」開始と，2007年の「観光立国推進基本法」施行を，政策変化年として捉え，それらが如何なる効果を与えたかという問題に対して，データ包絡分析法（DEA）とMalmquist指数を用いての議論が展開された．

　まず第4章では，「外客誘致のパフォーマンス」を，「仮想的な外客数」と

「仮想的な観光資源・インフラ・経費」との比率尺度として定義し,都道府県レベルの誘致活動に関する一つの評価手法を提示した.ここで用いたモデルは,「規模に関して収穫一定」型の CCR と「規模に関して収穫逓増」型の IRS である.これによって,各地域の外客誘致パフォーマンスを相対的に評価可能であること,またインバウンド観光政策の変化年前後において,その効率性に変化が生じることが,すなわち 2000 年度から 2008 年度にかけて,効率値は平均的に上昇しており,これは,わが国の観光政策の効果と捉えることができることを確認した.

また,ここでは非効率と判断される地域に対して,効率化の一つの改善策である「効率化指標」を提示した.これは,インプットに対する余剰分を削減し,アウトプットに対する不足分を増加することができたならば,効率的と判断された地域と同水準になることを示したものである.もちろん,ここで示された改善案は唯一のものではなく,例えば余剰が発生しているのであれば,それを完全に利用するように誘致活動を行うべきであることなども指摘した.

さらに第 5 章では,CCR モデルに基づく Malmquist 指数 ($MI$) を用いて,外客誘致効率性の異時点間における変化とその要因を示した.これは $MI$ 指標を,CCR 効率性の変化 ($CU$:「外客誘致パフォーマンスの変化」) と技術効率性の変化 ($FS$:「誘致プロセスの技術的効率変化」) に分解可能であることに着目したものであった.

計測の結果,前述の 2 つの政策変化年の前後において,外客誘致効率は全体的に向上していることが明らかとなった.その要因は様々な結果を示しているが,概ね $FS$ 指標の増加,すなわち誘致プロセスの技術的効率が向上したことによって $MI$ が上昇していることが示された.

また,2000 年度を基準とした $MI$ を計測してみても,同様の結果が得られたが,年を追うごとにその数値は増加していることが明らかとなった.つまり,インバウンド観光政策以前よりも,外客誘致効率は向上しているが,各地方自治体の誘致パフォーマンスが向上したことによる影響というよりはむしろ,効率的フロンティアの拡大的なシフト,すなわちアウトプットとしての外客数の

増加によるところが大きい，という事実を示すものであった．

筆者は，以上の結果はインバウンド観光に関する効率性を求め，政策面での論議を計量的情報に基づいて展開できる余地を示したという意味において，第2論点の「外客誘致効率は通時的にどのような変化を遂げ，それは如何なる要因によってもたらされたのか，また，それに対して観光政策の変化が如何なる効果を与えたか」への一つの回答となったのではないかと考えている．

第3の論点とは，「インバウンド観光が日本経済にどのように影響してきたか，その長期的な関係を探る」ことであった．ここでは，経済成長を測る指標（全産業活動指数，鉱工業生産指数，第3次産業活動指数，観光関連産業指数）と，インバウンド観光に関する指標（国際観光収入，実質実効為替レート指数）を用いて，時系列分析を行った．ADFおよびKPSSの単位根検定から，各指数の対数系列は単位根過程に従うことが示された．そこでまず，(1) 全産業とインバウンド観光，(2) 鉱工業とインバウンド観光，(3) 第3次産業とインバウンド観光，(4) 観光関連産業とインバウンド観光の4つの関連性ついて，共和分検定を行った結果，全てのケースにおいて共和分の関係にあることは示されなかったこと，つまり，この4つのケースの各々において，長期的な連動性は見出すことができなかったことを示した．

そこで，原系列に対して1階の階差をとり，通常のVARモデルによるGranger因果性検定を行うことによって，各ケースにおいて有意な因果関係があることを示した．そして，(1), (2), および(3)の関係では，インバウンド観光による影響というよりはむしろ，為替の影響が強く反映されたものであることを述べ，さらに(4)の観光関連産業とインバウンド観光収入との間には，一方向ではなく，双方向の因果性があることを示した．

つまり，因果性の観点から見ると，インバウンド観光が為替レートを介して日本経済に影響する事実が示され，また観光関連産業とインバウンド観光との間には相互的な因果性が明らかとなり，今後さらなる拡大が見込まれるインバウンド観光がわが国の観光業を刺激し，またそれによって更なるインバウンド

観光者が流入する可能性を示すことができたものと考える．

以上の結果によって，本書の目的である「外客誘致活動の効率性をどのように計測すべきか，またそれによって誘致活動，あるいは関連政策をどのように評価できるかという問題を探り，それらの結果を示すことにより，観光開発戦略を樹立する際の一つの視座を確立すること」は，達成できたと言える．

## 今後の課題

もちろん，本書の論述によって，インバウンド観光をめぐる全ての課題が明らかになったわけではない．この問題は，多様な側面を覆っており，更なる学際的な観点からの，その計量的観点からの研究が求められていることは明らかである．

最後に，一つの参考として，本書の文脈との関連という限定された範囲において，残された課題を挙げておきたい．

先ず，第3章における分析では，DEAの基本モデルであるCCRと，その応用型であるIRSによって効率値を計測したが，DEAは現在も進化を遂げつつある手法であるので，この2つのモデル以外にも様々なものが提案されていることに留意すべきであろう．例えば，Seiford and Zhu (2003) によって提案されたContext-dependent DEAや，Tone (2001) が提唱するSlack-Based Model (SBM) による計測も有用であると思われる．

前者のモデルは，効率性のレベルに応じて，複数の効率的フロンティアを生成する手法である．また後者のSBMモデルとは，インプットに対する余剰とアウトプットに対する不足，すなわちスラックを直接考慮した上で効率値を求めるモデルである．本書においては，繁雑な議論を避けるために，また，ここでの論旨に大きな変容を与えるものではなかったことを確認した上であえてこれらを展開しなかった．しかし，分析手法の探求はそれ自体一つの学問的価値を有するものであり，筆者は近い将来，これらを用いた分析結果を別の形で示すことを考えている．

次に，第5章での時系列分析では，2000年からの月次データを用いて分析したが，インバウンド観光と日本経済との関連性を考察するならば，先行研究と同様に，四半期データ（例えば，実質GDP，実質実効為替レート指数と国際観光収入）による分析が必要であるかもしれないという視点が湧く．ただこの場合は，長期的な「季節調整」という困難な作業が伴うこと，また何を基準として「実質化」するか，そしてデータの計測方法改正による「不連続性」の改善をどうするか，などをより詳細に吟味することが求められよう．

最後に，インバウンド観光に関する統計整備の必要性を再度強調しておきたい．ことに調査の設計を統一した上で，各地域別に各国の外客別観光消費実態調査を行うことが急務のことのように思われる．

# 附　　錄

# 附録 A 分析で使用したデータについて

## A.1 訪日外客数

本書の分析で用いたデータを以下で示す．第 2 章で用いた訪日外客に関するデータは，日本政府観光局（JNTO）『JNTO 訪日外客訪問地調査』（各年版）で示されている「訪問率」を基に，以下のように算出した：

$$y_j = 訪日外客総数（万人）\times \frac{j への訪問率（\%）}{100}$$

ただし，$y_j$ は $j$ を訪れた訪日外客総数（万人），$j \in \{47\ 都道府県\}$ である．

ここでの訪問率とは，当該都道府県を訪れたと回答したサンプル数/全サンプル数のことである．つまりこの場合，国籍を問わず，アンケートに回答した全ての外国人が対象であるので，$y_j$ を都道府県 $j$ を訪れた外客総数と捉えることができる．

以下に，2000，2004，2008 年度における訪日外客の都道府県別訪問率と，その訪問率から算出された訪日外客総数を**表 A.1** に示す．

表 A.1 各都道府県への訪問率 (%) と外客総数 (万人)

| | | 2000 | | 2004 | | 2008 | | | | 2000 | | 2004 | | 2008 | |
|---|---|---|---|---|---|---|---|---|---|---|---|---|---|---|---|
| | | 訪問率 | $y_j$ | 訪問率 | $y_j$ | 訪問率 | $y_j$ | | | 訪問率 | $y_j$ | 訪問率 | $y_j$ | 訪問率 | $y_j$ |
| 1 | 北海道 | 2.7 | 13.04 | 4.0 | 25.15 | 8.1 | 62.93 | 25 | 滋賀 | 0.6 | 2.90 | 0.5 | 3.14 | 0.7 | 5.44 |
| 2 | 青森 | 0.4 | 1.93 | 0.4 | 2.51 | 0.8 | 6.22 | 26 | 京都 | 14.1 | 68.08 | 17.4 | 109.39 | 21.4 | 166.27 |
| 3 | 岩手 | 0.4 | 1.93 | 0.3 | 1.89 | 0.6 | 4.66 | 27 | 大阪 | 23.7 | 114.43 | 21.6 | 135.79 | 25.0 | 194.24 |
| 4 | 宮城 | 1.3 | 6.28 | 1.3 | 8.17 | 2.0 | 15.54 | 28 | 兵庫 | 5.6 | 27.04 | 6.2 | 38.98 | 8.1 | 62.93 |
| 5 | 秋田 | 0.3 | 1.45 | 0.3 | 1.89 | 0.4 | 3.11 | 29 | 奈良 | 3.7 | 17.86 | 4.8 | 30.18 | 6.5 | 50.50 |
| 6 | 山形 | 0.4 | 1.93 | 0.3 | 1.89 | 0.6 | 4.66 | 30 | 和歌山 | 0.7 | 3.38 | 1.0 | 6.29 | 1.3 | 10.10 |
| 7 | 福島 | 0.8 | 3.86 | 0.8 | 5.03 | 0.8 | 6.22 | 31 | 鳥取 | 0.2 | 0.97 | 0.3 | 1.89 | 0.2 | 1.55 |
| 8 | 茨城 | 1.4 | 6.76 | 1.7 | 10.69 | 1.3 | 10.10 | 32 | 島根 | 0.3 | 1.45 | 0.1 | 0.63 | 0.2 | 1.55 |
| 9 | 栃木 | 3.2 | 15.45 | 3.5 | 22.00 | 3.6 | 27.97 | 33 | 岡山 | 0.7 | 3.38 | 0.7 | 4.40 | 0.8 | 6.22 |
| 10 | 群馬 | 1.2 | 5.79 | 0.9 | 5.66 | 0.8 | 6.22 | 34 | 広島 | 2.7 | 13.04 | 4.1 | 25.78 | 4.0 | 31.08 |
| 11 | 埼玉 | 1.9 | 9.17 | 2.1 | 13.20 | 1.6 | 12.43 | 35 | 山口 | 0.8 | 3.86 | 0.8 | 5.03 | 0.6 | 4.66 |
| 12 | 千葉 | 13.2 | 63.73 | 13.0 | 81.73 | 11.8 | 91.68 | 36 | 徳島 | 0.3 | 1.45 | 0.2 | 1.26 | 0.2 | 1.55 |
| 13 | 東京 | 56.0 | 270.38 | 58.2 | 365.88 | 58.9 | 457.62 | 37 | 香川 | 0.4 | 1.93 | 0.4 | 2.51 | 0.4 | 3.11 |
| 14 | 神奈川 | 15.3 | 73.87 | 16.4 | 103.10 | 16.0 | 124.31 | 38 | 愛媛 | 0.4 | 1.93 | 0.5 | 3.14 | 0.4 | 3.11 |
| 15 | 新潟 | 0.9 | 4.35 | 0.7 | 4.40 | 0.9 | 6.99 | 39 | 高知 | 0.3 | 1.45 | 0.2 | 1.26 | 0.1 | 0.78 |
| 16 | 富山 | 0.6 | 2.90 | 0.6 | 3.77 | 0.9 | 6.99 | 40 | 福岡 | 8.0 | 38.63 | 8.2 | 51.55 | 9.7 | 75.36 |
| 17 | 石川 | 0.9 | 4.35 | 0.9 | 5.66 | 1.3 | 10.10 | 41 | 佐賀 | 0.3 | 1.45 | 0.4 | 2.51 | 0.6 | 4.66 |
| 18 | 福井 | 0.4 | 1.93 | 0.3 | 1.89 | 0.3 | 2.33 | 42 | 長崎 | 3.6 | 17.38 | 3.4 | 21.37 | 3.9 | 30.30 |
| 19 | 山梨 | 4.8 | 23.18 | 4.9 | 30.80 | 5.9 | 45.84 | 43 | 熊本 | 1.9 | 9.17 | 3.0 | 18.86 | 4.7 | 36.52 |
| 20 | 長野 | 2.4 | 11.59 | 2.6 | 16.35 | 3.0 | 23.31 | 44 | 大分 | 2.8 | 13.52 | 2.7 | 16.97 | 4.9 | 38.07 |
| 21 | 岐阜 | 1.6 | 7.73 | 1.7 | 10.69 | 2.7 | 20.98 | 45 | 宮崎 | 0.9 | 4.35 | 0.5 | 3.14 | 0.5 | 3.88 |
| 22 | 静岡 | 3.7 | 17.86 | 3.4 | 21.37 | 3.4 | 26.42 | 46 | 鹿児島 | 0.9 | 4.35 | 0.6 | 3.77 | 0.8 | 6.22 |
| 23 | 愛知 | 9.0 | 43.45 | 9.6 | 60.35 | 10.1 | 78.47 | 47 | 沖縄 | 3.6 | 17.38 | 2.5 | 15.72 | 2.3 | 17.87 |
| 24 | 三重 | 1.1 | 5.31 | 1.0 | 6.29 | 1.2 | 9.32 | | 外客総数 | | 482.82 | | 628.67 | | 776.94 |

注:各年度における,都道府県の外客総数 $y_j$, $j \in \{47\ \text{都道府県}\}$ は,「訪問率」と「総数」の積で求めたもの。ここで「総数」とは,各年度において日本を訪れた外国人の総数。

## 附録 A 分析で使用したデータについて

また，第 2 章，第 3 章，および第 4 章で用いた韓国，台湾，香港，アメリカからの外客数も前述の計算と同様である．しかし，5 カ国・地域からの「訪問率」については，ゼロ（無回答あるいは 0.05% 未満）という表示が含まれる．そのため，分析の便宜上，各都道府県の「訪問率」の標準誤差を求めて，それを元の「訪問率」に加えたもの（仮想訪問率）を用いて計算することとした．従って，韓国，台湾，香港，アメリカからの外客数は，以下の式から求めた：

$$y_{\text{KOR},j} = 訪日韓国人（万人）\times \frac{j への仮想訪問率（\%）}{100},$$

$$y_{\text{TWN},j} = 訪日台湾人（万人）\times \frac{j への仮想訪問率（\%）}{100},$$

$$y_{\text{HKG},j} = 訪日香港人（万人）\times \frac{j への仮想訪問率（\%）}{100},$$

$$y_{\text{CHN},j} = 訪日中国人（万人）\times \frac{j への仮想訪問率（\%）}{100},$$

$$y_{\text{USA},j} = 訪日アメリカ人（万人）\times \frac{j への仮想訪問率（\%）}{100}.$$

ここで，都道府県 $j$ を訪れた韓国，台湾，香港，中国，アメリカからの外客数をそれぞれ $y_{\text{KOR},j}$, $y_{\text{TWN},j}$, $y_{\text{HKG},j}$, $y_{\text{CHN},j}$, $y_{\text{USA},j}$ とする．

最後に，その他の国からの外客数について説明する．これは，訪日外客総数から上の 5 カ国・地域からの外客数の合計を差し引いたものを「その他の国からの外客数」として算出したものである．すなわち，都道府県 $j$ を訪れたその他の国からの外客数 $y_{\text{OTH},j}$ は，以下の式より算出した：

$$y_{\text{OTH},j} = \left(訪日外客総数 - 5 カ国・地域からの外客合計\right) \times \frac{j への訪問率}{100}$$

ここで用いた「訪問率」は，分析の便宜上，前述の訪日外客全体の都道府県別訪問率を用いている．

## A.2 分析用データの一覧

以下に，第 2 章，第 3 章，第 4 章，および第 5 章で用いたデータを挙げておく．

表 **A.2** から表 **A.4** の各々は第 2 章，また表 **A.5** から表 **A.13** の各々は第 3 章および第 4 章，表 **A.14** は第 5 章の分析で用いたものである．

## 表 A.2　重回帰分析用データ (2000 年度)

| | | $y$ | $z$ | $x_{KE}$ | $x_{HO}$ | $x_{ON}$ | $x_{RE}$ | $x_{SH}$ | | | $y$ | $z$ | $x_{KE}$ | $x_{HO}$ | $x_{ON}$ | $x_{RE}$ | $x_{SH}$ |
|---|---|---|---|---|---|---|---|---|---|---|---|---|---|---|---|---|---|
| 1 | 北海道 | 13.0 | 7.6 | 568.0 | 156.7 | 245 | 8.6 | 1823 | 25 | 滋賀 | 2.9 | 3.2 | 1017.5 | 80.0 | 20 | 16.9 | 416 |
| 2 | 青森 | 1.9 | 2.7 | 3418.3 | 94.8 | 159 | 8.2 | 376 | 26 | 京都 | 68.1 | 28.3 | 544.8 | 97.0 | 34 | 15.4 | 523 |
| 3 | 岩手 | 1.9 | 2.5 | 1459.2 | 87.7 | 88 | 3.9 | 441 | 27 | 大阪 | 114.4 | 48.5 | 191.9 | 270.5 | 23 | 4.6 | 435 |
| 4 | 宮城 | 6.3 | 4.0 | 538.5 | 106.3 | 47 | 8.6 | 609 | 28 | 兵庫 | 27.0 | 12.5 | 321.4 | 90.4 | 69 | 3.0 | 1054 |
| 5 | 秋田 | 1.4 | 2.5 | 4807.7 | 85.6 | 115 | 6.1 | 514 | 29 | 奈良 | 17.9 | 8.7 | 1095.2 | 49.0 | 35 | 16.9 | 277 |
| 6 | 山形 | 1.9 | 2.5 | 3592.9 | 51.2 | 99 | 17.4 | 403 | 30 | 和歌山 | 3.4 | 3.4 | 835.2 | 86.4 | 44 | 9.2 | 412 |
| 7 | 福島 | 3.9 | 3.2 | 1299.8 | 65.5 | 135 | 10.2 | 638 | 31 | 鳥取 | 1.0 | 2.2 | 2601.0 | 55.0 | 16 | 9.3 | 276 |
| 8 | 茨城 | 6.8 | 4.4 | 1045.7 | 74.2 | 48 | 2.8 | 484 | 32 | 島根 | 1.4 | 2.3 | 1798.7 | 59.0 | 49 | 3.4 | 356 |
| 9 | 栃木 | 15.5 | 7.4 | 1180.7 | 78.1 | 70 | 5.5 | 708 | 33 | 岡山 | 3.4 | 2.9 | 760.9 | 74.6 | 41 | 4.7 | 491 |
| 10 | 群馬 | 5.8 | 4.2 | 554.6 | 67.7 | 88 | 16.4 | 673 | 34 | 広島 | 13.0 | 5.6 | 372.3 | 127.6 | 61 | 2.2 | 654 |
| 11 | 埼玉 | 9.2 | 5.2 | 131.2 | 69.3 | 14 | 8.1 | 582 | 35 | 山口 | 3.9 | 3.3 | 2003.5 | 72.9 | 57 | 5.4 | 504 |
| 12 | 千葉 | 63.7 | 29.4 | 2134.3 | 213.9 | 85 | 4.5 | 612 | 36 | 徳島 | 1.4 | 2.3 | 10255.6 | 59.5 | 21 | 4.8 | 234 |
| 13 | 東京 | 270.4 | 109.0 | 545.2 | 310.3 | 20 | 32.2 | 775 | 37 | 香川 | 1.9 | 2.4 | 547.2 | 79.0 | 31 | 3.4 | 315 |
| 14 | 神奈川 | 73.9 | 32.0 | 101.7 | 104.4 | 35 | 24.4 | 761 | 38 | 愛媛 | 1.9 | 2.5 | 217.3 | 88.6 | 28 | 3.0 | 456 |
| 15 | 新潟 | 4.3 | 3.4 | 1023.2 | 81.3 | 141 | 25.6 | 912 | 39 | 高知 | 1.4 | 2.3 | 1098.0 | 66.3 | 38 | 3.5 | 292 |
| 16 | 富山 | 2.9 | 2.8 | 3836.5 | 57.1 | 73 | 29.5 | 328 | 40 | 福岡 | 38.6 | 19.7 | 141.1 | 170.3 | 33 | 9.5 | 569 |
| 17 | 石川 | 4.3 | 3.5 | 3335.0 | 87.6 | 69 | 5.1 | 350 | 41 | 佐賀 | 1.4 | 2.6 | 1156.3 | 69.1 | 23 | 1.4 | 273 |
| 18 | 福井 | 1.9 | 2.7 | 2077.6 | 60.0 | 44 | 6.5 | 365 | 42 | 長崎 | 17.4 | 9.9 | 1450.0 | 80.6 | 38 | 12.1 | 406 |
| 19 | 山梨 | 23.2 | 11.4 | 864.3 | 57.9 | 50 | 22.1 | 555 | 43 | 熊本 | 9.2 | 6.1 | 751.5 | 92.1 | 62 | 12.4 | 544 |
| 20 | 長野 | 11.6 | 6.5 | 3429.2 | 56.7 | 217 | 14.1 | 1301 | 44 | 大分 | 13.5 | 8.8 | 576.5 | 82.0 | 63 | 16.9 | 467 |
| 21 | 岐阜 | 7.7 | 4.8 | 727.6 | 70.6 | 60 | 8.7 | 736 | 45 | 宮崎 | 4.3 | 4.3 | 1223.8 | 129.8 | 35 | 9.2 | 266 |
| 22 | 静岡 | 17.9 | 9.4 | 1069.8 | 63.4 | 106 | 7.0 | 974 | 46 | 鹿児島 | 4.3 | 3.8 | 3263.3 | 127.0 | 84 | 5.2 | 603 |
| 23 | 愛知 | 43.5 | 20.1 | 92.0 | 129.7 | 32 | 9.5 | 586 | 47 | 沖縄 | 17.4 | 10.1 | 4134.0 | 217.9 | 4 | 11.4 | 228 |
| 24 | 三重 | 5.3 | 3.7 | 901.7 | 79.3 | 39 | 18.0 | 524 | | | | | | | | | |

出所：表 2.1 に同じ．
注：$y$ は各都道府県の外客総数，$z$ は 6 つの外客数 ($y_{KOR}$, $y_{TWN}$, $y_{HKG}$, $y_{CHN}$, $y_{USA}$, $y_{OTH}$) から抽出した主成分スコア．

124

表 A.3 重回帰分析用データ（2004 年度）

| | | $y$ | $z$ | $x_{\text{KE}}$ | $x_{\text{HO}}$ | $x_{\text{ON}}$ | $x_{\text{RE}}$ | $x_{\text{SH}}$ | | | $y$ | $z$ | $x_{\text{KE}}$ | $x_{\text{HO}}$ | $x_{\text{ON}}$ | $x_{\text{RE}}$ | $x_{\text{SH}}$ |
|---|---|---|---|---|---|---|---|---|---|---|---|---|---|---|---|---|---|
| 1 | 北海道 | 25.1 | 14.6 | 304.7 | 155.6 | 249 | 8.6 | 1928 | 25 | 滋賀 | 3.1 | 3.7 | 1027.3 | 81.9 | 22 | 16.9 | 436 |
| 2 | 青森 | 2.5 | 3.4 | 1917.5 | 92.9 | 149 | 8.2 | 391 | 26 | 京都 | 109.4 | 42.8 | 460.7 | 95.4 | 38 | 15.4 | 527 |
| 3 | 岩手 | 1.9 | 3.2 | 784.6 | 86.6 | 95 | 3.9 | 478 | 27 | 大阪 | 135.8 | 63.2 | 162.1 | 282.3 | 27 | 7.8 | 657 |
| 4 | 宮城 | 8.2 | 5.5 | 379.8 | 101.5 | 54 | 8.6 | 632 | 28 | 兵庫 | 39.0 | 19.5 | 142.8 | 92.3 | 70 | 3.0 | 1129 |
| 5 | 秋田 | 1.9 | 3.0 | 1755.8 | 85.8 | 122 | 6.1 | 544 | 29 | 奈良 | 30.2 | 13.6 | 561.5 | 53.8 | 35 | 16.9 | 302 |
| 6 | 山形 | 1.9 | 3.1 | 3643.9 | 51.5 | 100 | 17.4 | 447 | 30 | 和歌山 | 6.3 | 5.4 | 948.9 | 91.5 | 44 | 9.2 | 451 |
| 7 | 福島 | 5.0 | 4.5 | 1636.6 | 66.1 | 139 | 10.2 | 708 | 31 | 鳥取 | 1.9 | 3.2 | 2973.1 | 55.0 | 16 | 9.6 | 282 |
| 8 | 茨城 | 10.7 | 6.2 | 343.5 | 81.5 | 45 | 2.9 | 537 | 32 | 島根 | 0.6 | 2.6 | 1805.9 | 56.9 | 49 | 3.6 | 379 |
| 9 | 栃木 | 22.0 | 9.8 | 962.5 | 76.7 | 70 | 5.5 | 746 | 33 | 岡山 | 4.4 | 4.0 | 437.7 | 70.3 | 41 | 4.9 | 524 |
| 10 | 群馬 | 5.7 | 5.0 | 379.3 | 69.6 | 93 | 16.4 | 705 | 34 | 広島 | 25.8 | 9.1 | 341.6 | 132.0 | 69 | 2.2 | 688 |
| 11 | 埼玉 | 13.2 | 7.7 | 128.4 | 68.0 | 14 | 8.4 | 605 | 35 | 山口 | 5.0 | 4.5 | 445.8 | 82.0 | 52 | 5.3 | 532 |
| 12 | 千葉 | 81.7 | 38.7 | 349.7 | 203.6 | 80 | 32.7 | 671 | 36 | 徳島 | 1.3 | 2.9 | 2900.2 | 64.6 | 28 | 4.7 | 252 |
| 13 | 東京 | 365.9 | 141.0 | 466.1 | 319.5 | 21 | 24.4 | 819 | 37 | 香川 | 2.5 | 3.3 | 1201.9 | 82.4 | 33 | 3.3 | 333 |
| 14 | 神奈川 | 103.1 | 42.9 | 108.6 | 104.4 | 37 | 25.6 | 823 | 38 | 愛媛 | 3.1 | 3.4 | 690.4 | 97.0 | 31 | 3.0 | 470 |
| 15 | 新潟 | 4.4 | 4.0 | 939.9 | 82.8 | 154 | 29.5 | 994 | 39 | 高知 | 1.3 | 2.7 | 1016.8 | 65.3 | 37 | 3.5 | 321 |
| 16 | 富山 | 3.8 | 4.1 | 4395.3 | 57.6 | 74 | 5.1 | 342 | 40 | 福岡 | 51.6 | 28.1 | 112.4 | 175.1 | 42 | 9.5 | 629 |
| 17 | 石川 | 5.7 | 4.2 | 1097.5 | 86.6 | 64 | 6.5 | 376 | 41 | 佐賀 | 2.5 | 3.7 | 1018.5 | 67.8 | 24 | 1.4 | 295 |
| 18 | 福井 | 1.9 | 3.1 | 1156.3 | 62.0 | 47 | 22.3 | 373 | 42 | 長崎 | 21.4 | 12.9 | 942.2 | 77.8 | 38 | 12.1 | 432 |
| 19 | 山梨 | 30.8 | 15.3 | 700.0 | 59.1 | 33 | 14.2 | 582 | 43 | 熊本 | 18.9 | 12.3 | 424.3 | 104.6 | 73 | 12.4 | 581 |
| 20 | 長野 | 16.3 | 8.3 | 845.4 | 57.4 | 248 | 8.7 | 2146 | 44 | 大分 | 17.0 | 11.3 | 715.4 | 79.8 | 61 | 16.9 | 466 |
| 21 | 岐阜 | 10.7 | 5.9 | 646.3 | 76.0 | 59 | 6.9 | 811 | 45 | 宮崎 | 3.1 | 3.8 | 1152.9 | 139.7 | 43 | 9.4 | 294 |
| 22 | 静岡 | 21.4 | 11.2 | 507.3 | 65.5 | 107 | 9.5 | 1014 | 46 | 鹿児島 | 3.8 | 3.9 | 660.4 | 130.8 | 91 | 5.3 | 663 |
| 23 | 愛知 | 60.4 | 25.2 | 83.6 | 133.0 | 36 | 18.0 | 610 | 47 | 沖縄 | 15.7 | 9.1 | 2907.3 | 216.0 | 4 | 11.9 | 252 |
| 24 | 三重 | 6.3 | 4.8 | 706.4 | 81.5 | 56 | | 557 | | | | | | | | | |

出所および注：表 A.2 に同じ．

附録 A　分析で使用したデータについて　125

表 A.4　重回帰分析用データ（2008 年度）

| | $y$ | $z$ | $x_{\text{KE}}$ | $x_{\text{HO}}$ | $x_{\text{ON}}$ | $x_{\text{RE}}$ | $x_{\text{SH}}$ | | $y$ | $z$ | $x_{\text{KE}}$ | $x_{\text{HO}}$ | $x_{\text{ON}}$ | $x_{\text{RE}}$ | $x_{\text{SH}}$ |
|---|---|---|---|---|---|---|---|---|---|---|---|---|---|---|---|
| 1 北海道 | 62.9 | 23.8 | 218.7 | 154.4 | 254 | 8.6 | 1924 | 25 滋賀 | 5.4 | 4.7 | 603.4 | 83.7 | 22 | 18.1 | 392 |
| 2 青森 | 6.2 | 5.2 | 940.7 | 91.1 | 148 | 8.2 | 388 | 26 京都 | 166.3 | 67.4 | 455.1 | 97.5 | 39 | 19.4 | 507 |
| 3 岩手 | 4.7 | 4.2 | 496.9 | 84.6 | 90 | 3.9 | 469 | 27 大阪 | 194.2 | 83.8 | 95.6 | 290.1 | 34 | 7.8 | 302 |
| 4 宮城 | 15.5 | 8.6 | 265.1 | 98.1 | 54 | 8.6 | 627 | 28 兵庫 | 62.9 | 25.2 | 58.0 | 96.5 | 74 | 3.0 | 1117 |
| 5 秋田 | 3.1 | 3.7 | 836.0 | 77.8 | 127 | 6.1 | 512 | 29 奈良 | 50.5 | 19.2 | 408.3 | 53.9 | 39 | 16.9 | 291 |
| 6 山形 | 4.7 | 4.3 | 3002.0 | 53.7 | 93 | 17.4 | 451 | 30 和歌山 | 10.1 | 5.8 | 552.1 | 95.6 | 45 | 9.2 | 418 |
| 7 福島 | 6.2 | 5.3 | 2521.4 | 66.2 | 138 | 10.4 | 705 | 31 鳥取 | 1.6 | 3.2 | 1511.2 | 54.4 | 18 | 9.6 | 274 |
| 8 茨城 | 10.1 | 6.3 | 105.1 | 83.9 | 38 | 2.9 | 529 | 32 島根 | 1.6 | 3.6 | 1132.4 | 56.9 | 43 | 3.6 | 373 |
| 9 栃木 | 28.0 | 12.0 | 607.2 | 77.6 | 69 | 5.9 | 716 | 33 岡山 | 6.2 | 4.7 | 286.6 | 70.4 | 40 | 4.9 | 498 |
| 10 群馬 | 6.2 | 5.2 | 458.4 | 69.4 | 101 | 16.9 | 658 | 34 広島 | 31.1 | 10.8 | 207.6 | 132.1 | 58 | 2.2 | 658 |
| 11 埼玉 | 12.4 | 7.7 | 151.7 | 75.5 | 19 | 8.4 | 660 | 35 山口 | 4.7 | 4.7 | 358.7 | 78.8 | 62 | 5.3 | 635 |
| 12 千葉 | 91.7 | 42.5 | 296.3 | 187.3 | 97 | 4.6 | 670 | 36 徳島 | 1.6 | 3.1 | 1524.6 | 64.6 | 33 | 4.8 | 223 |
| 13 東京 | 457.6 | 179.8 | 1137.9 | 327.3 | 26 | 32.2 | 836 | 37 香川 | 3.1 | 3.7 | 693.7 | 80.4 | 36 | 3.3 | 316 |
| 14 神奈川 | 124.3 | 59.8 | 109.9 | 103.4 | 31 | 24.4 | 765 | 38 愛媛 | 3.1 | 3.6 | 166.9 | 97.3 | 35 | 3.0 | 456 |
| 15 新潟 | 7.0 | 5.2 | 736.6 | 81.9 | 150 | 26.4 | 943 | 39 高知 | 0.8 | 3.1 | 1326.8 | 66.5 | 34 | 3.5 | 285 |
| 16 富山 | 7.0 | 5.2 | 1020.4 | 59.4 | 70 | 29.5 | 341 | 40 福岡 | 75.4 | 28.0 | 92.9 | 154.3 | 51 | 9.5 | 622 |
| 17 石川 | 10.1 | 5.9 | 854.0 | 86.4 | 59 | 5.1 | 360 | 41 佐賀 | 4.7 | 4.1 | 478.3 | 70.0 | 22 | 1.4 | 285 |
| 18 福井 | 2.3 | 3.5 | 769.4 | 63.7 | 42 | 6.2 | 361 | 42 長崎 | 30.3 | 12.7 | 706.5 | 76.0 | 35 | 12.1 | 429 |
| 19 山梨 | 45.8 | 24.8 | 973.0 | 58.5 | 29 | 22.3 | 575 | 43 熊本 | 36.5 | 14.4 | 311.2 | 105.0 | 79 | 12.4 | 538 |
| 20 長野 | 23.3 | 10.4 | 685.5 | 57.2 | 231 | 14.2 | 1957 | 44 大分 | 38.1 | 14.9 | 237.7 | 77.0 | 59 | 16.9 | 436 |
| 21 岐阜 | 21.0 | 9.4 | 311.6 | 75.1 | 64 | 8.7 | 805 | 45 宮崎 | 3.9 | 4.0 | 750.8 | 140.8 | 39 | 9.7 | 306 |
| 22 静岡 | 26.4 | 13.8 | 485.8 | 66.9 | 119 | 6.9 | 928 | 46 鹿児島 | 6.2 | 4.9 | 1364.8 | 127.9 | 100 | 5.5 | 643 |
| 23 愛知 | 78.5 | 35.9 | 70.1 | 137.0 | 34 | 9.5 | 620 | 47 沖縄 | 17.9 | 9.6 | 1452.8 | 212.3 | 4 | 15.0 | 243 |
| 24 三重 | 9.3 | 5.9 | 447.7 | 79.8 | 49 | 18.0 | 536 | | | | | | | | |

出所および注：表 A.2 に同じ．

表 A.5 DEA用データ (2000 年度)

| | $y_{KOR}$ | $y_{TWN}$ | $y_{HKG}$ | $y_{CHN}$ | $y_{USA}$ | $y_{OTH}$ | $x_{KE}$ | $x_{HO}$ | $x_{ON}$ | $x_{RE}$ | $x_{SH}$ |
|---|---|---|---|---|---|---|---|---|---|---|---|
| 1 北海道 | 1.66 | 7.18 | 1.70 | 1.57 | 2.44 | 4.02 | 568.02 | 156.72 | 245 | 8.57 | 1823 |
| 2 青森 | 1.23 | 1.50 | 0.44 | 0.89 | 1.86 | 0.60 | 3418.34 | 94.76 | 159 | 8.20 | 376 |
| 3 岩手 | 1.23 | 1.50 | 0.55 | 0.89 | 1.35 | 0.60 | 1459.18 | 87.69 | 88 | 3.88 | 441 |
| 4 宮城 | 2.09 | 1.77 | 0.68 | 1.10 | 2.30 | 1.94 | 538.46 | 106.25 | 47 | 8.61 | 609 |
| 5 秋田 | 1.23 | 1.41 | 0.44 | 0.89 | 1.64 | 0.45 | 4807.68 | 85.61 | 115 | 6.13 | 514 |
| 6 山形 | 1.44 | 1.32 | 0.44 | 0.67 | 1.57 | 0.60 | 3592.91 | 51.20 | 99 | 17.35 | 403 |
| 7 福島 | 1.77 | 1.68 | 0.55 | 0.89 | 1.71 | 1.19 | 1299.84 | 65.53 | 135 | 10.17 | 638 |
| 8 茨城 | 2.53 | 1.77 | 0.55 | 1.46 | 2.37 | 2.09 | 1045.70 | 74.23 | 48 | 2.81 | 484 |
| 9 栃木 | 3.50 | 3.12 | 0.89 | 2.12 | 3.69 | 4.77 | 1180.69 | 78.09 | 70 | 5.46 | 708 |
| 10 群馬 | 1.66 | 2.04 | 0.55 | 1.90 | 2.37 | 1.79 | 554.65 | 67.65 | 88 | 16.44 | 673 |
| 11 埼玉 | 2.74 | 2.49 | 0.78 | 1.68 | 2.30 | 2.83 | 131.17 | 69.33 | 14 | 8.07 | 582 |
| 12 千葉 | 9.14 | 16.73 | 8.03 | 8.38 | 9.97 | 19.66 | 2134.28 | 213.93 | 85 | 4.50 | 612 |
| 13 東京 | 47.51 | 43.86 | 19.45 | 23.90 | 48.90 | 83.41 | 545.19 | 310.29 | 20 | 32.21 | 775 |
| 14 神奈川 | 13.37 | 16.55 | 3.61 | 8.05 | 14.13 | 22.79 | 101.67 | 104.37 | 35 | 24.43 | 761 |
| 15 新潟 | 1.66 | 1.95 | 0.44 | 1.25 | 1.79 | 1.34 | 1023.20 | 81.34 | 141 | 25.61 | 912 |
| 16 富山 | 1.23 | 1.59 | 0.55 | 0.99 | 1.49 | 0.89 | 3836.51 | 57.08 | 73 | 29.51 | 328 |
| 17 石川 | 1.44 | 2.76 | 0.44 | 0.89 | 1.71 | 1.34 | 3335.00 | 87.64 | 69 | 5.11 | 350 |
| 18 福井 | 1.44 | 1.41 | 0.68 | 0.89 | 1.49 | 0.60 | 2077.59 | 60.03 | 44 | 6.47 | 365 |
| 19 山梨 | 3.29 | 5.56 | 3.40 | 3.67 | 4.85 | 7.15 | 864.28 | 57.92 | 50 | 22.07 | 555 |
| 20 長野 | 3.07 | 2.85 | 1.12 | 1.68 | 3.54 | 3.57 | 3429.18 | 56.70 | 217 | 14.14 | 1301 |
| 21 岐阜 | 2.31 | 2.76 | 0.55 | 1.68 | 2.01 | 2.38 | 727.61 | 70.59 | 60 | 8.68 | 736 |
| 22 静岡 | 5.02 | 6.10 | 1.12 | 2.59 | 2.66 | 5.51 | 1069.76 | 63.35 | 106 | 6.95 | 974 |
| 23 愛知 | 13.26 | 8.71 | 2.25 | 6.24 | 5.44 | 13.41 | 91.98 | 129.65 | 32 | 9.54 | 586 |
| 24 三重 | 2.31 | 2.22 | 0.55 | 0.78 | 1.49 | 1.64 | 901.70 | 79.26 | 39 | 17.98 | 524 |

## 附録A 分析で使用したデータについて

| | | $y_{KOR}$ | $y_{TWN}$ | $y_{HKG}$ | $y_{CHN}$ | $y_{USA}$ | $y_{OTH}$ | $x_{KE}$ | $x_{HO}$ | $x_{ON}$ | $x_{RE}$ | $x_{SH}$ |
|---|---|---|---|---|---|---|---|---|---|---|---|---|
| 25 | 滋賀 | 1.99 | 2.22 | 0.55 | 0.78 | 1.42 | 0.89 | 1017.48 | 79.97 | 20 | 16.93 | 416 |
| 26 | 京都 | 12.39 | 16.73 | 1.57 | 6.60 | 11.06 | 21.00 | 544.81 | 96.96 | 34 | 15.38 | 523 |
| 27 | 大阪 | 34.07 | 27.46 | 4.86 | 7.83 | 9.16 | 35.30 | 191.94 | 270.54 | 23 | 4.57 | 435 |
| 28 | 兵庫 | 7.51 | 7.72 | 1.02 | 2.80 | 3.10 | 8.34 | 321.41 | 90.39 | 69 | 3.04 | 1054 |
| 29 | 奈良 | 6.75 | 3.94 | 0.68 | 1.25 | 3.10 | 5.51 | 1095.19 | 48.97 | 35 | 16.88 | 277 |
| 30 | 和歌山 | 2.42 | 2.31 | 0.44 | 0.67 | 1.42 | 1.04 | 835.20 | 86.42 | 44 | 9.21 | 412 |
| 31 | 鳥取 | 1.34 | 1.59 | 0.44 | 0.78 | 1.06 | 0.30 | 2601.04 | 55.00 | 16 | 9.25 | 276 |
| 32 | 島根 | 1.44 | 1.23 | 0.44 | 0.89 | 1.20 | 0.45 | 1798.71 | 58.97 | 49 | 3.40 | 356 |
| 33 | 岡山 | 1.44 | 1.59 | 0.44 | 0.99 | 1.57 | 1.04 | 760.94 | 74.59 | 41 | 4.74 | 491 |
| 34 | 広島 | 2.09 | 2.13 | 0.68 | 1.68 | 3.17 | 4.02 | 372.25 | 127.65 | 61 | 2.17 | 654 |
| 35 | 山口 | 1.66 | 1.59 | 0.44 | 1.57 | 1.71 | 1.19 | 2003.54 | 72.85 | 57 | 5.36 | 504 |
| 36 | 徳島 | 1.44 | 1.32 | 0.44 | 0.67 | 1.42 | 0.45 | 10255.63 | 59.50 | 21 | 4.79 | 234 |
| 37 | 香川 | 1.34 | 1.41 | 0.44 | 0.78 | 1.42 | 0.60 | 547.24 | 78.97 | 31 | 3.38 | 315 |
| 38 | 愛媛 | 1.34 | 1.50 | 0.44 | 0.78 | 1.57 | 0.60 | 217.28 | 88.62 | 28 | 3.03 | 456 |
| 39 | 高知 | 1.23 | 1.32 | 0.44 | 0.99 | 1.28 | 0.45 | 1097.96 | 66.29 | 38 | 3.45 | 292 |
| 40 | 福岡 | 11.20 | 11.06 | 4.42 | 6.71 | 2.96 | 11.92 | 141.06 | 170.33 | 33 | 9.54 | 569 |
| 41 | 佐賀 | 2.09 | 1.50 | 0.44 | 0.78 | 1.20 | 0.45 | 1156.26 | 69.08 | 23 | 1.39 | 273 |
| 42 | 長崎 | 4.15 | 7.36 | 3.06 | 1.25 | 2.96 | 5.36 | 1450.00 | 80.56 | 38 | 12.07 | 406 |
| 43 | 熊本 | 4.15 | 3.03 | 2.14 | 1.10 | 1.79 | 2.83 | 751.48 | 92.12 | 62 | 12.39 | 544 |
| 44 | 大分 | 5.67 | 6.46 | 2.25 | 1.57 | 1.49 | 4.17 | 576.47 | 82.00 | 63 | 16.91 | 467 |
| 45 | 宮崎 | 1.66 | 2.94 | 2.48 | 0.78 | 1.28 | 1.34 | 1223.81 | 129.81 | 35 | 9.23 | 266 |
| 46 | 鹿児島 | 1.88 | 1.68 | 2.14 | 0.67 | 1.71 | 1.34 | 3263.28 | 127.03 | 84 | 5.20 | 603 |
| 47 | 沖縄 | 2.96 | 9.52 | 1.02 | 1.10 | 4.85 | 5.36 | 4133.98 | 217.85 | 4 | 11.43 | 228 |

出所：表 3.1 に同じ．
注：各列の単位については，3.3.1 節を参照．

表 A.6 DEA用データ（2001 年度）

| | | $y_{KOR}$ | $y_{TWN}$ | $y_{HKG}$ | $y_{CHN}$ | $y_{USA}$ | $y_{OTH}$ | $x_{KE}$ | $x_{HO}$ | $x_{ON}$ | $x_{RE}$ | $x_{SH}$ |
|---|---|---|---|---|---|---|---|---|---|---|---|---|
| 1 | 北海道 | 3.10 | 2.38 | 3.53 | 1.46 | 2.77 | 4.04 | 462.22 | 157.89 | 243 | 8.57 | 1913 |
| 2 | 青森 | 1.92 | 1.16 | 0.42 | 0.93 | 2.43 | 1.05 | 3467.90 | 94.71 | 154 | 8.20 | 397 |
| 3 | 岩手 | 1.69 | 0.91 | 0.42 | 1.46 | 1.66 | 0.75 | 1425.27 | 88.38 | 89 | 3.88 | 459 |
| 4 | 宮城 | 1.57 | 1.32 | 0.42 | 1.05 | 2.84 | 1.80 | 378.20 | 105.67 | 47 | 8.61 | 641 |
| 5 | 秋田 | 1.33 | 1.16 | 0.42 | 1.46 | 1.73 | 0.60 | 3369.64 | 86.54 | 127 | 6.13 | 524 |
| 6 | 山形 | 1.45 | 1.16 | 0.42 | 0.76 | 1.52 | 0.60 | 3766.28 | 51.27 | 99 | 17.35 | 416 |
| 7 | 福島 | 2.16 | 1.16 | 0.56 | 1.17 | 2.08 | 1.20 | 1120.00 | 66.12 | 135 | 10.17 | 701 |
| 8 | 茨城 | 3.45 | 1.56 | 0.56 | 1.46 | 2.43 | 3.00 | 1156.04 | 83.11 | 43 | 2.81 | 516 |
| 9 | 栃木 | 2.98 | 2.30 | 0.56 | 1.82 | 4.52 | 4.49 | 1362.61 | 77.45 | 70 | 5.46 | 711 |
| 10 | 群馬 | 2.51 | 1.64 | 0.56 | 1.05 | 2.01 | 1.65 | 575.55 | 68.45 | 88 | 16.44 | 706 |
| 11 | 埼玉 | 2.74 | 2.13 | 0.42 | 1.99 | 3.05 | 2.85 | 340.60 | 68.00 | 13 | 8.07 | 608 |
| 12 | 千葉 | 10.62 | 9.37 | 5.92 | 8.23 | 8.91 | 16.78 | 1961.69 | 210.43 | 76 | 4.50 | 651 |
| 13 | 東京 | 45.65 | 35.57 | 17.77 | 26.80 | 49.79 | 84.64 | 576.43 | 311.26 | 20 | 32.21 | 814 |
| 14 | 神奈川 | 15.20 | 10.84 | 2.41 | 8.23 | 17.01 | 23.37 | 111.65 | 104.37 | 35 | 24.43 | 808 |
| 15 | 新潟 | 2.51 | 1.16 | 0.56 | 0.93 | 1.94 | 1.50 | 926.58 | 80.96 | 145 | 25.61 | 982 |
| 16 | 富山 | 1.57 | 1.56 | 0.42 | 1.29 | 1.31 | 0.90 | 4132.19 | 57.55 | 72 | 29.51 | 334 |
| 17 | 石川 | 1.45 | 1.64 | 0.42 | 1.29 | 1.59 | 1.05 | 2941.26 | 87.90 | 65 | 5.11 | 367 |
| 18 | 福井 | 2.16 | 1.08 | 0.42 | 0.64 | 1.52 | 0.60 | 1495.56 | 60.03 | 45 | 6.47 | 377 |
| 19 | 山梨 | 3.80 | 3.52 | 3.80 | 2.76 | 5.01 | 6.29 | 700.00 | 58.38 | 50 | 22.07 | 587 |
| 20 | 長野 | 2.74 | 3.27 | 0.42 | 1.99 | 3.26 | 3.30 | 2210.78 | 56.66 | 215 | 14.14 | 1894 |
| 21 | 岐阜 | 2.51 | 1.81 | 0.56 | 1.46 | 2.64 | 2.40 | 627.78 | 70.53 | 59 | 8.68 | 789 |
| 22 | 静岡 | 4.39 | 4.00 | 0.86 | 1.99 | 2.98 | 4.04 | 638.71 | 63.63 | 106 | 6.95 | 1015 |
| 23 | 愛知 | 14.38 | 7.66 | 1.13 | 9.05 | 6.40 | 14.98 | 85.40 | 131.60 | 32 | 9.54 | 613 |
| 24 | 三重 | 3.21 | 1.81 | 0.56 | 0.93 | 1.73 | 2.25 | 937.16 | 80.46 | 52 | 17.98 | 537 |

附録 A 分析で使用したデータについて

| | | $y_{KOR}$ | $y_{TWN}$ | $y_{HKG}$ | $y_{CHN}$ | $y_{USA}$ | $y_{OTH}$ | $x_{KE}$ | $x_{HO}$ | $x_{ON}$ | $x_{RE}$ | $x_{SH}$ |
|---|---|---|---|---|---|---|---|---|---|---|---|---|
| 25 | 滋賀 | 2.51 | 1.40 | 0.42 | 0.93 | 1.52 | 1.05 | 1019.75 | 81.15 | 20 | 16.93 | 436 |
| 26 | 京都 | 15.32 | 11.33 | 2.41 | 7.17 | 14.77 | 23.67 | 610.75 | 96.39 | 35 | 15.38 | 529 |
| 27 | 大阪 | 44.00 | 24.91 | 8.05 | 12.23 | 9.89 | 37.75 | 198.79 | 276.44 | 24 | 4.57 | 436 |
| 28 | 兵庫 | 10.27 | 6.93 | 1.70 | 2.35 | 4.24 | 8.24 | 187.13 | 91.31 | 71 | 3.04 | 1111 |
| 29 | 奈良 | 6.51 | 3.84 | 0.69 | 1.99 | 5.98 | 7.34 | 710.17 | 48.97 | 36 | 16.88 | 304 |
| 30 | 和歌山 | 2.86 | 2.62 | 0.69 | 0.93 | 1.31 | 1.65 | 683.00 | 87.91 | 44 | 9.21 | 435 |
| 31 | 鳥取 | 1.45 | 1.40 | 0.42 | 0.64 | 1.17 | 0.30 | 2480.48 | 55.83 | 16 | 9.25 | 276 |
| 32 | 島根 | 1.33 | 0.91 | 0.42 | 0.64 | 1.24 | 0.30 | 1674.97 | 58.97 | 51 | 3.40 | 377 |
| 33 | 岡山 | 2.39 | 1.16 | 0.42 | 0.64 | 1.52 | 1.05 | 573.22 | 74.59 | 42 | 4.74 | 511 |
| 34 | 広島 | 2.98 | 2.30 | 0.56 | 1.29 | 4.87 | 5.69 | 291.92 | 131.04 | 61 | 2.17 | 701 |
| 35 | 山口 | 2.27 | 1.32 | 0.42 | 1.46 | 1.66 | 1.20 | 879.41 | 74.67 | 59 | 5.36 | 518 |
| 36 | 徳島 | 1.45 | 1.64 | 0.42 | 0.76 | 1.10 | 0.45 | 2905.43 | 61.71 | 25 | 4.79 | 250 |
| 37 | 香川 | 2.39 | 2.05 | 0.42 | 0.64 | 1.17 | 0.75 | 636.50 | 76.93 | 37 | 3.38 | 327 |
| 38 | 愛媛 | 1.57 | 1.56 | 0.56 | 0.64 | 1.66 | 0.90 | 210.07 | 89.16 | 29 | 3.03 | 466 |
| 39 | 高知 | 2.04 | 1.64 | 0.42 | 0.64 | 1.45 | 0.60 | 1033.27 | 67.61 | 39 | 3.45 | 307 |
| 40 | 福岡 | 12.62 | 8.80 | 4.94 | 3.46 | 3.05 | 10.94 | 110.17 | 177.30 | 36 | 9.54 | 595 |
| 41 | 佐賀 | 1.45 | 1.16 | 0.56 | 1.29 | 1.24 | 0.60 | 1268.63 | 69.16 | 24 | 1.39 | 282 |
| 42 | 長崎 | 3.68 | 6.44 | 1.97 | 0.93 | 3.19 | 4.64 | 1333.29 | 77.15 | 38 | 12.07 | 427 |
| 43 | 熊本 | 4.74 | 4.49 | 0.69 | 1.29 | 1.73 | 3.45 | 685.07 | 92.12 | 66 | 12.39 | 565 |
| 44 | 大分 | 7.68 | 4.09 | 1.97 | 1.58 | 1.45 | 3.90 | 536.36 | 78.80 | 63 | 16.91 | 466 |
| 45 | 宮崎 | 1.45 | 3.03 | 1.13 | 1.46 | 1.31 | 1.35 | 982.31 | 135.32 | 37 | 9.23 | 280 |
| 46 | 鹿児島 | 2.74 | 2.13 | 1.54 | 1.58 | 1.31 | 1.80 | 1655.02 | 128.08 | 87 | 5.20 | 631 |
| 47 | 沖縄 | 3.10 | 6.44 | 0.69 | 1.58 | 4.66 | 4.49 | 4226.60 | 218.31 | 3 | 11.43 | 239 |

出所および注：表 **A.5** に同じ．

表 A.7 DEA 用データ（2002 年度）

| | $y_\text{KOR}$ | $y_\text{TWN}$ | $y_\text{HKG}$ | $y_\text{CHN}$ | $y_\text{USA}$ | $y_\text{OTH}$ | $x_\text{KE}$ | $x_\text{HO}$ | $x_\text{ON}$ | $x_\text{RE}$ | $x_\text{SH}$ |
|---|---|---|---|---|---|---|---|---|---|---|---|
| 1 北海道 | 9.26 | 19.48 | 8.81 | 3.11 | 3.73 | 14.88 | 447.44 | 158.79 | 245 | 8.57 | 1880 |
| 2 青森 | 1.96 | 2.64 | 0.73 | 1.26 | 2.00 | 1.64 | 2804.92 | 92.95 | 143 | 8.20 | 384 |
| 3 岩手 | 1.56 | 2.28 | 0.48 | 1.12 | 1.06 | 0.65 | 1109.26 | 85.38 | 87 | 3.88 | 461 |
| 4 宮城 | 1.96 | 3.34 | 0.95 | 1.30 | 1.71 | 1.80 | 355.89 | 103.97 | 48 | 8.61 | 641 |
| 5 秋田 | 1.83 | 2.81 | 0.59 | 1.26 | 1.28 | 1.14 | 2299.66 | 86.54 | 128 | 6.13 | 526 |
| 6 山形 | 1.56 | 2.02 | 0.48 | 1.02 | 1.42 | 0.65 | 3244.10 | 51.79 | 100 | 17.35 | 421 |
| 7 福島 | 1.69 | 1.67 | 0.48 | 1.02 | 1.56 | 0.98 | 853.27 | 66.55 | 137 | 10.17 | 688 |
| 8 茨城 | 3.42 | 1.67 | 0.43 | 1.40 | 2.21 | 2.13 | 324.75 | 81.46 | 44 | 2.81 | 523 |
| 9 栃木 | 2.49 | 2.02 | 0.43 | 1.45 | 2.07 | 4.41 | 1080.76 | 77.45 | 68 | 5.46 | 742 |
| 10 群馬 | 2.62 | 1.58 | 0.54 | 1.40 | 1.49 | 1.64 | 545.01 | 68.48 | 87 | 16.44 | 692 |
| 11 埼玉 | 3.82 | 2.02 | 0.59 | 2.11 | 2.50 | 3.43 | 314.20 | 68.00 | 14 | 8.07 | 593 |
| 12 千葉 | 11.65 | 13.75 | 6.67 | 11.54 | 9.00 | 21.58 | 405.08 | 201.64 | 76 | 4.50 | 649 |
| 13 東京 | 51.21 | 39.15 | 17.60 | 31.49 | 44.46 | 86.16 | 577.71 | 315.16 | 20 | 32.21 | 799 |
| 14 神奈川 | 17.49 | 13.13 | 2.84 | 13.86 | 14.20 | 25.51 | 97.27 | 104.32 | 36 | 24.43 | 803 |
| 15 新潟 | 2.22 | 1.49 | 0.59 | 1.30 | 1.71 | 1.47 | 898.14 | 80.96 | 150 | 25.61 | 976 |
| 16 富山 | 1.69 | 1.49 | 0.54 | 1.30 | 1.56 | 0.82 | 4186.02 | 57.55 | 73 | 29.51 | 342 |
| 17 石川 | 1.56 | 1.58 | 0.67 | 1.16 | 1.71 | 1.14 | 1269.46 | 87.70 | 63 | 5.11 | 371 |
| 18 福井 | 2.09 | 1.23 | 0.48 | 1.26 | 1.13 | 0.65 | 1492.36 | 62.00 | 47 | 6.47 | 370 |
| 19 山梨 | 4.48 | 4.14 | 2.78 | 5.33 | 4.31 | 7.68 | 596.51 | 58.73 | 50 | 22.07 | 578 |
| 20 長野 | 3.15 | 2.55 | 0.73 | 1.87 | 2.86 | 3.27 | 1968.72 | 57.14 | 219 | 14.14 | 1877 |
| 21 岐阜 | 2.62 | 1.75 | 0.48 | 1.59 | 2.65 | 3.11 | 681.01 | 70.64 | 67 | 8.68 | 799 |
| 22 静岡 | 5.68 | 4.93 | 1.14 | 3.82 | 3.73 | 6.38 | 539.52 | 63.38 | 108 | 6.95 | 996 |
| 23 愛知 | 16.56 | 5.64 | 1.25 | 15.29 | 8.50 | 18.31 | 74.36 | 133.08 | 39 | 9.54 | 602 |
| 24 三重 | 2.49 | 1.49 | 0.43 | 1.87 | 2.00 | 1.80 | 825.02 | 82.14 | 57 | 17.98 | 533 |

# 附録 A 分析で使用したデータについて

| | |$y_{KOR}$|$y_{TWN}$|$y_{HKG}$|$y_{CHN}$|$y_{USA}$|$y_{OTH}$|$x_{KE}$|$x_{HO}$|$x_{ON}$|$x_{RE}$|$x_{SH}$|
|---|---|---|---|---|---|---|---|---|---|---|---|---|
|25|滋 賀|2.22|1.75|0.43|1.45|1.20|0.98|1014.41|80.74|20|16.93|429|
|26|京 都|16.56|12.78|2.21|12.35|10.95|24.03|520.59|94.11|33|15.38|512|
|27|大 阪|42.85|26.10|5.80|21.59|11.89|45.45|200.12|276.45|27|4.57|658|
|28|兵 庫|9.26|7.13|0.84|3.53|4.38|9.48|282.78|90.93|71|3.04|1099|
|29|奈 良|8.86|3.78|0.67|3.96|4.53|8.50|798.72|49.11|36|16.88|302|
|30|和歌山|2.22|2.37|0.43|1.16|1.71|1.47|834.71|88.12|44|9.21|432|
|31|鳥 取|2.22|1.31|0.43|1.12|1.20|0.49|2485.45|55.54|16|9.25|274|
|32|島 根|1.56|1.05|0.43|1.16|1.35|0.49|1910.93|59.09|53|3.40|372|
|33|岡 山|1.83|1.49|0.48|1.40|1.42|1.31|553.95|70.95|43|4.74|513|
|34|広 島|2.09|1.58|0.73|1.45|5.46|5.23|329.64|132.81|62|2.17|677|
|35|山 口|2.49|1.23|0.43|0.97|1.93|0.98|692.41|78.19|56|5.36|527|
|36|徳 島|1.69|1.23|0.43|0.88|1.13|0.33|2935.93|64.56|28|4.79|245|
|37|香 川|1.96|1.23|0.43|1.12|1.28|0.49|880.77|80.22|38|3.38|324|
|38|愛 媛|1.56|1.40|0.43|1.02|1.56|0.98|223.94|91.08|29|3.03|460|
|39|高 知|1.56|1.31|0.43|1.02|1.13|0.49|719.89|67.61|40|3.45|314|
|40|福 岡|16.43|8.46|3.25|3.91|3.73|11.45|107.66|176.10|41|9.54|617|
|41|佐 賀|2.36|2.28|0.43|1.16|1.28|0.98|1114.24|69.16|24|1.39|290|
|42|長 崎|5.81|5.11|1.50|1.83|2.50|4.41|1634.51|77.84|48|12.07|420|
|43|熊 本|5.15|5.46|0.84|1.54|1.42|3.60|387.87|93.67|70|12.39|566|
|44|大 分|9.00|3.08|0.95|1.59|1.78|3.92|749.32|82.02|85|16.91|452|
|45|宮 崎|1.96|1.75|0.89|1.30|1.06|0.98|1100.20|134.47|40|9.23|291|
|46|鹿児島|2.09|1.75|1.14|1.40|1.28|1.31|881.31|128.08|88|5.20|642|
|47|沖 縄|3.29|6.87|1.03|1.59|7.92|5.89|5299.15|218.31|4|11.43|239|

出所および注：**表 A.5** に同じ．

表 A.8 DEA 用データ (2003 年度)

| | $y_{KOR}$ | $y_{TWN}$ | $y_{HKG}$ | $y_{CHN}$ | $y_{USA}$ | $y_{OTH}$ | $x_{KE}$ | $x_{HO}$ | $x_{ON}$ | $x_{RE}$ | $x_{SH}$ |
|---|---|---|---|---|---|---|---|---|---|---|---|
| 1 北海道 | 6.42 | 8.24 | 8.46 | 2.62 | 1.99 | 8.47 | 430.20 | 156.18 | 247 | 8.57 | 1928 |
| 2 青森 | 2.04 | 1.54 | 0.44 | 0.93 | 1.52 | 0.81 | 2908.30 | 92.95 | 144 | 8.20 | 391 |
| 3 岩手 | 1.89 | 2.12 | 0.34 | 1.16 | 1.06 | 0.65 | 1143.86 | 85.38 | 91 | 3.88 | 478 |
| 4 宮城 | 2.49 | 1.95 | 0.67 | 1.59 | 1.06 | 1.47 | 364.79 | 103.98 | 48 | 8.61 | 632 |
| 5 秋田 | 2.34 | 1.46 | 0.54 | 1.16 | 0.99 | 0.49 | 6406.29 | 85.82 | 128 | 6.13 | 544 |
| 6 山形 | 2.64 | 2.04 | 0.34 | 0.93 | 1.19 | 0.81 | 3649.04 | 51.66 | 102 | 17.35 | 447 |
| 7 福島 | 2.64 | 1.79 | 0.34 | 1.26 | 1.26 | 0.98 | 795.41 | 66.10 | 139 | 10.17 | 708 |
| 8 茨城 | 3.40 | 1.54 | 0.34 | 2.06 | 2.66 | 2.77 | 358.00 | 81.46 | 45 | 2.81 | 537 |
| 9 栃木 | 6.87 | 2.86 | 0.34 | 1.82 | 2.59 | 4.40 | 882.30 | 77.45 | 70 | 5.46 | 746 |
| 10 群馬 | 3.40 | 2.70 | 0.44 | 1.26 | 1.59 | 1.79 | 443.26 | 68.95 | 90 | 16.44 | 705 |
| 11 埼玉 | 5.51 | 2.20 | 0.54 | 2.29 | 3.39 | 3.75 | 169.76 | 68.00 | 15 | 8.07 | 605 |
| 12 千葉 | 18.95 | 12.38 | 2.65 | 8.67 | 4.86 | 19.71 | 193.51 | 198.68 | 86 | 4.50 | 671 |
| 13 東京 | 69.70 | 38.11 | 14.03 | 31.91 | 41.56 | 88.79 | 757.18 | 318.05 | 21 | 32.21 | 819 |
| 14 神奈川 | 22.27 | 11.72 | 3.08 | 10.32 | 13.80 | 25.74 | 94.27 | 103.73 | 36 | 24.43 | 823 |
| 15 新潟 | 2.64 | 1.95 | 0.44 | 1.49 | 1.72 | 1.63 | 957.21 | 82.39 | 151 | 25.61 | 994 |
| 16 富山 | 2.04 | 0.96 | 0.34 | 1.16 | 1.19 | 0.81 | 4267.92 | 57.55 | 73 | 29.51 | 342 |
| 17 石川 | 2.04 | 1.46 | 0.44 | 1.59 | 1.72 | 0.98 | 1139.86 | 86.57 | 64 | 5.11 | 376 |
| 18 福井 | 2.34 | 1.29 | 0.34 | 0.93 | 1.06 | 0.49 | 1213.71 | 62.00 | 45 | 6.47 | 373 |
| 19 山梨 | 6.11 | 3.44 | 1.50 | 4.68 | 2.39 | 6.03 | 655.19 | 58.43 | 41 | 22.07 | 582 |
| 20 長野 | 3.24 | 2.20 | 0.67 | 2.15 | 2.26 | 2.77 | 1355.14 | 57.18 | 226 | 14.14 | 2146 |
| 21 岐阜 | 3.40 | 1.62 | 0.44 | 1.82 | 2.06 | 2.12 | 638.18 | 74.94 | 69 | 8.68 | 811 |
| 22 静岡 | 6.27 | 3.94 | 0.77 | 3.46 | 2.93 | 5.38 | 519.88 | 64.50 | 107 | 6.95 | 1014 |
| 23 愛知 | 12.76 | 7.99 | 0.87 | 9.66 | 8.60 | 15.80 | 82.75 | 134.03 | 39 | 9.54 | 610 |
| 24 三重 | 3.55 | 2.70 | 0.34 | 0.93 | 1.66 | 1.63 | 637.48 | 82.15 | 57 | 17.98 | 557 |

| | | $y_{KOR}$ | $y_{TWN}$ | $y_{HKG}$ | $y_{CHN}$ | $y_{USA}$ | $y_{OTH}$ | $x_{KE}$ | $x_{HO}$ | $x_{ON}$ | $x_{RE}$ | $x_{SH}$ |
|---|---|---|---|---|---|---|---|---|---|---|---|---|
| 25 | 滋賀 | 2.79 | 1.79 | 0.34 | 1.49 | 1.26 | 0.98 | 964.65 | 81.94 | 22 | 16.93 | 436 |
| 26 | 京都 | 27.11 | 12.87 | 1.40 | 13.18 | 10.00 | 24.76 | 488.94 | 94.99 | 35 | 15.38 | 527 |
| 27 | 大阪 | 53.84 | 24.21 | 4.66 | 21.35 | 11.67 | 43.99 | 160.67 | 282.88 | 27 | 4.57 | 657 |
| 28 | 兵庫 | 17.74 | 6.50 | 0.87 | 6.65 | 4.53 | 11.57 | 109.38 | 92.25 | 70 | 3.04 | 1129 |
| 29 | 奈良 | 13.21 | 5.43 | 0.54 | 4.03 | 3.26 | 8.15 | 602.70 | 53.77 | 35 | 16.88 | 302 |
| 30 | 和歌山 | 2.94 | 4.44 | 1.30 | 1.07 | 1.19 | 1.95 | 833.22 | 89.55 | 44 | 9.21 | 451 |
| 31 | 鳥取 | 2.04 | 0.96 | 0.34 | 1.16 | 1.06 | 0.16 | 2082.15 | 55.00 | 16 | 9.25 | 282 |
| 32 | 島根 | 1.89 | 0.96 | 0.34 | 1.07 | 0.92 | 0.16 | 2162.25 | 59.71 | 51 | 3.40 | 379 |
| 33 | 岡山 | 3.40 | 0.96 | 0.44 | 1.59 | 1.32 | 1.47 | 470.16 | 70.45 | 43 | 4.74 | 524 |
| 34 | 広島 | 3.09 | 1.46 | 0.54 | 1.91 | 2.66 | 3.58 | 334.84 | 132.04 | 63 | 2.17 | 688 |
| 35 | 山口 | 2.79 | 1.46 | 0.34 | 1.16 | 1.06 | 0.81 | 562.70 | 81.93 | 57 | 5.36 | 532 |
| 36 | 徳島 | 2.79 | 1.37 | 0.34 | 0.93 | 1.06 | 0.49 | 2643.38 | 64.56 | 27 | 4.79 | 252 |
| 37 | 香川 | 2.64 | 1.04 | 0.44 | 0.84 | 1.32 | 0.65 | 1218.99 | 80.22 | 34 | 3.38 | 333 |
| 38 | 愛媛 | 2.04 | 0.96 | 0.44 | 1.07 | 0.99 | 0.49 | 490.92 | 96.38 | 29 | 3.03 | 470 |
| 39 | 高知 | 2.34 | 0.96 | 0.34 | 1.40 | 1.19 | 0.33 | 1226.07 | 65.32 | 41 | 3.45 | 321 |
| 40 | 福岡 | 13.82 | 6.17 | 1.20 | 4.59 | 2.32 | 8.47 | 99.87 | 173.96 | 42 | 9.54 | 629 |
| 41 | 佐賀 | 2.64 | 1.13 | 0.34 | 0.84 | 1.19 | 0.49 | 1173.57 | 67.85 | 20 | 1.39 | 295 |
| 42 | 長崎 | 4.00 | 3.69 | 0.97 | 1.82 | 2.73 | 3.42 | 1017.00 | 77.84 | 39 | 12.07 | 432 |
| 43 | 熊本 | 7.17 | 3.69 | 0.54 | 1.82 | 1.39 | 3.42 | 707.41 | 103.23 | 72 | 12.39 | 581 |
| 44 | 大分 | 9.44 | 3.19 | 0.54 | 1.40 | 1.52 | 3.58 | 687.43 | 82.02 | 83 | 16.91 | 466 |
| 45 | 宮崎 | 2.19 | 1.79 | 0.34 | 1.26 | 1.26 | 0.81 | 934.42 | 134.06 | 48 | 9.23 | 294 |
| 46 | 鹿児島 | 2.04 | 2.20 | 0.34 | 1.07 | 1.59 | 0.81 | 772.78 | 130.79 | 91 | 5.20 | 663 |
| 47 | 沖縄 | 2.94 | 5.43 | 0.34 | 1.49 | 5.46 | 4.07 | 2870.18 | 222.78 | 4 | 11.43 | 252 |

出所および注：表 **A.5** に同じ．

表 A.9 DEA用データ (2004年度)

| | | $y_\text{KOR}$ | $y_\text{TWN}$ | $y_\text{HKG}$ | $y_\text{CHN}$ | $y_\text{USA}$ | $y_\text{OTH}$ | $x_\text{KE}$ | $x_\text{HO}$ | $x_\text{ON}$ | $x_\text{RE}$ | $x_\text{SH}$ |
|---|---|---|---|---|---|---|---|---|---|---|---|---|
| 1 | 北海道 | 7.05 | 8.81 | 5.61 | 4.37 | 2.61 | 7.36 | 304.74 | 155.57 | 249 | 8.61 | 1928 |
| 2 | 青森 | 2.18 | 1.65 | 1.00 | 1.12 | 1.67 | 0.74 | 1917.48 | 92.95 | 149 | 8.21 | 391 |
| 3 | 岩手 | 2.02 | 1.65 | 0.68 | 1.49 | 1.44 | 0.55 | 784.58 | 86.64 | 95 | 3.89 | 478 |
| 4 | 宮城 | 2.67 | 2.42 | 1.88 | 2.10 | 1.99 | 2.39 | 379.76 | 101.55 | 54 | 8.61 | 632 |
| 5 | 秋田 | 1.85 | 1.76 | 0.55 | 1.12 | 1.52 | 0.55 | 1755.81 | 85.82 | 122 | 6.13 | 544 |
| 6 | 山形 | 2.02 | 1.87 | 0.55 | 1.18 | 1.44 | 0.55 | 3643.95 | 51.49 | 100 | 17.35 | 447 |
| 7 | 福島 | 2.50 | 2.53 | 1.19 | 1.67 | 1.67 | 1.47 | 1636.57 | 66.10 | 139 | 10.17 | 708 |
| 8 | 茨城 | 3.80 | 1.98 | 0.61 | 2.71 | 2.93 | 3.13 | 343.52 | 81.46 | 45 | 2.86 | 537 |
| 9 | 栃木 | 6.07 | 3.30 | 0.81 | 3.08 | 4.34 | 6.44 | 962.50 | 76.73 | 70 | 5.46 | 746 |
| 10 | 群馬 | 3.64 | 2.53 | 0.81 | 2.04 | 1.67 | 1.66 | 379.35 | 69.56 | 93 | 16.44 | 705 |
| 11 | 埼玉 | 5.26 | 3.08 | 0.68 | 2.96 | 2.93 | 3.87 | 128.39 | 68.00 | 14 | 8.38 | 605 |
| 12 | 千葉 | 17.92 | 21.48 | 9.99 | 14.37 | 7.15 | 23.94 | 349.69 | 203.57 | 80 | 4.55 | 671 |
| 13 | 東京 | 74.08 | 50.57 | 23.42 | 39.75 | 50.45 | 107.16 | 466.08 | 319.54 | 21 | 32.75 | 819 |
| 14 | 神奈川 | 20.84 | 18.84 | 4.41 | 14.67 | 16.24 | 30.20 | 108.61 | 104.42 | 37 | 24.42 | 823 |
| 15 | 新潟 | 2.50 | 1.98 | 0.68 | 1.61 | 1.67 | 1.29 | 939.87 | 82.80 | 154 | 25.61 | 994 |
| 16 | 富山 | 2.02 | 3.08 | 0.74 | 1.36 | 1.67 | 1.10 | 4395.26 | 57.55 | 74 | 29.51 | 342 |
| 17 | 石川 | 1.85 | 2.31 | 0.68 | 1.67 | 2.07 | 1.66 | 1097.46 | 86.58 | 64 | 5.11 | 376 |
| 18 | 福井 | 2.02 | 1.43 | 0.55 | 1.49 | 1.67 | 0.55 | 1156.32 | 62.00 | 47 | 6.48 | 373 |
| 19 | 山梨 | 4.94 | 8.48 | 4.28 | 7.01 | 3.63 | 9.02 | 700.04 | 59.13 | 33 | 22.34 | 582 |
| 20 | 長野 | 3.48 | 5.07 | 0.74 | 2.71 | 3.55 | 4.79 | 845.41 | 57.38 | 248 | 14.23 | 2146 |
| 21 | 岐阜 | 3.64 | 2.86 | 0.68 | 1.55 | 2.54 | 3.13 | 646.34 | 75.95 | 59 | 8.68 | 811 |
| 22 | 静岡 | 6.07 | 6.06 | 0.68 | 4.61 | 3.87 | 6.26 | 507.32 | 65.50 | 107 | 6.95 | 1014 |
| 23 | 愛知 | 13.87 | 8.59 | 0.93 | 12.03 | 8.72 | 17.68 | 83.61 | 133.01 | 36 | 9.53 | 610 |
| 24 | 三重 | 2.83 | 2.09 | 0.81 | 2.16 | 2.07 | 1.84 | 706.36 | 81.51 | 56 | 17.98 | 557 |

# 附録 A　分析で使用したデータについて

| | | $y_{\text{KOR}}$ | $y_{\text{TWN}}$ | $y_{\text{HKG}}$ | $y_{\text{CHN}}$ | $y_{\text{USA}}$ | $y_{\text{OTH}}$ | $x_{\text{KE}}$ | $x_{\text{HO}}$ | $x_{\text{ON}}$ | $x_{\text{RE}}$ | $x_{\text{SH}}$ |
|---|---|---|---|---|---|---|---|---|---|---|---|---|
| 25 | 滋賀 | 2.34 | 2.20 | 0.55 | 1.43 | 1.60 | 0.92 | 1027.26 | 81.94 | 22 | 16.93 | 436 |
| 26 | 京都 | 20.03 | 18.95 | 4.02 | 13.08 | 16.63 | 32.04 | 460.74 | 95.36 | 38 | 15.39 | 527 |
| 27 | 大阪 | 42.11 | 31.40 | 7.65 | 20.87 | 12.95 | 39.77 | 162.07 | 282.29 | 27 | 7.78 | 657 |
| 28 | 兵庫 | 12.40 | 11.35 | 2.07 | 5.29 | 5.28 | 11.42 | 142.75 | 92.25 | 70 | 3.01 | 1129 |
| 29 | 奈良 | 9.16 | 6.28 | 1.06 | 3.20 | 4.81 | 8.84 | 561.52 | 53.77 | 35 | 16.88 | 302 |
| 30 | 和歌山 | 2.99 | 3.63 | 1.42 | 1.43 | 1.83 | 1.84 | 948.86 | 91.51 | 44 | 9.17 | 451 |
| 31 | 鳥取 | 2.02 | 1.76 | 0.61 | 1.43 | 1.36 | 0.55 | 2973.07 | 55.00 | 16 | 9.61 | 282 |
| 32 | 島根 | 2.02 | 1.43 | 0.55 | 1.00 | 1.28 | 0.18 | 1805.92 | 56.94 | 49 | 3.58 | 379 |
| 33 | 岡山 | 3.15 | 1.76 | 0.61 | 1.30 | 1.60 | 1.29 | 437.74 | 70.27 | 41 | 4.86 | 524 |
| 34 | 広島 | 3.64 | 2.53 | 0.61 | 2.90 | 5.04 | 7.55 | 341.56 | 132.00 | 69 | 2.17 | 688 |
| 35 | 山口 | 3.64 | 1.87 | 0.68 | 1.61 | 1.67 | 1.47 | 445.81 | 81.95 | 52 | 5.33 | 532 |
| 36 | 徳島 | 2.02 | 1.43 | 0.55 | 1.36 | 1.44 | 0.37 | 2900.19 | 64.56 | 28 | 4.75 | 252 |
| 37 | 香川 | 2.18 | 1.98 | 0.55 | 1.12 | 1.52 | 0.74 | 1201.86 | 82.38 | 33 | 3.27 | 333 |
| 38 | 愛媛 | 2.18 | 1.43 | 0.61 | 1.61 | 1.52 | 0.92 | 690.41 | 97.00 | 31 | 3.01 | 470 |
| 39 | 高知 | 2.02 | 1.32 | 0.55 | 1.00 | 1.44 | 0.37 | 1016.79 | 65.32 | 37 | 3.47 | 321 |
| 40 | 福岡 | 29.93 | 12.89 | 2.01 | 5.66 | 3.32 | 15.10 | 112.43 | 175.06 | 42 | 9.50 | 629 |
| 41 | 佐賀 | 3.15 | 1.54 | 0.74 | 1.43 | 1.36 | 0.74 | 1018.53 | 67.85 | 24 | 1.39 | 295 |
| 42 | 長崎 | 11.43 | 8.26 | 1.13 | 1.55 | 2.85 | 6.26 | 942.16 | 77.84 | 38 | 12.07 | 432 |
| 43 | 熊本 | 12.89 | 7.71 | 0.93 | 1.43 | 1.67 | 5.52 | 424.29 | 104.63 | 73 | 12.39 | 581 |
| 44 | 大分 | 13.70 | 4.96 | 0.93 | 1.55 | 1.60 | 4.97 | 715.44 | 79.77 | 61 | 16.87 | 466 |
| 45 | 宮崎 | 2.83 | 2.20 | 0.61 | 1.18 | 1.52 | 0.92 | 1152.92 | 139.74 | 43 | 9.41 | 294 |
| 46 | 鹿児島 | 3.15 | 2.31 | 0.74 | 1.00 | 1.36 | 1.10 | 660.43 | 130.79 | 91 | 5.33 | 663 |
| 47 | 沖縄 | 3.48 | 6.39 | 0.61 | 1.43 | 5.82 | 4.60 | 2907.34 | 215.96 | 4 | 11.89 | 252 |

出所および注：表 **A.5** に同じ．

表 A.10 DEA 用データ (2005 年度)

| | $y_{KOR}$ | $y_{TWN}$ | $y_{HKG}$ | $y_{CHN}$ | $y_{USA}$ | $y_{OTH}$ | $x_{KE}$ | $x_{HO}$ | $x_{ON}$ | $x_{RE}$ | $x_{SH}$ |
|---|---|---|---|---|---|---|---|---|---|---|---|
| 1 北海道 | 8.38 | 15.52 | 7.38 | 3.73 | 3.71 | 10.70 | 252.38 | 155.05 | 251 | 8.61 | 1900 |
| 2 青森 | 2.59 | 2.95 | 0.77 | 1.56 | 2.17 | 1.15 | 1616.97 | 92.95 | 147 | 8.21 | 391 |
| 3 岩手 | 2.41 | 2.16 | 0.56 | 1.49 | 1.60 | 0.57 | 726.81 | 86.64 | 95 | 3.89 | 476 |
| 4 宮城 | 3.50 | 2.95 | 1.36 | 1.98 | 2.25 | 2.29 | 341.05 | 101.36 | 54 | 8.61 | 647 |
| 5 秋田 | 2.23 | 2.69 | 0.62 | 1.56 | 1.52 | 0.57 | 1837.94 | 85.82 | 124 | 6.13 | 536 |
| 6 山形 | 2.41 | 2.03 | 0.44 | 1.84 | 1.44 | 0.57 | 3766.46 | 52.41 | 102 | 17.35 | 448 |
| 7 福島 | 3.68 | 2.30 | 0.56 | 2.33 | 1.85 | 1.34 | 1367.40 | 66.10 | 138 | 10.17 | 698 |
| 8 茨城 | 4.40 | 2.56 | 0.56 | 2.75 | 2.90 | 2.86 | 314.16 | 81.46 | 43 | 2.86 | 537 |
| 9 栃木 | 8.74 | 4.39 | 0.68 | 3.17 | 4.84 | 6.68 | 612.29 | 78.17 | 72 | 5.46 | 727 |
| 10 群馬 | 3.86 | 2.82 | 0.44 | 2.75 | 2.01 | 1.72 | 273.68 | 70.11 | 97 | 16.44 | 696 |
| 11 埼玉 | 5.31 | 2.82 | 0.62 | 3.73 | 2.57 | 3.82 | 126.69 | 68.00 | 17 | 8.38 | 614 |
| 12 千葉 | 25.20 | 29.13 | 7.13 | 24.94 | 8.16 | 29.41 | 341.37 | 202.32 | 90 | 4.55 | 664 |
| 13 東京 | 92.29 | 50.73 | 18.34 | 50.83 | 54.18 | 111.73 | 450.34 | 319.88 | 23 | 32.75 | 821 |
| 14 神奈川 | 27.73 | 21.01 | 3.88 | 26.48 | 18.92 | 36.10 | 106.32 | 104.40 | 37 | 24.42 | 799 |
| 15 新潟 | 3.32 | 2.30 | 0.56 | 2.26 | 2.74 | 2.10 | 794.60 | 82.80 | 145 | 25.61 | 983 |
| 16 富山 | 2.59 | 3.60 | 0.77 | 1.84 | 1.69 | 1.15 | 4332.01 | 57.55 | 75 | 29.51 | 339 |
| 17 石川 | 2.23 | 2.95 | 0.68 | 1.84 | 2.09 | 1.72 | 1117.92 | 87.56 | 60 | 5.11 | 375 |
| 18 福井 | 2.41 | 1.51 | 0.50 | 1.63 | 1.36 | 0.38 | 1081.35 | 63.24 | 46 | 6.48 | 369 |
| 19 山梨 | 6.39 | 10.15 | 3.94 | 12.73 | 4.68 | 11.08 | 695.57 | 59.13 | 31 | 22.34 | 577 |
| 20 長野 | 4.58 | 5.57 | 1.14 | 2.47 | 2.82 | 3.82 | 928.31 | 57.16 | 239 | 14.23 | 1924 |
| 21 岐阜 | 3.14 | 5.04 | 0.68 | 2.33 | 2.82 | 3.25 | 373.00 | 75.95 | 68 | 8.68 | 794 |
| 22 静岡 | 5.49 | 8.71 | 1.20 | 5.96 | 4.19 | 6.88 | 506.62 | 65.51 | 116 | 6.95 | 1004 |
| 23 愛知 | 15.07 | 16.43 | 2.77 | 17.75 | 10.10 | 22.73 | 73.02 | 133.01 | 35 | 9.53 | 613 |
| 24 三重 | 3.32 | 2.82 | 0.56 | 2.47 | 2.09 | 1.91 | 521.88 | 80.34 | 51 | 17.98 | 562 |

## 附録 A 分析で使用したデータについて

| | | $y_{KOR}$ | $y_{TWN}$ | $y_{HKG}$ | $y_{CHN}$ | $y_{USA}$ | $y_{OTH}$ | $x_{KE}$ | $x_{HO}$ | $x_{ON}$ | $x_{RE}$ | $x_{SH}$ |
|---|---|---|---|---|---|---|---|---|---|---|---|---|
| 25 | 滋賀 | 2.95 | 4.91 | 0.56 | 2.33 | 1.85 | 1.72 | 876.68 | 84.03 | 23 | 16.93 | 426 |
| 26 | 京都 | 25.20 | 25.86 | 3.94 | 22.08 | 15.44 | 36.48 | 476.88 | 96.58 | 35 | 15.39 | 526 |
| 27 | 大阪 | 46.36 | 40.13 | 5.81 | 30.11 | 11.39 | 43.16 | 164.57 | 282.29 | 29 | 7.78 | 657 |
| 28 | 兵庫 | 15.79 | 15.26 | 1.88 | 7.50 | 4.52 | 13.18 | 125.58 | 93.34 | 71 | 3.01 | 1110 |
| 29 | 奈良 | 13.26 | 5.83 | 1.08 | 3.03 | 4.92 | 9.36 | 330.13 | 53.77 | 35 | 16.88 | 297 |
| 30 | 和歌山 | 3.32 | 4.00 | 1.14 | 1.70 | 1.69 | 1.91 | 498.56 | 90.85 | 45 | 9.17 | 437 |
| 31 | 鳥取 | 2.59 | 1.77 | 0.44 | 1.49 | 1.20 | 0.19 | 2566.89 | 55.00 | 15 | 9.61 | 277 |
| 32 | 島根 | 2.41 | 1.64 | 0.44 | 1.70 | 1.28 | 0.38 | 1518.96 | 56.94 | 49 | 3.58 | 381 |
| 33 | 岡山 | 3.14 | 2.56 | 0.50 | 1.77 | 2.01 | 1.53 | 336.03 | 70.65 | 41 | 4.86 | 523 |
| 34 | 広島 | 3.68 | 2.82 | 0.71 | 2.82 | 4.84 | 6.68 | 267.45 | 132.00 | 69 | 2.17 | 676 |
| 35 | 山口 | 3.14 | 1.77 | 0.44 | 1.84 | 1.69 | 0.95 | 475.55 | 82.23 | 60 | 5.33 | 519 |
| 36 | 徳島 | 2.59 | 1.77 | 0.50 | 1.56 | 1.28 | 0.38 | 2579.40 | 64.56 | 30 | 4.75 | 246 |
| 37 | 香川 | 2.59 | 1.64 | 0.44 | 1.42 | 1.85 | 0.76 | 949.56 | 82.38 | 35 | 3.27 | 327 |
| 38 | 愛媛 | 2.95 | 2.03 | 0.44 | 1.42 | 1.60 | 0.76 | 204.51 | 97.00 | 31 | 3.01 | 468 |
| 39 | 高知 | 2.59 | 1.64 | 0.50 | 1.49 | 1.36 | 0.38 | 992.93 | 65.32 | 37 | 3.47 | 311 |
| 40 | 福岡 | 27.01 | 14.99 | 1.94 | 5.54 | 3.06 | 14.13 | 106.73 | 157.52 | 44 | 9.50 | 623 |
| 41 | 佐賀 | 3.14 | 2.03 | 0.44 | 1.70 | 1.44 | 0.57 | 858.90 | 67.85 | 26 | 1.39 | 295 |
| 42 | 長崎 | 10.37 | 9.76 | 1.14 | 2.47 | 4.11 | 6.88 | 768.44 | 78.18 | 35 | 12.07 | 435 |
| 43 | 熊本 | 13.81 | 8.45 | 0.84 | 1.91 | 2.09 | 5.73 | 402.26 | 104.63 | 74 | 12.39 | 562 |
| 44 | 大分 | 14.17 | 7.53 | 1.08 | 2.19 | 1.93 | 5.54 | 528.54 | 79.77 | 77 | 16.87 | 452 |
| 45 | 宮崎 | 3.14 | 2.30 | 0.71 | 1.70 | 1.36 | 0.95 | 1144.71 | 137.18 | 42 | 9.41 | 298 |
| 46 | 鹿児島 | 3.50 | 2.30 | 0.90 | 1.70 | 1.44 | 1.15 | 655.67 | 128.82 | 99 | 5.33 | 649 |
| 47 | 沖縄 | 3.68 | 7.27 | 0.71 | 2.19 | 5.16 | 4.20 | 2295.54 | 211.77 | 4 | 11.89 | 251 |

出所および注:表 **A.5** に同じ.

表 A.11 DEA 用データ (2006 年度)

| | | $y_{KOR}$ | $y_{TWN}$ | $y_{HKG}$ | $y_{CHN}$ | $y_{USA}$ | $y_{OTH}$ | $x_{KE}$ | $x_{HO}$ | $x_{ON}$ | $x_{RE}$ | $x_{SH}$ |
|---|---|---|---|---|---|---|---|---|---|---|---|---|
| 1 | 北海道 | 12.52 | 14.83 | 7.02 | 5.51 | 4.41 | 12.68 | 218.77 | 154.36 | 247 | 8.61 | 1887 |
| 2 | 青森 | 3.15 | 4.28 | 0.78 | 1.90 | 2.28 | 1.58 | 1351.01 | 92.95 | 144 | 8.21 | 384 |
| 3 | 岩手 | 2.92 | 3.34 | 0.82 | 2.06 | 1.39 | 0.99 | 562.76 | 84.83 | 91 | 3.89 | 480 |
| 4 | 宮城 | 6.72 | 4.94 | 1.74 | 3.07 | 2.20 | 3.76 | 326.69 | 101.36 | 53 | 8.61 | 644 |
| 5 | 秋田 | 2.92 | 2.94 | 0.71 | 2.15 | 1.31 | 0.99 | 1685.83 | 87.30 | 131 | 6.13 | 520 |
| 6 | 山形 | 3.59 | 2.94 | 0.67 | 1.81 | 1.55 | 0.99 | 3591.40 | 53.60 | 94 | 17.35 | 452 |
| 7 | 福島 | 5.15 | 3.48 | 0.82 | 2.32 | 1.63 | 1.98 | 1933.70 | 66.68 | 134 | 10.17 | 692 |
| 8 | 茨城 | 5.15 | 3.07 | 0.64 | 2.32 | 2.53 | 2.77 | 147.27 | 82.11 | 44 | 2.86 | 528 |
| 9 | 栃木 | 10.07 | 6.15 | 1.28 | 3.74 | 4.57 | 8.32 | 740.54 | 78.17 | 71 | 5.46 | 715 |
| 10 | 群馬 | 4.71 | 3.48 | 0.64 | 2.65 | 1.80 | 1.98 | 324.25 | 68.98 | 99 | 16.44 | 677 |
| 11 | 埼玉 | 6.94 | 4.94 | 0.92 | 3.58 | 2.94 | 4.56 | 174.59 | 75.53 | 18 | 8.38 | 609 |
| 12 | 千葉 | 27.04 | 31.12 | 9.19 | 22.88 | 10.94 | 33.08 | 176.80 | 187.15 | 86 | 4.55 | 656 |
| 13 | 東京 | 107.20 | 63.71 | 22.70 | 56.69 | 54.28 | 113.70 | 470.56 | 323.05 | 23 | 32.75 | 808 |
| 14 | 神奈川 | 34.85 | 23.64 | 4.99 | 25.06 | 17.71 | 37.24 | 106.66 | 100.66 | 36 | 24.42 | 770 |
| 15 | 新潟 | 3.59 | 3.07 | 0.99 | 2.65 | 2.45 | 2.18 | 804.42 | 82.72 | 150 | 25.61 | 961 |
| 16 | 富山 | 3.81 | 6.01 | 0.92 | 2.15 | 1.80 | 2.18 | 4065.66 | 58.26 | 72 | 29.51 | 337 |
| 17 | 石川 | 3.59 | 5.34 | 0.85 | 2.57 | 2.61 | 2.77 | 999.27 | 87.03 | 61 | 5.11 | 375 |
| 18 | 福井 | 2.92 | 2.14 | 0.53 | 1.90 | 1.39 | 0.59 | 862.83 | 62.53 | 42 | 6.48 | 359 |
| 19 | 山梨 | 8.50 | 11.49 | 4.84 | 12.64 | 5.47 | 13.07 | 1017.67 | 58.83 | 30 | 22.34 | 563 |
| 20 | 長野 | 4.71 | 9.08 | 1.53 | 3.16 | 3.35 | 5.35 | 584.99 | 57.17 | 232 | 14.23 | 2082 |
| 21 | 岐阜 | 4.26 | 7.62 | 1.35 | 3.41 | 3.26 | 4.95 | 339.71 | 74.44 | 67 | 8.68 | 792 |
| 22 | 静岡 | 7.39 | 6.95 | 1.21 | 6.85 | 4.82 | 7.33 | 478.30 | 65.10 | 120 | 6.95 | 969 |
| 23 | 愛知 | 16.32 | 14.83 | 2.92 | 16.75 | 8.33 | 19.02 | 681.07 | 133.61 | 35 | 9.53 | 613 |
| 24 | 三重 | 4.71 | 2.27 | 0.96 | 2.48 | 2.12 | 2.77 | 488.53 | 80.34 | 60 | 17.98 | 547 |

## 附録 A 分析で使用したデータについて

| | | $y_{KOR}$ | $y_{TWN}$ | $y_{HKG}$ | $y_{CHN}$ | $y_{USA}$ | $y_{OTH}$ | $x_{KE}$ | $x_{HO}$ | $x_{ON}$ | $x_{RE}$ | $x_{SH}$ |
|---|---|---|---|---|---|---|---|---|---|---|---|---|
| 25 | 滋 賀 | 3.59 | 3.21 | 0.82 | 2.57 | 2.04 | 1.58 | 888.03 | 85.88 | 22 | 16.93 | 422 |
| 26 | 京 都 | 33.29 | 21.51 | 4.45 | 27.16 | 19.35 | 40.21 | 550.67 | 96.24 | 24 | 15.39 | 520 |
| 27 | 大 阪 | 58.74 | 32.86 | 7.41 | 37.56 | 14.61 | 46.95 | 138.34 | 289.59 | 31 | 7.78 | 825 |
| 28 | 兵 庫 | 20.11 | 12.69 | 2.21 | 8.11 | 6.12 | 14.66 | 88.12 | 93.54 | 73 | 3.01 | 1139 |
| 29 | 奈 良 | 16.77 | 6.41 | 1.14 | 4.83 | 6.61 | 12.08 | 274.84 | 53.91 | 36 | 16.88 | 292 |
| 30 | 和歌山 | 4.04 | 3.88 | 1.92 | 1.81 | 1.96 | 2.58 | 559.51 | 91.44 | 45 | 9.17 | 439 |
| 31 | 鳥 取 | 2.92 | 2.01 | 0.57 | 1.73 | 1.47 | 0.40 | 1309.17 | 54.82 | 14 | 9.61 | 277 |
| 32 | 島 根 | 2.92 | 1.87 | 0.53 | 1.56 | 1.47 | 0.40 | 1410.19 | 56.91 | 47 | 3.58 | 377 |
| 33 | 岡 山 | 3.81 | 2.41 | 0.57 | 2.90 | 1.71 | 1.78 | 370.26 | 70.65 | 42 | 4.86 | 510 |
| 34 | 広 島 | 4.48 | 2.27 | 0.78 | 3.07 | 6.77 | 7.92 | 238.08 | 134.63 | 68 | 2.17 | 659 |
| 35 | 山 口 | 3.37 | 1.61 | 0.53 | 2.06 | 2.12 | 0.99 | 446.62 | 82.26 | 61 | 5.33 | 525 |
| 36 | 徳 島 | 2.92 | 2.14 | 0.53 | 2.06 | 1.63 | 0.59 | 1950.32 | 64.56 | 32 | 4.75 | 229 |
| 37 | 香 川 | 3.15 | 2.01 | 0.57 | 1.73 | 1.63 | 0.59 | 1008.11 | 82.38 | 36 | 3.27 | 315 |
| 38 | 愛 媛 | 2.92 | 2.14 | 0.64 | 2.32 | 1.71 | 1.19 | 189.38 | 97.00 | 34 | 3.01 | 459 |
| 39 | 高 知 | 2.70 | 2.01 | 0.57 | 1.56 | 1.55 | 0.40 | 1100.53 | 65.32 | 38 | 3.47 | 302 |
| 40 | 福 岡 | 41.55 | 12.29 | 2.10 | 7.10 | 4.24 | 17.23 | 119.19 | 159.33 | 48 | 9.50 | 611 |
| 41 | 佐 賀 | 4.93 | 2.01 | 0.64 | 1.98 | 1.47 | 0.99 | 878.22 | 70.00 | 26 | 1.39 | 291 |
| 42 | 長 崎 | 18.11 | 8.42 | 1.28 | 2.74 | 3.92 | 8.52 | 760.36 | 78.18 | 35 | 12.07 | 425 |
| 43 | 熊 本 | 20.56 | 6.81 | 1.28 | 2.48 | 1.96 | 7.13 | 323.57 | 104.93 | 76 | 12.39 | 547 |
| 44 | 大 分 | 23.69 | 6.95 | 1.28 | 2.48 | 2.04 | 7.92 | 288.93 | 79.31 | 77 | 16.87 | 437 |
| 45 | 宮 崎 | 4.26 | 1.87 | 0.57 | 1.90 | 1.55 | 0.99 | 740.03 | 140.79 | 49 | 9.41 | 299 |
| 46 | 鹿児島 | 4.04 | 2.54 | 0.82 | 2.57 | 2.45 | 2.18 | 1062.20 | 131.68 | 99 | 5.33 | 645 |
| 47 | 沖 縄 | 4.04 | 7.35 | 0.82 | 2.48 | 6.28 | 4.75 | 1301.55 | 214.85 | 4 | 11.89 | 249 |

出所および注:表 **A.5** に同じ.

表 A.12 DEA用データ (2007年度)

| | $y_{KOR}$ | $y_{TWN}$ | $y_{HKG}$ | $y_{CHN}$ | $y_{USA}$ | $y_{OTH}$ | $x_{KE}$ | $x_{HO}$ | $x_{ON}$ | $x_{RE}$ | $x_{SH}$ |
|---|---|---|---|---|---|---|---|---|---|---|---|
| 1 北海道 | 15.74 | 20.95 | 9.57 | 8.08 | 3.18 | 16.95 | 204.29 | 153.68 | 247 | 8.61 | 1908 |
| 2 青森 | 4.56 | 4.00 | 1.52 | 2.30 | 2.85 | 2.01 | 947.67 | 92.57 | 145 | 8.20 | 384 |
| 3 岩手 | 3.49 | 3.31 | 1.33 | 2.30 | 2.11 | 1.56 | 522.34 | 84.70 | 91 | 3.89 | 476 |
| 4 宮城 | 7.22 | 4.96 | 3.52 | 4.45 | 3.43 | 4.91 | 332.54 | 102.13 | 53 | 8.61 | 634 |
| 5 秋田 | 3.22 | 2.48 | 1.14 | 2.69 | 1.45 | 0.89 | 1031.73 | 87.30 | 132 | 6.13 | 524 |
| 6 山形 | 4.29 | 3.45 | 1.33 | 2.49 | 1.62 | 1.56 | 3383.47 | 53.60 | 95 | 17.35 | 450 |
| 7 福島 | 5.09 | 3.31 | 1.19 | 3.18 | 1.78 | 1.78 | 1621.29 | 66.68 | 133 | 10.39 | 702 |
| 8 茨城 | 6.69 | 2.34 | 0.71 | 3.57 | 2.28 | 2.68 | 170.40 | 83.92 | 44 | 2.87 | 525 |
| 9 栃木 | 9.35 | 6.34 | 1.52 | 5.14 | 4.67 | 8.25 | 697.37 | 78.17 | 71 | 5.93 | 710 |
| 10 群馬 | 4.29 | 3.03 | 1.00 | 3.08 | 1.86 | 1.78 | 425.35 | 69.57 | 99 | 16.87 | 675 |
| 11 埼玉 | 6.95 | 3.58 | 0.85 | 3.87 | 3.27 | 4.02 | 168.86 | 75.53 | 20 | 8.38 | 658 |
| 12 千葉 | 21.60 | 16.82 | 6.81 | 23.66 | 8.87 | 25.43 | 123.57 | 185.88 | 92 | 4.56 | 663 |
| 13 東京 | 124.13 | 61.48 | 28.85 | 75.39 | 57.32 | 129.83 | 475.90 | 327.17 | 28 | 32.21 | 827 |
| 14 神奈川 | 34.92 | 19.02 | 6.09 | 36.00 | 17.60 | 36.36 | 107.17 | 101.64 | 32 | 24.42 | 770 |
| 15 新潟 | 4.29 | 2.89 | 1.33 | 3.18 | 2.03 | 2.01 | 736.61 | 81.88 | 149 | 26.44 | 951 |
| 16 富山 | 5.09 | 6.89 | 1.00 | 2.49 | 1.54 | 2.45 | 1312.78 | 58.26 | 72 | 29.51 | 340 |
| 17 石川 | 4.29 | 4.41 | 1.23 | 2.89 | 2.69 | 3.12 | 928.43 | 87.03 | 61 | 5.11 | 363 |
| 18 福井 | 3.49 | 2.34 | 0.81 | 2.49 | 1.45 | 0.67 | 851.07 | 63.74 | 42 | 6.25 | 363 |
| 19 山梨 | 8.82 | 6.75 | 3.23 | 17.98 | 5.08 | 12.27 | 997.33 | 58.45 | 30 | 22.34 | 575 |
| 20 長野 | 6.15 | 8.27 | 3.09 | 3.67 | 3.76 | 6.69 | 653.82 | 57.30 | 236 | 14.21 | 1979 |
| 21 岐阜 | 5.89 | 8.27 | 1.57 | 3.47 | 3.02 | 5.80 | 325.17 | 74.73 | 64 | 8.69 | 819 |
| 22 静岡 | 8.02 | 7.31 | 2.62 | 7.59 | 4.09 | 7.58 | 456.16 | 66.47 | 120 | 6.95 | 947 |
| 23 愛知 | 17.07 | 17.78 | 3.52 | 22.19 | 7.55 | 20.97 | 68.65 | 134.04 | 35 | 9.53 | 619 |
| 24 三重 | 5.35 | 3.03 | 1.04 | 2.59 | 2.28 | 2.45 | 535.87 | 78.33 | 51 | 17.98 | 536 |

# 附録 A 分析で使用したデータについて

| | | $y_{KOR}$ | $y_{TWN}$ | $y_{HKG}$ | $y_{CHN}$ | $y_{USA}$ | $y_{OTH}$ | $x_{KE}$ | $x_{HO}$ | $x_{ON}$ | $x_{RE}$ | $x_{SH}$ |
|---|---|---|---|---|---|---|---|---|---|---|---|---|
| 25 | 滋賀 | 4.02 | 2.89 | 0.81 | 2.59 | 1.95 | 1.56 | 853.35 | 86.59 | 21 | 18.14 | 407 |
| 26 | 京都 | 43.44 | 22.19 | 7.19 | 38.26 | 20.74 | 48.63 | 515.02 | 97.13 | 33 | 19.36 | 511 |
| 27 | 大阪 | 65.81 | 33.22 | 11.19 | 51.29 | 16.45 | 57.55 | 123.40 | 288.59 | 32 | 7.78 | 323 |
| 28 | 兵庫 | 29.59 | 12.96 | 4.66 | 12.29 | 5.74 | 19.63 | 65.11 | 96.58 | 72 | 3.02 | 1129 |
| 29 | 奈良 | 24.00 | 7.44 | 2.14 | 6.22 | 7.55 | 15.84 | 303.49 | 53.91 | 36 | 16.88 | 286 |
| 30 | 和歌山 | 4.29 | 3.58 | 1.85 | 2.30 | 2.36 | 2.68 | 642.23 | 95.27 | 45 | 9.17 | 420 |
| 31 | 鳥取 | 3.49 | 2.07 | 0.81 | 2.49 | 1.37 | 0.45 | 1553.50 | 54.82 | 16 | 9.61 | 275 |
| 32 | 島根 | 3.22 | 1.93 | 0.71 | 2.59 | 1.62 | 0.45 | 1197.88 | 56.91 | 44 | 3.60 | 379 |
| 33 | 岡山 | 3.76 | 2.07 | 0.81 | 3.28 | 2.44 | 2.01 | 339.53 | 70.65 | 41 | 4.86 | 508 |
| 34 | 広島 | 5.35 | 2.76 | 1.00 | 3.87 | 6.31 | 8.70 | 243.87 | 133.94 | 64 | 2.17 | 644 |
| 35 | 山口 | 4.82 | 2.21 | 0.71 | 3.18 | 1.95 | 1.34 | 388.98 | 82.26 | 61 | 5.33 | 534 |
| 36 | 徳島 | 3.49 | 1.93 | 0.76 | 2.30 | 1.45 | 0.45 | 1470.28 | 64.56 | 33 | 4.76 | 225 |
| 37 | 香川 | 3.76 | 1.93 | 0.76 | 2.30 | 1.95 | 0.89 | 766.78 | 82.38 | 37 | 3.27 | 312 |
| 38 | 愛媛 | 3.76 | 2.07 | 0.71 | 2.49 | 1.54 | 0.89 | 175.65 | 98.31 | 36 | 3.01 | 459 |
| 39 | 高知 | 3.22 | 1.79 | 0.76 | 2.30 | 1.37 | 0.22 | 1278.49 | 66.48 | 37 | 3.47 | 288 |
| 40 | 福岡 | 57.82 | 12.82 | 2.38 | 8.67 | 5.00 | 21.42 | 96.45 | 158.66 | 50 | 9.50 | 615 |
| 41 | 佐賀 | 5.62 | 2.34 | 0.71 | 2.30 | 1.70 | 1.12 | 648.39 | 70.00 | 26 | 1.40 | 287 |
| 42 | 長崎 | 26.39 | 8.68 | 1.23 | 3.08 | 4.01 | 9.59 | 759.60 | 76.05 | 36 | 12.07 | 427 |
| 43 | 熊本 | 35.98 | 7.03 | 1.28 | 3.57 | 1.86 | 10.26 | 336.16 | 104.93 | 80 | 12.39 | 547 |
| 44 | 大分 | 38.64 | 6.62 | 1.19 | 3.47 | 2.19 | 10.71 | 232.86 | 76.87 | 53 | 16.87 | 439 |
| 45 | 宮崎 | 4.56 | 2.07 | 1.00 | 2.20 | 1.45 | 0.89 | 710.10 | 140.79 | 39 | 9.70 | 302 |
| 46 | 鹿児島 | 5.35 | 2.62 | 1.09 | 2.59 | 1.70 | 1.78 | 1341.21 | 131.68 | 101 | 5.53 | 647 |
| 47 | 沖縄 | 5.62 | 7.17 | 1.38 | 3.38 | 5.90 | 4.91 | 1130.15 | 214.85 | 4 | 14.96 | 239 |

出所および注：表 **A.5** に同じ．

表 A.13 DEA用データ (2008年度)

| | $y_{KOR}$ | $y_{TWN}$ | $y_{HKG}$ | $y_{CHN}$ | $y_{USA}$ | $y_{OTH}$ | $x_{KE}$ | $x_{HO}$ | $x_{ON}$ | $x_{RE}$ | $x_{SH}$ |
|---|---|---|---|---|---|---|---|---|---|---|---|
| 1 北海道 | 12.39 | 20.81 | 10.65 | 7.69 | 3.32 | 17.60 | 218.72 | 154.37 | 254 | 8.61 | 1924 |
| 2 青森 | 2.62 | 3.32 | 1.78 | 2.61 | 2.52 | 1.74 | 940.70 | 91.15 | 148 | 8.20 | 388 |
| 3 岩手 | 3.03 | 3.06 | 1.37 | 2.21 | 1.64 | 1.30 | 496.94 | 84.64 | 90 | 3.89 | 469 |
| 4 宮城 | 5.27 | 4.76 | 3.26 | 4.13 | 2.66 | 4.35 | 265.08 | 98.10 | 54 | 8.61 | 627 |
| 5 秋田 | 2.42 | 2.67 | 1.17 | 2.41 | 1.27 | 0.87 | 836.01 | 77.81 | 127 | 6.13 | 512 |
| 6 山形 | 3.44 | 3.06 | 1.27 | 2.61 | 1.27 | 1.30 | 3002.04 | 53.67 | 93 | 17.35 | 451 |
| 7 福島 | 3.84 | 2.67 | 1.32 | 3.42 | 1.78 | 1.74 | 2521.43 | 66.18 | 138 | 10.39 | 705 |
| 8 茨城 | 3.84 | 2.67 | 0.97 | 3.53 | 2.37 | 2.83 | 105.05 | 83.92 | 38 | 2.87 | 529 |
| 9 栃木 | 7.91 | 5.41 | 1.58 | 4.24 | 4.42 | 7.82 | 607.23 | 77.64 | 69 | 5.93 | 716 |
| 10 群馬 | 3.03 | 2.80 | 1.12 | 3.53 | 1.71 | 1.74 | 458.41 | 69.36 | 101 | 16.87 | 658 |
| 11 埼玉 | 4.25 | 3.45 | 1.12 | 4.34 | 3.03 | 3.48 | 151.73 | 75.53 | 19 | 8.38 | 660 |
| 12 千葉 | 16.66 | 18.20 | 7.34 | 27.77 | 8.23 | 25.64 | 296.27 | 187.30 | 97 | 4.56 | 670 |
| 13 東京 | 94.54 | 61.27 | 30.89 | 80.23 | 50.38 | 128.00 | 1137.92 | 327.31 | 26 | 32.21 | 836 |
| 14 神奈川 | 26.21 | 17.29 | 6.32 | 38.93 | 15.78 | 34.77 | 109.90 | 103.37 | 31 | 24.42 | 765 |
| 15 新潟 | 3.23 | 2.54 | 1.22 | 3.02 | 2.00 | 1.96 | 736.55 | 81.88 | 150 | 26.44 | 943 |
| 16 富山 | 3.64 | 5.15 | 1.37 | 2.51 | 1.56 | 1.96 | 1020.42 | 59.41 | 70 | 29.51 | 341 |
| 17 石川 | 2.83 | 4.36 | 1.27 | 2.71 | 2.22 | 2.83 | 854.00 | 86.41 | 59 | 5.11 | 360 |
| 18 福井 | 2.62 | 2.28 | 0.86 | 2.51 | 1.27 | 0.65 | 769.42 | 63.74 | 42 | 6.25 | 361 |
| 19 山梨 | 6.90 | 6.58 | 3.36 | 21.28 | 4.13 | 12.82 | 972.96 | 58.45 | 29 | 22.34 | 575 |
| 20 長野 | 4.05 | 7.37 | 2.95 | 4.13 | 3.25 | 6.52 | 685.53 | 57.22 | 231 | 14.21 | 1957 |
| 21 岐阜 | 4.45 | 7.63 | 1.48 | 3.73 | 2.88 | 5.87 | 311.60 | 75.06 | 64 | 8.69 | 805 |
| 22 静岡 | 6.29 | 7.63 | 2.49 | 8.70 | 3.18 | 7.39 | 485.77 | 66.94 | 119 | 6.95 | 928 |
| 23 愛知 | 14.42 | 17.94 | 3.21 | 22.90 | 7.21 | 21.95 | 70.09 | 136.96 | 34 | 9.53 | 620 |
| 24 三重 | 4.25 | 3.19 | 1.02 | 3.12 | 2.00 | 2.61 | 447.69 | 79.79 | 49 | 17.98 | 536 |

## 附録 A 分析で使用したデータについて

|  |  | $y_{KOR}$ | $y_{TWN}$ | $y_{HKG}$ | $y_{CHN}$ | $y_{USA}$ | $y_{OTH}$ | $x_{KE}$ | $x_{HO}$ | $x_{ON}$ | $x_{RE}$ | $x_{SH}$ |
|---|---|---|---|---|---|---|---|---|---|---|---|---|
| 25 | 滋賀 | 3.64 | 2.80 | 0.81 | 2.61 | 1.86 | 1.52 | 603.37 | 83.68 | 22 | 18.14 | 392 |
| 26 | 京都 | 31.09 | 22.25 | 7.59 | 37.01 | 16.08 | 46.51 | 455.07 | 97.47 | 39 | 19.36 | 507 |
| 27 | 大阪 | 46.96 | 29.95 | 12.59 | 50.81 | 14.61 | 54.33 | 95.57 | 290.14 | 34 | 7.78 | 302 |
| 28 | 兵庫 | 18.49 | 12.59 | 4.64 | 10.42 | 5.45 | 17.60 | 57.98 | 96.50 | 74 | 3.02 | 1117 |
| 29 | 奈良 | 16.66 | 8.15 | 2.19 | 5.66 | 5.81 | 14.13 | 408.34 | 53.91 | 39 | 16.88 | 291 |
| 30 | 和歌山 | 3.84 | 3.58 | 2.04 | 2.92 | 1.64 | 2.83 | 552.06 | 95.61 | 45 | 9.17 | 418 |
| 31 | 鳥取 | 2.62 | 1.75 | 0.76 | 2.31 | 1.34 | 0.43 | 1511.22 | 54.38 | 18 | 9.61 | 274 |
| 32 | 島根 | 2.42 | 1.88 | 0.71 | 2.71 | 1.64 | 0.43 | 1132.39 | 56.91 | 43 | 3.60 | 373 |
| 33 | 岡山 | 2.83 | 2.28 | 1.07 | 2.71 | 1.86 | 1.74 | 286.60 | 70.40 | 40 | 4.86 | 498 |
| 34 | 広島 | 4.25 | 2.80 | 1.17 | 2.82 | 4.86 | 8.69 | 207.59 | 132.06 | 58 | 2.17 | 658 |
| 35 | 山口 | 3.84 | 2.01 | 0.71 | 3.22 | 1.71 | 1.30 | 358.66 | 78.85 | 62 | 5.33 | 635 |
| 36 | 徳島 | 2.42 | 1.62 | 0.76 | 2.41 | 1.20 | 0.43 | 1524.62 | 64.56 | 33 | 4.76 | 223 |
| 37 | 香川 | 2.83 | 1.49 | 0.81 | 2.41 | 1.71 | 0.87 | 693.65 | 80.41 | 36 | 3.27 | 316 |
| 38 | 愛媛 | 3.03 | 1.62 | 0.81 | 2.51 | 1.34 | 0.87 | 166.86 | 97.28 | 35 | 3.01 | 456 |
| 39 | 高知 | 2.42 | 1.62 | 0.71 | 2.31 | 1.42 | 0.22 | 1326.84 | 66.48 | 34 | 3.47 | 285 |
| 40 | 福岡 | 45.73 | 11.28 | 3.11 | 6.26 | 3.98 | 21.08 | 92.94 | 154.30 | 51 | 9.50 | 622 |
| 41 | 佐賀 | 4.25 | 2.54 | 0.86 | 2.31 | 1.34 | 1.30 | 478.25 | 70.00 | 22 | 1.40 | 285 |
| 42 | 長崎 | 16.25 | 7.76 | 1.78 | 2.71 | 3.40 | 8.48 | 706.52 | 76.05 | 35 | 12.07 | 429 |
| 43 | 熊本 | 26.01 | 6.58 | 2.09 | 2.92 | 1.78 | 10.21 | 311.24 | 104.95 | 79 | 12.39 | 538 |
| 44 | 大分 | 29.67 | 6.32 | 1.73 | 2.61 | 1.78 | 10.65 | 237.72 | 77.02 | 59 | 16.87 | 436 |
| 45 | 宮崎 | 3.84 | 2.15 | 1.32 | 2.41 | 1.42 | 1.09 | 750.79 | 140.79 | 39 | 9.70 | 306 |
| 46 | 鹿児島 | 4.25 | 2.41 | 1.53 | 2.71 | 1.64 | 1.74 | 1364.78 | 127.95 | 100 | 5.53 | 643 |
| 47 | 沖縄 | 3.84 | 6.71 | 2.90 | 2.92 | 4.86 | 5.00 | 1452.75 | 212.28 | 4 | 14.96 | 243 |

出所および注：表 **A.5** に同じ．

## 表 A.14 時系列分析用データ

| 年　月 | 全産業活動指数 | 鉱工業生産指数 | 第3次産業活動指数 | 観光関連産業指数 | 実質実効為替レート | 国際観光収入指数 |
|---|---|---|---|---|---|---|
| 2000.01 | 95.8 | 96.2 | 93.4 | 97.7 | 127.6 | 55.3 |
| 2000.02 | 94.1 | 95.9 | 91.8 | 98.1 | 122.0 | 57.0 |
| 2000.03 | 96.0 | 97.5 | 93.6 | 99.0 | 126.3 | 55.8 |
| 2000.04 | 97.1 | 98.8 | 94.1 | 98.8 | 128.2 | 56.0 |
| 2000.05 | 96.8 | 98.4 | 94.2 | 98.2 | 126.8 | 57.4 |
| 2000.06 | 97.4 | 99.9 | 94.4 | 98.8 | 128.0 | 59.1 |
| 2000.07 | 97.1 | 99.4 | 94.3 | 97.7 | 125.8 | 60.4 |
| 2000.08 | 97.8 | 100.8 | 95.1 | 99.3 | 126.3 | 59.8 |
| 2000.09 | 97.3 | 98.7 | 94.8 | 98.4 | 128.1 | 60.2 |
| 2000.10 | 97.9 | 100.3 | 95.5 | 98.7 | 127.2 | 64.1 |
| 2000.11 | 97.9 | 100.7 | 95.2 | 99.4 | 126.9 | 64.9 |
| 2000.12 | 98.4 | 101.9 | 95.9 | 100.3 | 122.4 | 63.6 |
| 2001.01 | 97.7 | 97.6 | 95.7 | 99.1 | 116.6 | 64.1 |
| 2001.02 | 98.3 | 98.7 | 96.3 | 99.4 | 116.7 | 56.0 |
| 2001.03 | 97.9 | 97.0 | 96.1 | 98.7 | 112.6 | 68.1 |
| 2001.04 | 97.4 | 96.1 | 95.7 | 99.2 | 111.2 | 64.6 |
| 2001.05 | 96.2 | 94.1 | 95.5 | 99.2 | 112.9 | 64.8 |
| 2001.06 | 96.5 | 93.0 | 95.9 | 99.3 | 113.2 | 64.6 |
| 2001.07 | 96.0 | 91.5 | 95.6 | 98.1 | 111.0 | 70.3 |
| 2001.08 | 95.8 | 90.5 | 95.3 | 97.7 | 112.2 | 70.0 |
| 2001.09 | 95.3 | 88.6 | 95.2 | 98.0 | 113.9 | 56.7 |
| 2001.10 | 95.3 | 88.5 | 95.3 | 96.8 | 112.1 | 66.9 |
| 2001.11 | 95.1 | 87.0 | 95.6 | 98.0 | 111.2 | 67.0 |
| 2001.12 | 95.5 | 87.9 | 95.6 | 98.1 | 107.0 | 74.9 |
| 2002.01 | 95.3 | 87.3 | 95.4 | 98.0 | 102.8 | 75.0 |
| 2002.02 | 95.4 | 88.7 | 95.3 | 98.5 | 101.0 | 74.7 |
| 2002.03 | 95.7 | 89.4 | 95.7 | 98.7 | 103.0 | 77.5 |
| 2002.04 | 95.8 | 88.9 | 95.6 | 98.8 | 102.7 | 73.6 |
| 2002.05 | 96.1 | 92.7 | 95.9 | 99.1 | 104.9 | 72.7 |
| 2002.06 | 95.8 | 91.7 | 95.2 | 96.8 | 106.5 | 74.7 |
| 2002.07 | 96.3 | 92.3 | 95.9 | 98.7 | 109.6 | 70.8 |
| 2002.08 | 96.7 | 92.6 | 96.4 | 98.7 | 109.4 | 64.6 |
| 2002.09 | 96.4 | 93.3 | 95.7 | 99.4 | 107.5 | 73.9 |
| 2002.10 | 96.2 | 93.4 | 95.5 | 98.5 | 104.7 | 75.6 |
| 2002.11 | 96.3 | 93.0 | 95.8 | 98.4 | 106.0 | 70.3 |
| 2002.12 | 95.7 | 92.9 | 94.9 | 99.4 | 105.0 | 71.1 |
| 2003.01 | 96.3 | 93.4 | 95.5 | 98.6 | 106.1 | 91.4 |
| 2003.02 | 96.5 | 93.0 | 95.9 | 98.1 | 104.2 | 87.4 |
| 2003.03 | 96.9 | 93.6 | 96.8 | 98.4 | 105.3 | 72.4 |
| 2003.04 | 95.7 | 92.3 | 95.3 | 94.7 | 104.0 | 59.1 |
| 2003.05 | 96.6 | 93.7 | 96.4 | 95.9 | 104.4 | 55.7 |
| 2003.06 | 96.6 | 92.9 | 96.3 | 96.9 | 103.2 | 59.5 |
| 2003.07 | 96.3 | 93.6 | 95.7 | 97.6 | 103.3 | 73.7 |

附録 A 分析で使用したデータについて

| 年　月 | 全産業<br>活動指数 | 鉱工業<br>生産指数 | 第3次産業<br>活動指数 | 観光関連<br>産業指数 | 実質実効<br>為替レート | 国際観光<br>収入指数 |
|---|---|---|---|---|---|---|
| 2003.08 | 96.6 | 92.3 | 96.4 | 97.9 | 103.4 | 81.0 |
| 2003.09 | 97.3 | 95.1 | 97.1 | 98.1 | 105.8 | 86.6 |
| 2003.10 | 98.1 | 96.7 | 97.7 | 98.8 | 109.5 | 77.2 |
| 2003.11 | 97.5 | 96.5 | 96.9 | 98.7 | 109.3 | 75.0 |
| 2003.12 | 97.7 | 96.4 | 97.2 | 98.5 | 109.4 | 80.7 |
| 2004.01 | 98.1 | 97.9 | 97.7 | 98.5 | 109.5 | 103.1 |
| 2004.02 | 97.7 | 97.7 | 97.3 | 98.1 | 108.4 | 89.0 |
| 2004.03 | 97.4 | 97.2 | 97.2 | 98.3 | 107.3 | 87.1 |
| 2004.04 | 98.4 | 98.9 | 97.9 | 98.7 | 108.0 | 84.8 |
| 2004.05 | 98.3 | 98.9 | 97.4 | 99.0 | 104.1 | 91.0 |
| 2004.06 | 98.5 | 99.2 | 98.0 | 98.7 | 106.6 | 87.4 |
| 2004.07 | 99.3 | 100.4 | 98.7 | 99.8 | 105.9 | 84.7 |
| 2004.08 | 98.5 | 99.3 | 97.9 | 97.9 | 104.7 | 88.1 |
| 2004.09 | 98.6 | 99.5 | 98.1 | 98.6 | 104.6 | 97.3 |
| 2004.10 | 98.7 | 98.0 | 98.5 | 98.9 | 105.2 | 81.2 |
| 2004.11 | 98.7 | 98.9 | 98.5 | 98.6 | 107.6 | 86.3 |
| 2004.12 | 98.8 | 97.6 | 98.8 | 99.7 | 106.7 | 88.0 |
| 2005.01 | 99.6 | 99.8 | 99.5 | 100.1 | 107.6 | 100.1 |
| 2005.02 | 99.3 | 99.7 | 99.1 | 99.6 | 104.4 | 107.2 |
| 2005.03 | 99.5 | 100.0 | 99.5 | 99.7 | 103.9 | 97.2 |
| 2005.04 | 99.6 | 100.5 | 99.8 | 100.5 | 102.3 | 90.7 |
| 2005.05 | 99.2 | 99.8 | 98.7 | 99.4 | 103.0 | 98.0 |
| 2005.06 | 99.8 | 100.1 | 99.8 | 100.6 | 102.2 | 101.1 |
| 2005.07 | 99.7 | 99.3 | 99.6 | 100.1 | 99.3 | 95.1 |
| 2005.08 | 100.3 | 99.4 | 100.5 | 100.1 | 98.8 | 99.0 |
| 2005.09 | 100.5 | 100.3 | 100.8 | 100.2 | 98.1 | 107.8 |
| 2005.10 | 100.3 | 99.8 | 100.6 | 100.0 | 95.2 | 93.9 |
| 2005.11 | 101.1 | 101.4 | 101.3 | 99.8 | 92.9 | 101.7 |
| 2005.12 | 101.6 | 101.6 | 101.8 | 100.6 | 92.3 | 108.2 |
| 2006.01 | 101.6 | 102.0 | 101.9 | 100.4 | 93.6 | 139.8 |
| 2006.02 | 101.3 | 101.9 | 101.4 | 100.6 | 90.8 | 121.6 |
| 2006.03 | 101.5 | 102.5 | 101.5 | 101.5 | 91.5 | 127.2 |
| 2006.04 | 101.8 | 104.5 | 101.4 | 100.7 | 90.6 | 138.4 |
| 2006.05 | 101.6 | 103.0 | 101.5 | 101.7 | 93.4 | 135.4 |
| 2006.06 | 101.9 | 104.3 | 101.8 | 101.2 | 92.1 | 129.2 |
| 2006.07 | 101.7 | 104.7 | 101.5 | 101.1 | 90.8 | 135.0 |
| 2006.08 | 102.1 | 105.1 | 101.8 | 101.7 | 90.3 | 134.8 |
| 2006.09 | 101.6 | 105.1 | 101.6 | 101.7 | 89.2 | 135.3 |
| 2006.10 | 102.5 | 105.9 | 102.1 | 102.3 | 88.0 | 137.2 |
| 2006.11 | 102.5 | 106.3 | 102.2 | 102.0 | 87.8 | 137.7 |
| 2006.12 | 102.9 | 106.6 | 102.6 | 102.4 | 86.7 | 140.4 |
| 2007.01 | 102.5 | 105.4 | 102.0 | 102.0 | 84.8 | 135.2 |
| 2007.02 | 103.0 | 106.1 | 102.9 | 102.9 | 83.3 | 147.2 |
| 2007.03 | 102.8 | 106.0 | 102.7 | 102.4 | 85.6 | 147.2 |
| 2007.04 | 102.8 | 105.6 | 102.8 | 103.2 | 83.5 | 143.6 |
| 2007.05 | 102.9 | 106.8 | 103.0 | 102.5 | 81.5 | 146.2 |

| 年　月 | 全産業<br>活動指数 | 鉱工業<br>生産指数 | 第3次産業<br>活動指数 | 観光関連<br>産業指数 | 実質実効<br>為替レート | 国際観光<br>収入指数 |
| --- | --- | --- | --- | --- | --- | --- |
| 2007.06 | 103.1 | 106.9 | 103.3 | 103.1 | 80.2 | 147.8 |
| 2007.07 | 102.4 | 107.0 | 102.6 | 101.1 | 79.7 | 152.1 |
| 2007.08 | 103.4 | 109.7 | 103.5 | 103.3 | 83.4 | 153.0 |
| 2007.09 | 102.1 | 107.9 | 102.9 | 103.6 | 83.5 | 160.2 |
| 2007.10 | 102.8 | 110.0 | 102.8 | 102.4 | 81.6 | 153.7 |
| 2007.11 | 103.0 | 108.4 | 103.3 | 103.1 | 84.0 | 155.4 |
| 2007.12 | 102.9 | 109.1 | 102.7 | 103.2 | 83.1 | 156.9 |
| 2008.01 | 103.1 | 109.6 | 102.9 | 102.5 | 85.8 | 156.3 |
| 2008.02 | 103.0 | 110.1 | 103.1 | 102.6 | 84.5 | 158.8 |
| 2008.03 | 102.3 | 108.7 | 102.6 | 101.9 | 88.7 | 158.9 |
| 2008.04 | 102.3 | 108.0 | 102.8 | 101.8 | 86.3 | 155.7 |
| 2008.05 | 102.3 | 109.3 | 102.6 | 102.2 | 85.3 | 162.6 |
| 2008.06 | 101.4 | 107.1 | 102.0 | 101.3 | 83.3 | 160.6 |
| 2008.07 | 101.5 | 106.8 | 102.3 | 101.3 | 82.6 | 155.9 |
| 2008.08 | 100.5 | 103.5 | 101.4 | 99.8 | 82.4 | 151.3 |
| 2008.09 | 100.0 | 103.6 | 101.1 | 99.6 | 86.2 | 150.4 |
| 2008.10 | 100.2 | 100.1 | 101.1 | 100.0 | 96.1 | 149.3 |
| 2008.11 | 98.1 | 93.1 | 100.2 | 99.1 | 101.9 | 139.2 |
| 2008.12 | 95.6 | 85.3 | 98.5 | 98.8 | 107.4 | 129.2 |
| 2009.01 | 94.4 | 78.1 | 98.4 | 98.0 | 108.5 | 138.2 |
| 2009.02 | 90.9 | 71.4 | 97.7 | 96.0 | 106.9 | 106.3 |
| 2009.03 | 90.0 | 73.0 | 94.4 | 96.4 | 101.3 | 130.6 |
| 2009.04 | 92.2 | 76.3 | 96.3 | 95.6 | 98.5 | 133.2 |
| 2009.05 | 93.0 | 79.8 | 96.1 | 96.3 | 97.9 | 121.3 |
| 2009.06 | 93.3 | 81.0 | 96.3 | 94.7 | 96.9 | 115.3 |
| 2009.07 | 93.8 | 81.9 | 96.8 | 97.0 | 98.7 | 127.8 |
| 2009.08 | 93.8 | 83.1 | 97.0 | 96.8 | 97.2 | 143.2 |
| 2009.09 | 93.9 | 84.6 | 96.7 | 98.5 | 99.6 | 130.9 |
| 2009.10 | 94.1 | 85.9 | 96.9 | 96.7 | 99.2 | 137.0 |
| 2009.11 | 93.9 | 88.1 | 96.7 | 95.7 | 100.0 | 140.7 |
| 2009.12 | 93.6 | 90.4 | 96.0 | 95.8 | 99.4 | 150.4 |

出所：経済産業省および日本銀行ホームページより筆者作成．
注：2005年平均を基準とした季節調整済み指数．

# 附録 B 分析の補足

## B.1 重回帰分析による分析結果

2.3.2 節では，2000 年度の分析結果を示した．ここでは，2004 年度，2008 年度の結果を，それぞれ表 B.1 から表 B.4，表 B.5 から表 B.8 に示す．

**表 B.1 外客総数を被説明変数とした重回帰分析の結果（2004 年度）**

|  | 係数 | 標準誤差 | t 値 | p 値 |
| --- | --- | --- | --- | --- |
| 観光経費 | -0.104 | 0.102 | -1.025 | 0.311 |
| 宿泊施設 | 0.602** | 0.086 | 7.017 | 0.000 |
| 温泉地 | -0.307* | 0.147 | -2.094 | 0.042 |
| 歴史的・自然的要素 | 0.370** | 0.085 | 4.356 | 0.000 |
| 観光関連施設 | 0.245 | 0.159 | 1.541 | 0.131 |
| $n=47$, $R^2:0.744$, $\bar{R}^2:0.713$, 回帰の標準誤差：0.535, F 値：23.888 | | | | |

注：説明変数は各都道府県の訪日外客総数．ここでの係数は標準偏回帰係数を指す．$R^2$, $\bar{R}^2$ はそれぞれ決定係数，自由度修正済み決定係数．**，* はそれぞれ 1%，5% 水準で有意であることを示す．

**表 B.2 主成分スコアを被説明変数とした重回帰分析の結果（2004 年度）**

|  | 係数 | 標準誤差 | t 値 | p 値 |
| --- | --- | --- | --- | --- |
| 観光経費 | -0.109 | 0.096 | -1.139 | 0.261 |
| 宿泊施設 | 0.630** | 0.081 | 7.792 | 0.000 |
| 温泉地 | -0.297* | 0.138 | -2.145 | 0.038 |
| 歴史的・自然的要素 | 0.355** | 0.080 | 4.438 | 0.000 |
| 観光関連施設 | 0.240 | 0.150 | 1.600 | 0.117 |
| $n=47$, $R^2:0.773$, $\bar{R}^2:0.745$, 回帰の標準誤差：0.505, F 値：27.859 | | | | |

注：説明変数は，各都道府県における訪日外客数（韓国，台湾，中国，香港，アメリカ，その他の国）から得られた主成分スコア．その他は表 B.1 に同じ．

### 表 B.3 対数モデルによる結果（被説明変数：外客総数, 2004 年度）

| | 係数 | 標準誤差 | t 値 | p 値 |
|---|---|---|---|---|
| 観光経費 | -0.403** | 0.114 | -3.539 | 0.001 |
| 宿泊施設 | 0.314** | 0.092 | 3.400 | 0.002 |
| 温泉地 | -0.220 | 0.120 | -1.836 | 0.074 |
| 歴史的・自然的要素 | 0.304** | 0.084 | 3.594 | 0.001 |
| 観光関連施設 | 0.297* | 0.142 | 2.096 | 0.042 |

$n = 47$, $R^2 : 0.736$, $\bar{R}^2 : 0.704$, 回帰の標準誤差：0.544, F 値：22.835

注：表 B.1 に同じ.

### 表 B.4 対数モデルによる結果（被説明変数：主成分スコア, 2004 年度）

| | 係数 | 標準誤差 | t 値 | p 値 |
|---|---|---|---|---|
| 観光経費 | -0.383** | 0.118 | -3.256 | 0.002 |
| 宿泊施設 | 0.386** | 0.096 | 4.029 | 0.000 |
| 温泉地 | -0.193 | 0.124 | -1.557 | 0.127 |
| 歴史的・自然的要素 | 0.313** | 0.088 | 3.579 | 0.001 |
| 観光関連施設 | 0.208 | 0.147 | 1.417 | 0.164 |

$n = 47$, $R^2 : 0.717$, $\bar{R}^2 : 0.682$, 回帰の標準誤差：0.564, F 値：20.739

注：表 B.2 に同じ.

### 表 B.5 外客総数を被説明変数とした重回帰分析の結果（2008 年度）

| | 係数 | 標準誤差 | t 値 | p 値 |
|---|---|---|---|---|
| 観光経費 | 0.029 | 0.091 | 0.323 | 0.749 |
| 宿泊施設 | 0.665** | 0.082 | 8.068 | 0.000 |
| 温泉地 | -0.333* | 0.138 | -2.410 | 0.021 |
| 歴史的・自然的要素 | 0.303** | 0.083 | 3.635 | 0.001 |
| 観光関連施設 | 0.347* | 0.142 | 2.446 | 0.019 |

$n = 47$, $R^2 : 0.747$, $\bar{R}^2 : 0.716$, 回帰の標準誤差：0.533, F 値：24.182

注：表 B.1 に同じ.

### 表 B.6　主成分スコアを被説明変数とした重回帰分析の結果 (2008 年度)

|  | 係数 | 標準誤差 | t 値 | p 値 |
| --- | --- | --- | --- | --- |
| 観光経費 | 0.028 | 0.091 | 0.310 | 0.758 |
| 宿泊施設 | 0.664** | 0.082 | 8.086 | 0.000 |
| 温泉地 | -0.338* | 0.138 | -2.454 | 0.018 |
| 歴史的・自然的要素 | 0.310** | 0.083 | 3.729 | 0.001 |
| 観光関連施設 | 0.335* | 0.141 | 2.374 | 0.022 |

$n = 47$, $R^2 : 0.749$, $\bar{R}^2 : 0.718$, 回帰の標準誤差：0.531, F 値：24.441

注：表 B.2 に同じ.

### 表 B.7　対数モデルによる結果 (被説明変数：外客総数, 2008 年度)

|  | 係数 | 標準誤差 | t 値 | p 値 |
| --- | --- | --- | --- | --- |
| 観光経費 | -0.366** | 0.105 | -3.496 | 0.001 |
| 宿泊施設 | 0.405** | 0.095 | 4.286 | 0.000 |
| 温泉地 | -0.069 | 0.121 | -0.567 | 0.574 |
| 歴史的・自然的要素 | 0.391** | 0.093 | 4.210 | 0.000 |
| 観光関連施設 | 0.266* | 0.130 | 2.047 | 0.047 |

$n = 47$, $R^2 : 0.698$, $\bar{R}^2 : 0.662$, 回帰の標準誤差：0.582, F 値：18.992

注：表 B.1 に同じ.

### 表 B.8　対数モデルによる結果 (被説明変数：主成分スコア, 2008 年度)

|  | 係数 | 標準誤差 | t 値 | p 値 |
| --- | --- | --- | --- | --- |
| 観光経費 | -0.305** | 0.112 | -2.729 | 0.009 |
| 宿泊施設 | 0.451** | 0.101 | 4.472 | 0.000 |
| 温泉地 | -0.114 | 0.129 | -0.881 | 0.384 |
| 歴史的・自然的要素 | 0.373** | 0.099 | 3.759 | 0.001 |
| 観光関連施設 | 0.236 | 0.139 | 1.701 | 0.097 |

$n = 47$, $R^2 : 0.657$, $\bar{R}^2 : 0.615$, 回帰の標準誤差：0.621, F 値：15.690

注：表 B.2 に同じ.

## B.2 分数計画と線形計画問題

以下では,分数計画 (Fractional Programming:FP) 問題を線形計画 (Linear Programming:LP) 問題に変換する過程を説明する[52]。

3.1.1 節で示した FP 問題 (3.2) と LP 問題 (3.3) は,それぞれ以下の通りであった:

$$\begin{aligned}
&\underset{\boldsymbol{u},\,\boldsymbol{v}}{\text{maximize}} && \theta_k = \frac{\boldsymbol{uy}_k}{\boldsymbol{vx}_k} \\
&\text{subject to} && \frac{\boldsymbol{uy}_j}{\boldsymbol{vx}_j} \leq 1 \quad (j = 1, \cdots, n), \\
& && \boldsymbol{u} \geq \boldsymbol{0},\ \boldsymbol{v} \geq \boldsymbol{0}.
\end{aligned} \tag{B.1}$$

$$\begin{aligned}
&\underset{\boldsymbol{u},\,\boldsymbol{v}}{\text{maximize}} && \boldsymbol{uy}_k \\
&\text{subject to} && \boldsymbol{vx}_k = 1, \\
& && -\boldsymbol{vX} + \boldsymbol{uY} \leq \boldsymbol{0}, \\
& && \boldsymbol{u} \geq \boldsymbol{0},\ \boldsymbol{v} \geq \boldsymbol{0}.
\end{aligned} \tag{B.2}$$

ここで,FP (B.1) から LP (B.2) へ変換するために,以下のことを考える.

一般に,分数の分子と分母に対して,同じ実数を掛け合わせても,その値は不変である.そこで,FP 問題 (B.1) の目的関数 $\theta_k$ の分母を 1 にするような実数を,その分子と分母に掛けることによって,目的関数は $\boldsymbol{uy}_k$ となる.そして,この「$\theta_k$ の分母を 1 にする」という条件,すなわち $\boldsymbol{vx}_k = 1$ を制約式に加える.

また,FP 問題 (B.1) の制約式の分母が,$j$ について全て正,つまり,$\boldsymbol{vx}_j > 0$ $(j = 1, \cdots, n)$ であるならば,これをその両辺に掛けて,$\boldsymbol{uy}_j \leq \boldsymbol{vx}_j$ を得る.これは,全ての $\text{DMU}_j$ $(j = 1, \cdots, n)$ に対する制約である.ここで,$\boldsymbol{Y}$,$\boldsymbol{X}$ はそれぞれ,$l \times 1$ ベクトル $\boldsymbol{y}_j$,$m \times 1$ ベクトル $\boldsymbol{x}_j$ を 1 から $n$ まで並べた $l \times n$,$m \times n$ 行列であったので,制約不等式 $\boldsymbol{uy}_j \leq \boldsymbol{vx}_j$ $(j = 1, \cdots, n)$ は,

---

[52] ここでの FP から LP 問題への変換については,刀根 (1993),中井 (2005) などを参照.

$uY \leq vX$ のように書くことができる. この不等式の両辺に $-vX$ を加えれば, LP 問題 (B.2) が得られる. 従って, FP 問題 (B.1) から LP 問題 (B.2) への変換が示された.

## B.3 主問題と双対問題

ここでは, 3.1.1 節で示した CCR モデル (3.3) から LP 問題 (3.4) への変換について説明する [53].

説明の簡単化のために, CCR モデル (3.3) と LP 問題 (3.4) を, それぞれ以下のように表記することにしよう:

$$\begin{aligned}
&\underset{u_1,\, u_2,\, v_1,\, v_2}{\text{maximize}} && \begin{pmatrix} u_1 & u_2 \end{pmatrix} \begin{pmatrix} y_{1k} \\ y_{2k} \end{pmatrix} \\
&\text{subject to} && \begin{pmatrix} v_1 & v_2 \end{pmatrix} \begin{pmatrix} x_{1k} \\ x_{2k} \end{pmatrix} = 1 \\
& && -\begin{pmatrix} v_1 & v_2 \end{pmatrix} \begin{pmatrix} x_{11} & x_{12} \\ x_{21} & x_{22} \end{pmatrix} + \begin{pmatrix} u_1 & u_2 \end{pmatrix} \begin{pmatrix} y_{11} & y_{12} \\ y_{21} & y_{22} \end{pmatrix} \leq \begin{pmatrix} 0 & 0 \end{pmatrix} \\
& && \begin{pmatrix} u_1 \\ u_2 \end{pmatrix} \geq \begin{pmatrix} 0 \\ 0 \end{pmatrix},\ \begin{pmatrix} v_1 \\ v_2 \end{pmatrix} \geq \begin{pmatrix} 0 \\ 0 \end{pmatrix}
\end{aligned} \quad (\text{B.3})$$

$$\begin{aligned}
&\underset{\theta_k,\, \lambda_1,\, \lambda_2}{\text{minimize}} && \theta_k \\
&\text{subject to} && \theta_k \begin{pmatrix} x_{1k} \\ x_{2k} \end{pmatrix} - \begin{pmatrix} x_{11} & x_{12} \\ x_{21} & x_{22} \end{pmatrix} \begin{pmatrix} \lambda_1 \\ \lambda_2 \end{pmatrix} \geq \begin{pmatrix} 0 \\ 0 \end{pmatrix} \\
& && \begin{pmatrix} y_{11} & y_{12} \\ y_{21} & y_{22} \end{pmatrix} \begin{pmatrix} \lambda_1 \\ \lambda_2 \end{pmatrix} \geq \begin{pmatrix} y_{1k} \\ y_{2k} \end{pmatrix} \\
& && \theta_k \geq 0,\ \begin{pmatrix} \lambda_1 \\ \lambda_2 \end{pmatrix} \geq \begin{pmatrix} 0 \\ 0 \end{pmatrix}
\end{aligned} \quad (\text{B.4})$$

ここで, CCR モデル (B.3) を主問題, これに対する LP 問題 (B.4) を双対問題と呼ぶ.

---

[53] 線形計画問題における双対性に関しては, 今野 (1987), 玉置編 (2005) などを参照.

以下で，この主問題から双対問題を導出しよう．まず，主問題の制約式から，目的関数値をどの程度まで大きくすることができるか，ということを考えると，各制約式に $\phi_1 \geq 0$, $\phi_2 \geq 0$, $\phi_3 \geq 0$ を掛けて，これらを加えたものを超えることのない最小の値を求めることができれば，それが最適値（すなわち，最大値）になると考えられる．つまり，以下の関係式である：

$$\begin{aligned}u_1 y_{1k} + u_2 y_{2k} &\leq (v_1 x_{1k} + v_2 x_{2k})\phi_1 \\ &+ (-v_1 x_{11} - v_2 x_{21} + u_1 y_{11} + u_2 y_{21})\phi_2 \\ &+ (-v_1 x_{12} - v_2 x_{22} + u_1 y_{12} + u_2 y_{22})\phi_3 \\ &\leq 1 \cdot \phi_1 + 0 \cdot \phi_2 + 0 \cdot \phi_3\end{aligned}$$

この関係式を $v_1$, $v_2$, $u_1$, $u_2$ についてまとめると以下となる：

$$u_1 y_{1k} + u_2 y_{2k} \leq (x_{1k}\phi_1 - x_{11}\phi_2 - x_{12}\phi_3)v_1 + (x_{2k}\phi_1 - x_{21}\phi_2 - x_{22}\phi_3)v_2 \\ + (y_{11}\phi_2 + y_{12}\phi_3)u_1 + (y_{21}\phi_2 + y_{22}\phi_3)u_2 \leq \phi_1$$

ここで上の関係が，常に成り立つためには，以下の条件が成立していなければならない：

$$\begin{aligned}x_{1k}\phi_1 - x_{11}\phi_2 - x_{12}\phi_3 &\geq 0, \\ x_{2k}\phi_1 - x_{21}\phi_2 - x_{22}\phi_3 &\geq 0, \\ y_{11}\phi_2 + y_{12}\phi_3 &\geq y_{1k}, \\ y_{21}\phi_2 + y_{22}\phi_3 &\geq y_{2k}.\end{aligned}$$

従って，この制約不等式の下で，$\phi_1$ を可能な限り最小にするような問題を解けばよいことになる．以上をまとめると，以下の線形計画問題が得られる：

$$\begin{aligned}\underset{\phi_1,\ \phi_2,\ \phi_3}{\text{minimize}} \quad & \phi_1 \\ \text{subject to} \quad & x_{1k}\phi_1 - x_{11}\phi_2 - x_{12}\phi_3 \geq 0, \\ & x_{2k}\phi_1 - x_{21}\phi_2 - x_{22}\phi_3 \geq 0, \\ & y_{11}\phi_2 + y_{12}\phi_3 \geq y_{1k}, \\ & y_{21}\phi_2 + y_{22}\phi_3 \geq y_{2k}, \\ & \phi_1 \geq 0,\ \phi_2 \geq 0,\ \phi_3 \geq 0.\end{aligned}$$

ここで，$\phi_1$, $\phi_2$, $\phi_3$ をそれぞれ $\theta_k$, $\lambda_1$, $\lambda_2$ とすれば，双対問題 (B.4) が得られる．

# 参考文献

[1] 浅野 晢・中村 二郎（2009）『計量経済学』[第 2 版]，有斐閣.

[2] 安達 清治（2004）『観光関係法律解説』，創成社.

[3] 今村 元義（2007）「戦後のわが国における観光政策に関する一試論 — 地域・経済政策との関連で —」，『群馬大学社会情報学部研究論集』第 14 巻，321-336.

[4] 入江 啓彰（2006）「DEA による消防サービスの効率性に関する実証分析 — 大阪府下データを用いて —」，『関西学院経済学研究』第 37 巻，153-178.

[5] 小沢 健市（1994）『観光を経済学する』，文化書房博文社.

[6] 川崎 能典（1992）「Johansen の共和分検定について」，『金融研究』，第 11 巻，99-120.

[7] 河村 誠治（2008）『新版 観光経済学の原理と応用』，九州大学出版会.

[8] 岐部 武・原 祥隆（2006）『やさしい国際観光』，財団法人 国際観光サービスセンター.

[9] 国土交通省観光庁（2011）『旅行・観光産業の経済効果に関する調査研究』(http://www.mlit.go.jp/common/000148961.pdf).

[10] 今野 浩（1987）『線形計画法』，日科技連出版社.

[11] 塩田 正志・長谷 政弘（1994）『観光学』，同文舘.

[12] 末吉 俊幸（2001）『DEA—経営効率分析法—』，朝倉書店.

[13] 菅 幹雄（2003）「SNA の旅行・観光サテライト勘定と産業連関表 — 米国の旅行・観光産業サテライト勘定を例に」『産業連関 — イノベーション&I-O テクニック —』第 11 巻 3 号，18-28.

[14] 玉置 久 編著（2005）『システム最適化』，オーム社.

[15] 津田 昇（1969）『国際観光論』，東洋経済新報社.

[16] 刀根 薫（1993）『経営効率性の測定と改善 — 包絡分析法 DEA による —』，日科技連.

[17] 中井 達（2005）『政策評価 —費用便益分析から包絡分析法まで—』，ミネルヴァ書房.

[18] 中村 宏（2006）「戦前における国際観光（外客誘致）政策 — 喜賓会，ジャパン・ツーリスト・ビューロー，国際観光局設置 —」,『神戸学院法学』第 36 巻, 361-387.

[19] 額賀 信（2008）『観光統計からみえてきた 地域観光戦略』, 日刊工業新聞社.

[20] 羽森 茂之（2009）『ベーシック計量経済学』, 中央経済社.

[21] 平井 貴幸（2006）「経済成長，国際貿易及び FDI の因果性 — ASEAN4 における時系列分析 —」,『経済と経営』第 37 巻, 37-48.

[22] ――――（2010）「観光客を「効率的」に誘致している都道府県を探る — DEA による効率性分析 —」,『地域と経済』第 7 号, 111-116.

[23] ――――（2011a）「国際観光テーマ地区の外客誘致パフォーマンス — DEA による計測とその評価 —」（第 2 回「観光統計を活用した実証分析に関する論文」, http://www.mlit.go.jp/kankocho/siryou/toukei/ronbun.html）.

[24] ――――（2011b）「訪日外客誘致の効率性計測とその評価」,『経済研究』（東京国際大学大学院経済学研究科）第 13 号, 1-28.

[25] ――――（2011c）「日本における外客誘致活動の効率性とその変化」,『国際開発学研究』（拓殖大学国際開発研究所）第 11 巻第 1 号, 123-138.

[26] ――――（2012）「わが国におけるインバウンド観光と経済成長の関連性」,『国際開発学研究』（拓殖大学国際開発研究所）第 11 巻第 2 号, 111-121.

[27] 丸山 松幸（1996）『易経』（松枝茂夫・竹内好監修, 中国の思想 VIII, 第三版）, 徳間書店.

[28] 溝尾 良隆 編著（2009）『観光学の基礎』（観光学全集 第 1 巻）, 原書房.

[29] 宮良 いずみ・福重 元嗣（2002）「わが国における警察サービスの効率性評価 — フロンティア関数と DEA による比較」,『国民経済雑誌』第 186 巻, 63-80.

[30] 山上 徹（2004）『国際観光論』, 白桃書房.

[31] 山崎 その・伊多波 良雄（2010）「国立大学法人の効率性と生産性の計測 — Malmquist 生産性指数によるアプローチ —」,『会計検査研究』第 41 号, 117-133.

[32] 山本 拓（1988）『経済の時系列分析』（現代経済学叢書）, 創文社.

[33] Akaike, H. (1973) "Information theory and an extension of the maximum likelihood principle," *in 2nd International Symposium on Information Theory*, ed. by B. N. Petrov and F. Csaki, Academia Kiado, Budapest, 267-281.

[34] Anderson, R. I., Fish, M., Xia, Y. and Michello, F. (1999) "Measuring efficiency in the hotel industry: A stochastic frontier approach," *International Journal of Hospitality Management* **18**, 45-57.

[35] ――――, Lewis, D. and Parker, M. E. (1999) "Another look at the efficiency of corporate travel management departments," *Journal of Travel Research* **37**, 267-272.

[36] ――――, R. Fok and J. Scott (2000) "Hotel industry efficiency: An advanced linear programming examination," *American Business Review* **18**, 40-48.

[37] Balaguer, J. and Cantavella-Jorda, M. (2002) "Tourism as a long-run economic growth factor: The Spanish case," *Applied Economics* **34**, 877-884.

[38] Banker, R. D., Charnes, A. and Cooper, W. W. (1984) "Some models for estimating technical and scale inefficiencies in data envelopment analysis," *Management Science* **30**, 1078-1092.

[39] Barros, C. P. (2004) "A stochastic cost frontier in the Portuguese hotel industry," *Tourism Economics* **10**, 177-192.

[40] ―――― (2005a) "Measuring efficiency in the hotels: An illustrative example," *Annals of Tourism Research* **32**, 456-477.

[41] ―――― (2005b) "Evaluating the efficiency of a small hotel chain with a Malmquist productivity index," *International Journal of Tourism Research* **7**, 173-184.

[42] ―――― (2006) "Analyzing the rate of technical change in the Portuguese hotel industry," *Tourism Economics* **12**, 325-346.

[43] ―――― and Alves, F. P. (2004) "Productivity in the tourism industry," *International Advances in Economic Research* **10**, 215-225.

[44] ――――, Botti, L. Peypoch, N. and Solonandrasana, B. (2009) "Managerial efficiency and hospitality industry: The Portuguese case," *Applied Economics* **14**, 325-335.

[45] ―――― and Dieke, P. U. C. (2007) "Analyzing the total productivity change in travel agencies," *Tourism Analysis* **12**, 27-37.

[46] ―――― and Mascarenhas, M. J. (2005) "Technical and allocative efficiency in a chain of small hotels," *International Journal of Hospitality Management* **24**, 415-436.

[47] ―――― and Matias, A. (2006) "Assessing the efficiency of travel agencies with a stochastic cost frontier: A Portuguese case study," *International Journal of Tourism Research* **8**, 367-379.

[48] ———, Peypoch, N. and Solonandrasana, B. (2009) "Efficiency and productivity growth in hotel industry," *International Journal of Tourism Research* **11**, 389-402.

[49] Bell, R. A. and Morey, R. C. (1995) "Increasing the efficiency of corporate travel management through macro-benchmarking," *Journal of Travel Research* **33**, 11-20.

[50] Belloumi, M. (2010) "The relationship between tourism receipts, real effective exchange rate and economic growth in Tunisia," *International Journal of Tourism Research* **12**, 550-560.

[51] Bosetti, V., Cassinelli, M. and Lanza, A. (2006) "Benchmarking in tourism destination, keeping in mind the sustainable paradigm," *FEEM Research Paper Series*, No. 12.2006.

[52] Botti, L., Briec, W. and Cliquet, G. (2009) "Plural forms versus franchise and company-owned systems: A DEA approach of hotel chain performance," *OMEGA: The International Journal of Management Science* **37**, 566-578.

[53] ———, Peypoch, N., Robinot, E. and Solonadrasana, B. (2009) "Tourism destination competitiveness: The French regions case," *European Journal of Tourism Research* **2**, 5-24.

[54] Brida, J. G., Barquet, A. and Risso, W. A. (2010) "Causality between economic growth and tourism expansion: Empirical evidence from Trentino-Alto Adige," *TOURISMOS: An International Multidisciplinary Journal of Tourism* **5**, 87-98.

[55] ———, Carrera, E. J. S. and Risso, W. A. (2008) "Tourism's impact on long-run Mexican economic growth," *Economics Bulletin* **23**, 1-8.

[56] Brown, J. R. and Ragsdale, C. T. (2002) "The competitive market efficiency of hotel brands: An application of data envelopment analysis," *Journal of Hospitality and Tourism Research* **26**(4), 332-360.

[57] Bull, A. (1995) *The Economics of Travel and Tourism*, 2nd ed., Longman.（諸江 哲男・吉岡 秀輝・菊池 均・小沢 健市・原田 房信・池田 輝雄・和久井 昭仁 訳『旅行・観光の経済学』，文化書房博文社，1998.）

[58] Caves, D. W., Christensen, L. R. and Diewert, W. E. (1982a) "Multilateral comparisons of output, input and productivity using superlative index numbers," *Economic Journal* **92**, 73-86.

[59] ———, ——— and ——— (1982b) "The economic theory of index numbers and the measurement of input, output and productivity," *Econometrica* **50**, 1393-1414.

[60] Chao, C.-C., Hazari, B. R., Laffargue, J.-P., Sgro, P. M. and Yu, E.

S. H. (2006) "Tourism, Dutch disease and welfare in an open dynamic economy," *Japanese Economic Review* **57**, 501-515.

[61] Charnes, A. and Cooper, W. W. (1962) "Programming with linear fractional functionals," *Naval Research Logistics Quarterly* **9**, 181-186.

[62] ——— and ——— (1973) "An explicit general solution in linear fractional programming," *Naval Research Logistics Quarterly* **20**, 449-467.

[63] ———, ——— and Rhodes, E. (1978) "Measuring the efficiency of decision making units," *European Journal of Operational Research* **2**, 429-444.

[64] Chiang, W. E., Tsai, M. H. and Wang, L. S. M. (2004) "A DEA evaluation of Taipei hotels," *Annals of Tourism Research* **31**, 712-715.

[65] Coelli, T. J., Rao, D. S. P., O' Donnell, C. J. and Battese, G. E. (2005) *An Introduction to Efficiency and Productivity Analysis*, 2nd ed., Springer.

[66] Cooper, W. W., Seiford, L. M. and Tone, K. (2007) *Data Envelopment Analysis: A Comprehensive Text with Models, Applications, References and DEA-Solver Software*, 2nd ed., Springer.

[67] Cracolici, M. F., Nijkamp, P. and Rietveld, P. (2006) "Assessment of tourist competitiveness by analysing destination efficiency," *Tinbergen Institute Discussion Paper* No.06-097/3

[68] Davidson, R. and Mackinnon, J. (1993) *Estimation and Inference in Econometrics*, Oxford University Press, London.

[69] Dickey, D. A. and Fuller, W. A. (1979) "Estimators for autoregressive time series with a unit root," *Journal of the American Statistical Association* **74**, 427-431.

[70] ——— and ——— (1981) "Likelihood ratio statistics for autoregressive time series with a unit root," *Econometorica* **49**, 1057-1072.

[71] Dritsakis, N. (2004) "Tourism as a long-run economic growth factor: An empirical investigation for Greece using causality analysis," *Tourism Economics* **10**, 305-316.

[72] Enders W. (2004) *Applied Econometric Time Series*, 2nd Edition, John Wiley & Sons. New York.

[73] Engle, R. and Granger, C. W. J. (1987) "Co-integration and error correction: Representation, estimation and testing," *Econometrica* **55**, 251-76.

[74] Fry, D., Saayman, A. and Saayman, M. (2010) "The relationship between tourism and trade in South Africa," *South African Journal of Economics* **78**, 287-306.

[75] Fuller, W. A. (1976) *Introduction to Statistical Time Series*, John Wiley & Sons, New York.

[76] Granger, C. W. J. (1969) "Investigating causal relations by econometric models and cross-spectral methods," *Econometorica* **37**, 424-438.

[77] Gunduz, L. and Hatemi-J, A. (2005) "Is the tourism-led growth hypothesis valid for Turkey?," *Applied Economics Letters* **12**, 499-504.

[78] Hamilton, J. D. (1994) *Time Series Analysis*, Princeton Univ Press.

[79] Hara, T. (2008) *Quantitative Tourism Industry Analysis: Introduction to Input-Output, Social Accounting Matrix Modeling, and Tourism Satellite Accounts*, Butterworth-Heinemann.

[80] Hazari, B. R. and Sgro, P. M. (2004) *Tourism, Trade and National Welfare* (Contributions to Economic Analysis), Elsevier, B. V.

[81] Hwang, S. N. and T. Y. Chang (2003) "Using data envelopment analysis to measure hotel managerial efficiency change in Taiwan," *Tourism Management* **24**, 357-369.

[82] Ishikawa, N. and Fukushige, M. (2007) "Impacts of tourism and fiscal expenditure to remote islands: The case of the Amami islands in Japan," *Applied Economics Letters* **14**, 661-666.

[83] Johansen, S. (1988) "Statistical analysis of cointegration vectors," *Journal of Economic Dynamics and Control* **12**, 231-254.

[84] ——— (1991) "Estimation and hypothesis testing of cointegration vectors in Gaussian vector autoregressive models," *Econometrica* **59**, 1551-1580.

[85] ——— and Juselius, K. (1990) "Maximum likelihood estimation and inference on cointegration: With applications to the demand for money," *Oxford Bulletin of Economics and Statistics* **52**, 169-210.

[86] Johns, N., Howcroft, B. and Drake, L. (1997) "The use of data envelopment analysis to monitor hotel productivity," *Progress in Tourism and Hospitality Research*, **3**, 119-127.

[87] Katircioglu, S. T. (2009) "Revisiting the tourism-led-growth hypothesis for Turkey using the bounds test and Johansen approach for cointegration," *Tourism Management* **30**, 17-20.

[88] ——— (2010) "Research note: Testing the tourism-led growth hy-

pothesis for Singapore - An empirical investigation from bounds test to cointegration and Granger causality tests," *Tourism Economics* **16**, 1095-1101.

[89] Kim, H. J., Chen, M-H. and Jang, S. S. (2006) "Tourism expansion and economic development: The case of Taiwan," *Tourism Management* **27**, 925-933.

[90] Köksal, C. D. and Aksu, A. A. (2007) "Efficiency evaluation of A-group travel agencies with data envelopment analysis (DEA): A case study in the Antalya region, Turkey," *Tourism Management* **28**, 830-834.

[91] Krätzig, M. (2004) "The software JMulTi," in Lütkepohl, H. and Kräetzig, M. (2004), pp.289-299.

[92] Kwiatkowski, D., Phillips, P. C. B., Schmidt, P. and Shin, Y. (1992) "Testing the null hypothesis of stationarity against the alternative of a unit root: How sure are we that economic time series have a unit root?," *Journal of Econometrics* **54**, 159-178.

[93] Lancaster, K. J. (1966) "A new approach to consumer theory," *Journal of Political Economy* **74**, 132-157.

[94] ——— (1971) *Consumer Demand: A New Approach*, Columbia University Press.

[95] Louca, C. (2006) "Income and expenditure in the tourism industry: Time series evidence from Cyprus," *Tourism Economics* **12**, 603-617.

[96] Lütkepohl, H. (2004) "Vector autoregressive and vector error correction models," in Lütkepohl, H. and Kräetzig, M. (2004), pp.86-158.

[97] ———, and Kräetzig, M. (2004) *Applied Time Series Econometrics*, Cambridge University Press.

[98] Morey, R. C. and Dittman, D. A. (1995) "Evaluating a hotel GM's performance: A case study in benchmarking," *Cornell Hotel Restaurant and Administration Quarterly* **36**, 30-35.

[99] Morley, C. L. (1992) "A microeconomic theory of international tourism demand," *Annals of Tourism Research* **19**, 250-267.

[100] Oh, C-O. (2005) "The contribution of tourism development to economic growth in the Korean economy," *Tourism Management* **26**, 39-44.

[101] Papatheodorou, A. (2001) "Why people travel to different places," *Annals of Tourism Research* **28**, 164-179.

[102] Peypoch, N. and Solonandrasana, B. (2006) "Technical efficiency in tourism industry," *Tourism Economics* **12**, 653-657.

[103] Reynolds, D. (2003) "Hospitality-productivity assessment using data envelopment analysis," *Cornell Hotel and Restaurant Administration Quarterly* **44**, 130-137.

[104] ——— and Thompson, F. M. (2007) "Multi-unit restaurant productivity: Assessment using three-phase data envelopment analysis," *International Journal of Hospitality Management* **26**, 20-32.

[105] Rugg, D. (1973) "The choice of journey destination: A theoretical and empirical analysis," *Review of Economics and Statistics* **55**, 64-72.

[106] Schubert, S. F. and Brida, J. G. (2008) "The dynamic effects of subsidizing the tourism sector," *Tourism Economics* **14**, 57-80.

[107] Schwarz, G. (1978) "Estimating the dimension of a model," *Annals of Statistics* **6**, 461-464.

[108] Schwert, G. W. (1989) "Tests for unit roots: A Monte Carlo investigation," *Journal of Business and Economic Statistics* **7**, 147-159.

[109] Shan, J. and Wilson, K. (2001) "Causality between trade and tourism: empirical evidence from China," *Applied Economics Letters* **8**, 279-283.

[110] Stabler, M. J., Papatheodorou, A. and M. T. Sinclair (2010) *The Economics of Tourism*, 2nd ed., Routledge.

[111] Song, H. and Li, G. (2008) "Tourism demand modelling and forecasting: A review of recent research," *Tourism Management* **29**, 203-220.

[112] ———, Witt, S. F. and Li, G. (2009) *The Advanced Econometrics of Tourism Demand* (Routledge Advances in Tourism), Routledge.

[113] Toda, H. and Yamamoto, T. (1995) "Statistical inference in vector autoregressions with possibly integrated processes," *Journal of Econometrics* **66**, 225-250.

[114] Tone, K. (2001) "A slack-based measure of efficiency in data envelopment analysis," *European Journal of Operational Research* **130**, 498-509.

[115] Wong, K. N. and Tang, T. C. (2010) "Tourism and openness to trade in Singapore: evidence using aggregate and country-level data," *Tourism Economics* **16**, 965-980.

[116] Zofio, J. (2007) "Malmquist productivity index decompositions: A

unifying framework," *Applied Economics* **39**, 2371-2387.

# 索　引

## あ　行
アウトバウンド観光　12
アウトプット　34, 43
　　—指向型モデル　46
　　—に対するウェイト　44, 47
　　—に対するスラック変数　57
赤池情報量基準　→ AIC
アジア太平洋経済協力　→ APEC
意思決定主体　→ DMU
インバウンド観光　1, 12, 14
インプット　34, 43
　　—指向型モデル　46
　　—に対するウェイト　44, 47
　　—に対するスラック変数　57
ウェルカムプラン21　18
欧州統計局　→ EUROSTAT

## か　行
海外渡航自由化　15
海外旅行倍増計画　18
外客誘致活動　34
外客誘致効率の変化　74, 90
外客誘致パフォーマンス　51
　　の変化　74, 90
外客誘致法　18
外客誘致モデル　35, 37
改善案　46, 57
観光　11
観光関連産業指数　100, 104
観光基本法　12, 13, 19
観光主導型成長仮説　9, 93
観光立国推進基本法　6, 13, 19, 54, 67
幾何平均　69
規模に関して収穫一定（CRS）　44, 48
規模に関して収穫可変（VRS）　44, 48
規模に関して収穫逓増（IRS）　48
共和分　97
　　—検定　97, 106
　　—ベクトル　98
経済協力開発機構　→ OECD
鉱工業生産指数　100, 104

効率値　45
効率的　46
　　—フロンティア　46, 49, 68
ゴールデン・ルート　29
国際観光　11
国際観光元年　15
国際観光収入　29–30
国際観光収入指数　101, 104

## さ　行
最大固有値検定　98
残差平方和　99
産出　44
　　—の不足　46
　　—ベクトル　44
時系列分析　93, 94
実質実効為替レート指数　100, 104
重回帰分析　37, 40
自由度修正済み決定係数　37
主成分スコア　38, 40
主成分分析　38
新ウェルカムプラン21　18
スラックレス　47
生産可能集合　49
世界観光機構　→ UNWTO
線形回帰モデル　37
線形計画問題　→ LP 問題
全産業活動指数　100, 104
双対問題　45, 151, 153

## た　行
第3次産業活動指数　100, 104
対数モデル　40
単位根検定　95, 104–106
ツーリズム・サテライト・アカウント　→ TSA
データ包絡分析法　→ DEA
テン・ミリオン計画　18
投入　44
　　—の余剰　46
　　—ベクトル　44

トリプル T　1
トレース検定　98

**な　行**
日本政府観光局　→ JNTO

**は　行**
非効率的　46
ビジット・ジャパン・キャンペーン　→ VJC
標準偏回帰係数　37
分数計画問題　→ FP 問題
ベクトル誤差修正モデル　→ VEC モデル
ベクトル自己回帰モデル　→ VAR モデル
訪日観光交流倍増計画　18
ホワイト・ノイズ　95, 97

**ま　行**
見えざる輸出　14
見せかけの回帰　95

**や　行**
誘致プロセスの技術的効率の変化　74, 90

**ら　行**
ランダム・ウォーク　96
旅行・観光サテライト勘定　→ TSA

**A**
ADF 検定　95–96, 104–105
AIC　104
APEC　1

**B**
BCC モデル　43, 44, 48, 49

**C**
Catch-up 指標　69, 72, 74
CCR モデル　43–45, 49

**D**
DEA (Data Envelopment Analysis)　6, 8, 43
DMU (Decision Making Unit)　43–47

**E**
EUROSTAT　3

**F**
F 統計量　100
FP (Fractional Programming) 問題　45, 150
Frontier-shift 指標　69, 72, 74

**G**
Granger の因果性　99
　── 検定　99, 107

**I**
IRS モデル　43, 48, 51

**J**
JNTO (Japan National Tourism Organization)　3
Johansen の方法　98

**K**
KPSS 検定　95–96, 104–105

**L**
LP (Linear Programming) 問題　45, 150, 152

**M**
Malmquist 指数　6, 9, 67–74, 80

**O**
OECD　3

**T**
TSA (Tourism Satellite Account)　3

**U**
UNWTO　3

**V**
VAR モデル　97
VEC モデル　97, 98, 106
VJC (Visit Japan Campaign)　3, 6, 19, 54, 67

**著者略歴**

平井 貴幸
(ひらい たかゆき)

 1981 年 北海道に生まれる
 2003 年 札幌大学経済学部経済学科卒業
 2005 年 札幌大学大学院経済学研究科地域経済政策専攻修了
 2011 年 東京国際大学大学院経済学研究科博士後期課程修了
    博士（経済学）
 現　在 東京国際大学国際交流研究所研究員

## 外客誘致の経済分析 ─日本のインバウンド観光と地域開発─

2012 年 4 月 10 日　初版発行

著　者：平井 貴幸
発行者：長谷 雅春
発行所：株式会社五絃舎
　　　　東京都板橋区熊野町 46-7-402
　　　　電　話　03-3957-5587
　　　　URL　http://www.ggn.co.jp
印刷・製本：モリモト印刷

Printed in Japan
ISBN978-4-86434-007-6
検印省略　© Takayuki HIRAI 2012

落丁本・乱丁本はお取り替えいたします
本書より無断転載することを禁ず